멋진
신세계

멋진 신세계

세상과 당신을 이어주는 테크 트렌드

· 임춘성 지음 ·

쌤앤파커스

멋진 신세계 입국심사

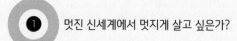

① 멋진 신세계에서 멋지게 살고 싶은가?

② 그렇다면 관찰하라.

모두 기술을 알아야 한다지만, 기술을 모두 알 필요는 없다. 정의, 최소한의 핵심 세부기술 몇 가지 그리고 그 용도 정도만 살펴보면 된다. 이 책이 다루는 정도만 잘 관찰하면 문제없다. 이 정도면 누구에게나 기술 교양으로 충분하다.

③ 그리고 통찰하라.

당신의 인문적 상상력과 사회적 유추력을 동원하라. 각각의 기술이 우리 생활과 비즈니스에 어떤 변화를 가져올지 꾸준히 그려보고 생각해보라. 기술을 기술로만 보지 말고, 그 기술이 세상에 나온 이유와 각광받게 된 배경, 그리고 앞으로 펼쳐질 신세계까지. 이 책의 많은 부분은 그러한 예들로 채워져 있다. 당신이 현재 하고 있는 업무에, 준비하고 있는 창업에 도움이 될 것이다.

4 심지어 성찰하라.

자신만의 판단과 의견이 있어야 한다. 재미없고 차가운 기술에 대한 내용에 생명을 불어넣는 것이 자기만의 생각과 해석이다. 취업준비생이나 입시생도 알아야 한다. 면접관과 채점관은 남의 지식을 암기하고 남의 생각을 답습하는 지원자를 바라지 않는다. 본인의 판단과 의견, 생각을 얘기하라. 이 책은 나름의 방식으로 안내할 것이다. 멋진 신세계가 당신에게도 멋질 수 있도록.

5 의구심이 드는가? 그렇다면 다시 1번부터 시작하라.

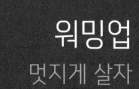

워밍업

멋지게 살자

멋진 나

제 얘기 좀 들어보세요. 사람들은 교양, 교양 합니다. 교양이 있으면 지적이고 박식하다며 많이 배운 사람으로 대접해줍니다. 심지어 인품도 훌륭할 것이라 여기는 것 같고요. 교양 있는 사람은 그냥 '있어 보인다'고들 하잖아요.

그런데 교양이라는 게, 알고 보면 교묘하고 양면적입니다. 있어 보이려면 있어야 하지만, 없다고 꼭 없이 사는 것도 아닙니다. 여기저기 널려 있지만, 쉽사리 손에 잡히지 않습니다. 필요하다고 해서 공들였는데 쓸모없어지기 일쑤고, 필요가 없다가도 절체절명의 순간에 요긴합니다.

워밍업

한때 와인을 알아야 모임에서 폼 좀 잡을 수 있던 시절이 있었습니다. 하는 수 없이 책 몇 권 들춰보고 와인 공부를 했습니다. 잔도 열심히 돌리면서 아는 체 하려 했건만, 갑자기 와인을 재즈 바에 가서 마시자는 겁니다. 이젠 재즈가 화젯거리가 되었습니다. 핫재즈, 쿨재즈, 마일스 데이비스, 존 콜트레인 정도는 술술 나와야 교양 있는 사람이라네요. 열심히 들춰본 와인 책이 무용지물이 되어버렸습니다. 이젠 재즈 입문서라도 들여다봐야 할까요.

며칠 뒤, 선배에게 진로 상담을 핑계로 근사한 점심을 얻어먹으러 갔습니다. 요새는 점심을 간단히 먹는다며 카페로 데려가더군요. 가볍게 브런치 식으로 먹는 게 현대인의 교양이라나. 교양 운운하기에 급하게 열공한 재즈 얘기를 꺼내려 했건만, 온통 유리창으로 둘러싸인 훤한 키페에는 왠지 어울리지 않더라고요.

생각지도 않았던 푸성귀와 푸석한 크루아상을 씹으며 마지못해 열심히 들었던 선배의 자랑거리는 드론drone이었습니다. 요즘 선배는 드론 날리기에 푹 빠져 있답니다. 새로운 세상이다, 신세계다 하며 알아듣지도 못할 용어들을 쏟아냅니다. 예의상 고개를 끄덕이던 나를 쳐다보는 선배는 내심 '그것도 모르냐?'는 눈빛입니다. 이제 드론까지 알아야 하나요. 영화에서 본 적은 있는 것 같지만….

의문의 1패를 당한 뒤 찝찝한 마음을 풀려고 소주 한잔하자며 만만한 친구를 불렀습니다. 슬며시 드론을 아느냐고, 본 적 있냐고, 무엇을 하는 것이며 왜 그리 재미있고 중요한지 물어봤습니다. 대수롭지 않게, 대단치 않게 여겼던 친구가 가소롭다는 듯 웃습니다. 이어지는 일장 연설. 잘 알고 하는 말인지는 모르겠으나, 그 순간만큼은 멋있어 보였습니다. 교양 있어 보였죠. 공대 나온 녀석도 아닌데 꽤 유식해 보였습니다.

그 친구는 저에게 결정적으로 한 방 더 날렸습니다. 자기는 드론보다 **인공지능**artificial intelligence에 훨씬 더 관심이 간다는 겁니다. 아, 인공지능. 그건 좀 압니다. 알파고와 이세돌의 경기를 끄집어내어 선수를 쳤습니다. 사실 바둑에는 저도 나름 일가견이 있거든요. 회심의 미소를 짓고 있는 나에게 고개를 설레설레 흔들며 이렇게 말합니다.

"알파고AlphaGo, 정확히 말해서 딥마인드DeepMind가 설계한 프로세스는 경험적인 학습을 해. 단기적인 효용성 측면에는 IBM의 왓슨Watson이 우리의 실생활에 더 가깝게 다가올 거야."

술이 확 깼습니다. 기분도 확 깼습니다. 다들 신기술을 들먹이고 있네요. 공대나 다녀야 아는, 아니 알 필요 있는 얘기들을 막힘없이 말하고 있었습니다. 기술과는 담 쌓고 살 것 같던 선배와 친구 녀석이 대놓고 말하지 않았지만, '너 진짜 몰라? 요새 세상에 그런 교양도 없어? 그래 가지고 어쩌려고…' 하는 소리가 들리는 듯합니다.

언제부터 기술이 교양이 되었죠? 과학기술, 정보통신기술은 꼬질꼬질한 단무지 공대생들이나 열심히 파고드는 전공 중의 전공 아니었나요? 스마트폰 쓰는 데 아무 문제없고, 이런저런 게임에서 만렙 달성하면 충분하지 않나요? 하긴, 증강현실 게임은 아직 안 해봤고, 강남에 새로 생겼다는 가상현실 체험방은 못 가봤지만 말입니다. 뭐 증강현실 augmented reality, **가상현실**virtual reality 그런 건 그냥 해보고 가보면 되는 것 아닌가요? 제가 무슨 과학자나 공학박사도 아닌데.

시간이 흘렀습니다. 드디어 지긋지긋한 학교 수업, 시험과 작별하려 합니다. 하지만 진정 큰 시험이 눈앞에 닥쳤네요. '직무적성검사'라 하기에 어릴 때 해본 '적성검사'인 줄 알았습니다. 제가 너무 순진했습니다. 실상을 보니 낙타가 되어 통과해야 하는 바늘구멍이었습니다. SSAT, HMAT 등의 취업준비서를 들춰보니 그 잘난 기술 이야기가 또 나옵니다. 상식이라는 꼬리표를 달고서 말입니다.

취업깡패 '전화기'도 아닌지라 '자소설' 수십 통이 광탈하던 중, 어느 예감 좋은 날 심쿵하게 서류가즘을 느끼게 되었습니다. 복장과 헤어는 깔끔하고 단정하게, 피부와 치아는 미백으로 광나게, 그러나 눈빛과 말투는 강렬하게…. 모든 준비를 마치고 면접관 앞에 앉았습니다.

"음, 요즘 초연결시대라 하는데, **사물인터넷**IoT, internet of things이 우리 업에 미치는 영향을 얘기해보겠나? **클라우드**cloud와 연관 지어 설명하면 더 좋고."

네? 사물인터넷? 클라우드? 여긴 통신회사도, IT회사도 아닌데. 건설회사에서 왜 이런 걸 물어보지? 사물인터넷으로 문단속 하고 어쩌고 하는 광고는 보았다만, 건설하고 거리가 있는데…. 목이 타들어갔습니다. 클라우드라 하니 시원한 맥주만 생각났죠. 옆자리 빽질이는 왜 이리 말도 많고 또 아는 것도 많은지….

시간은 또 흘렀습니다. 역시 산업의 기본은 제조업이라는 자의반 타의반의 깨달음으로 생산현장으로 뛰어들었지요. 대학 때 유일하게 A+를 받았던 생산관리 과목의 내용은 그다지 쓸모가 없었지만, 우수한 학점의 자신감만큼은 도움이 되었습니다. '이대로 쭉 공장장까지!'를 꿈꿨죠. 그러나 아뿔싸. 4차 산업혁명이 어쩌고 하면서 '공장운영발전전략팀'으로 발령이 났습니다. 1차와 2차 산업혁명, 제3의 물결은 익히 들어 알고 있었습니다. 요즘은 술자리도 1, 2차면 끝나는 판에 무슨 4차씩이나. 들어보니 쓰라린 기억이 떠오르는 그 사물인터넷이 화두이더군요.

애써 다른 분야로 피했더니 이번에는 **로봇**robot을 도입하라 합니다. 아톰, 마징가Z, 태권V, 스타워즈의 3PO와 R2D2 피규어는 선반에서 늘 반갑게 마주합니다만, 산업용 로봇이랍니다. 도대체 이놈의 신기술은 어디까지 쫓아오려고 그러는 걸까요.

정말 필사적으로 노력했습니다. 로봇을 배워보려 노력한 것이 아니라, 본사 마케팅팀으로 올라오려고요. 고3의 비장함과 취준생의 절실함으로 무장해 결국 성공했습니다. 물론 천운도 따랐지요. 대망의 마케팅팀 첫 업무는, **빅데이터**big data 고객 분석이었습니다. 아, 정말 '너에게로 또 다시'라는 옛 노래가 절로 나옵니다. "이제 나는 알았어. 내가 죽는 날까지 널 떠날 수 없다는 걸."

세월이 흘러 지금은 창업을 준비하고 있습니다. 회사를 때려치운 공식적 이유는 불투명한 미래, 쫀쫀한 복지와 답답한 상사입니다. 그러나 사실상의 계기는 날 마지막까지 괴롭힌 3D프린팅3D printing 업무였습니다. 저에게는 진정 3D 업무였습니다.

아직 한창 나이이니, 빵 굽고 닭 튀기고 떡 볶는 일은 좀 미루려 합니다. 당연히 대박 비즈니스나 M&A 아니면 코스닥 상장으로 가야죠. 그러려면 핫한 분야를 찾아야 합니다. 트렌드에 민감해지려면 사람도 많이 만나보아야 합니다. 창업카페, 창업클럽, 창업박람회 등등. 정말 부지런히 다녀보고 드디어 결론을 내렸습니다. 제가 할 아이템은 바로 **핀테크**fintech 솔루션 아니면 **무인자동차**autonomous car의 엔터테인먼트 서비스입니다.

이제 운명처럼 숙명처럼 받아들이려 합니다. 하고 싶고 말고의 문제가 아닙니다. 제 인생이 걸린 문제이니까요. 드론, 인공지능, 가상현실, 사물인터넷, 클라우드, 로봇, 빅데이터, 3D프린팅, 핀테크, 무인자동차 등등…. 피한다고 피할 수 있는 것들이 아니었습니다. 하나밖에 없는 나, 한 번뿐인 인생을 멋지게 살고 싶습니다. 그래서 더 이상 피하지 않기로, 마주하기로 했습니다. 지난번 창업지원단 특강에서 열정적으로 강연하던 교수가 떠올랐습니다. 집에서 멀지 않은 대학에 있다는, 늘 학교에 나와 있다는 그 교수. 어차피 밑져야 본전이니 속는 셈치고 그를 찾아갔습니다.

멋진 세상

'공학' 하면 최첨단이라는 수식어가 자연스러운데, 공대 건물은 최첨단과는 거리가 있었습니다. 한두 걸음을 옮기다보니 어느새 철문으로 된 교수연구실 앞에 섰습니다. 앞에서 머뭇거리고 있던 그때, 불현듯 문이 열리며 눈이 마주쳤습니다. "누구시죠?" 마치 잡상인이 아니냐는 듯 제게 묻습니다. 누가 그러더군요. 사람은 자기 자신의 자랑스러운 부분을 기억해주는 사람을 배척하지 않는다고요.

"아, 임 교수님이시죠? 교수님의 책 정말 잘 읽었습니다. 지금 세 번째 보고 있거든요."

역시, 단박에 효과가 나타납니다. 경계심을 풀더니 얼굴에 미소가 번집니다. 어디서 나온 임기응변인지, 산전수전의 결과이겠지요. 사실 그 책은 사지도 않았습니다.

자리에 앉아 무심코 꺼낸 첫마디가,

"교수님, 책 정말 많으시네요. 그런데 저 책들 다 읽으셨어요?"

앗, 제가 지금 대체 무슨 말을 한 거죠? 아쉽고 궁해서 찾아간 게 아니었던가요? 이 상황에서 왜 이런 괜한 호기심이 발동했을까요? 임 교수는 불편한 기색 없이 대답합니다.

"그럼요, 제가 어떻게 저 많은 책들을 다 읽었겠습니까. 그렇지만 저 책들 어디에 무슨 내용이 있는지는 알고 있습니다."

잠시 어색한 침묵이 흐른 후, 제가 본격적으로 용건을 꺼냈습니다.

나는 본래 인문적인 사람이다. 철학적 사유도 좀 한다. 인간관계도 문제없고 팀워크도 좋다. 이런 식으로 저를 설명했습니다. 책을 많이 본다는 말도 잊지 않았고요. 그런데 전공과 상관없고 원래 하기로 한 업무와도 관련 없는 것들이 날 괴롭힌다. 이런저런 신기술이 그렇게 중요하고 다 알아야 할 이유가 있는지, 그렇잖아도 우리가 할 일이 얼마나 많은데 등등. 자초지종을 말하다 보니 인생역정이 스쳐 지나가 눈물까지 핑 도네요. 그런데 용건이 푸념으로 바뀌자 임 교수의 미간에 주름이 생깁니다. 순간 느낀 위기감에 빠르게 말을 이었죠.

"어떻게 하면 그것들을 잘 알 수 있을까요? 잘 써먹을 수 있을까요? 전공도 아닌, 골치 아픈 내용들을 어찌 다 이해하죠? 영어는 또 왜 그리 많은지 모르겠습니다."

"자동차 운전하시죠? 잘 하시겠죠. 그런데 엔진오일을 직접 교환하시나요? 내연기관이 어떻게 작동하는지 원리를 아세요?"

주저하다가 대답하려는데, 임 교수는 대답을 기대하지도 않았다는 듯 빠르게 말을 잇습니다.

"저도 잘 몰라요. 과학기술, 정보통신기술, 신기술, 첨단기술 모두 마찬가지입니다. 다 알 필요가 없어요. 아니, 다 알려고도 하지 마세요. 그건 과학자나 전문가가 할 일입니다. 그리고 그들도 자기 전문 분야밖에는 몰라요. 아까 저한테 책장의 책들을 다 읽어봤냐고 물었죠? 읽지도 않고 그저 있어 보이려고 쌓아두었나 보다 하고 생각하셨죠?"

뜨끔한 마음으로 아니라고 말하려는데 누가 교수 아니랄까 봐 더욱 가르치려 듭니다.

"꼭 알아야 할 내용이라는 게 있어요. 딱 거기까지만 알면 됩니다. 그리 많지도, 어렵지도 않아요. 그저 저 책에 무슨 정보가 있는지만 알면 필요할 때 찾아보는 거죠."

그럴듯하지만 뭔가 시원치 않아 다시 물었습니다.

"그렇다면 딱 그만큼은 어느 정도인가요? 또 어떻게 내 것으로 만들 수 있죠?"

역시 그는 고수였습니다. 교수 오래하면 고수가 되는 모양입니다. 갑자기 숨을 가다듬고 편안한 모습으로 바뀝니다.

"정말 기술을 가까이 하려고, 신기술을 이해하려고 마음먹으셨나요? 뭔가를 하려면, 무엇보다도 중요한 건 진심을 갖는 것입니다. 진심으로 마음먹었다면, 제 지론을 말씀드리겠습니다."

역시나 제 대답은 기다리지도 않습니다. 아마도 오늘은 좀 한가한가 봅니다. 지난 강연에서는 무지 바쁜 척하더니 말입니다.

"당연한 얘기이지만, 특정 기술을 알고자 한다면, 최소한의 기본적 지식을 습득해야만 합니다. 기본적이라 함은 정의와 용도를 의미하죠. 그것이 무엇인지 간략하게 말할 수 있고, 무엇에 쓰는 물건인지도 알아야겠지요. 그러나 좀 더 교양 있게 보이려면 한 걸음 더 나아가면 됩니다. 정의와 용도에서 딱 한 걸음만."

'한 걸음만'이라 하니 더 궁금해집니다. 임 교수의 설명이 이어집니다.

"어떤 기술이든 분명히 그 기술을 이루고 있는 하위 기술들이 있습니다. 그것들 중에 중요한 2~3개만 머리에 새기세요. 자동차 운전에는 주행과 주차 기술이 있는 것처럼 말이죠. 용도에서도 한 걸음 더 가시죠. 그 기술이 어떻게 활용되는지 대표적인 사례를 말입니다."

"그러니까, 자동차는 주로 출근하거나 놀러갈 때 쓴다, 이렇게요?"

"맞습니다. 그렇지만 조금 더 가볼까요. '직장인의 자동차 출퇴근 비율'이나 '당일치기 추천 여행지 10선', 뭐 이 정도는 알아야 있어 보이겠죠. 알파고 얘기가 나오면 왓슨으로 받아쳐야 하듯 말입니다."

그놈의 왓슨. 친구 놈을 있어 보이게 했던 그 왓슨. 그렇지만 듣고 있자니 그리 참신한 얘기는 아닌 듯했습니다. 눈치를 챘는지, 임 교수는 다소 강하게 말을 이어갑니다.

"그런데, 진짜 중요한 부분은 따로 있습니다. 사실 기술에 대한 알기 쉬운 정보는 여기저기 널려 있습니다. 문제는 없어서가 아니라 너무 많아서입니다. 그러니 정보를 습득할 때는 '목적의식'을 가져야 합니다. 왜 그것을 알아야 하는지 되뇌면서 습득해야 합니다. 그래야만 수많은 정보 중에 필요한 것만 보이겠죠. '목적의식', 꼭 기억하세요."

"이제 두 번째로 넘어가겠습니다."

그렇지. 이 정도라면 굳이 내가 여기까지 찾아올 필요도 없었지 하며 반색하며 귀를 기울였습니다.

"어떤 기술을 자기 것으로, 교양이나 지식으로, 필살기로 가지려 한다면 그 기술 자체만 알면 안 됩니다. 본인이 인문적이라 설명하셨죠? 잘됐습니다. 기술에 인문사회적 컬러를 입혀야 해요. 우리의 삶은 인문이고, 업은 사회입니다. 기술이 삶과 업에 어떤 영향을 미치는지 생각하자는 뜻이죠. 기술에 대해 어려운 용어 들먹이는 것은 일부 전문가들만 할 일입니다. 우리는 더 깊게 들어가지 말고, 넓게 살펴야 합니다. 기술이 세상을 어떻게 바꾸는지, 어떻게 바꿀 것인지 아는 것이 핵심입니다."

임 교수가 예를 듭니다.

"세탁기가 여성들을 가사에서 해방시켰고, 결국 그들의 사회 진출을 가능하게 했다는 얘기 들어보셨죠? 좀 더 가까운 얘기를 해볼까요. 최근 핀테크 서비스들이 수수료 없이 송금을 해주잖아요. 앞으로는 수수료 내면서 송금하는 사람이 없어질 것입니다. 그러면 기존 은행들도 각성하겠죠. 이런 얘기들입니다. 기술로 인해 변할 멋진 세상을 고민해야 하는 거죠."

저도 모르게 한숨이 나왔습니다. 임 교수가 웃으며 말을 잇습니다.

"쉽지는 않습니다. 엔지니어에게도 마찬가지로 어려운 얘기입니다. 어쩌면 그들 대부분은 이 부분을 별로 고민하지 않는 것 같기도 합니다. 그렇지만 걱정하지 마세요. 관련한 정보가 넘쳐납니다. 유일한 관건은 역시 '목적의식'입니다. 기술이 우리의 생활과 비즈니스에 어떤 변화를 가져다줄지 꾸준히 생각하고 고민해야 합니다. 가지고 있는 인문학적 상상력과 사회학적 유추력을 동원해보세요. 그런 의미에서 저는 이를 '통찰'이라 부릅니다. 기술과 인문사회적 지식을 연관시키는 것이죠. 통찰이 별건가요? 전혀 달라 보이는 것들을 연결하고, 상관없어 보이는 것들을 연관시키는 것이 통찰 아닐까요?"

"통찰 얘기까지 나올 줄은 몰랐는데요."

약간 부루퉁해진 저를 더욱 세게 몰아붙입니다.

"조금 전에 기술에 대한 최소한의 내용을 먼저 알아야 한다고 했죠. 그것을 '관찰'이라 하겠습니다. 외부에 존재하는 정보를 찾아보는 것이니까요. 그렇다면, 마지막으로 '성찰'을 얘기하겠습니다. '관찰-통찰-성찰'로 기억하면 되겠죠? 줄여서 '찰찰찰' 해도 되고요. 하하."

기술 관련한 얘기 좀 듣고 사업 아이템 힌트를 얻으러 왔건만, 공대 교수에게 '성찰'이라는 단어까지 듣다니…. 어안이 벙벙합니다.

"자신만의 판단이 필요합니다. 뚜렷한 목적의식으로 '관찰'하고 '통찰'한 거잖아요? 그러니 자신만의 의견도 뚜렷해야 합니다. 나의 생각을 들여다보고 알아야 하니 '성찰'이라 한 것이죠."

나를 뚫어지게 쳐다보면서 한 마디 덧붙입니다.

"교양이 필요하던, 직장이 필요하던, 업무에 필요하던, 창업에 필요하던, 다 마찬가지입니다. 나만의 생각과 해석이 없다면 죽은 지식일 뿐이에요. 게다가 기술에 대한 내용이니 얼마나 재미없고 차갑겠어요."

더 이상 앉아 있을 수 없었습니다. 뜨끔해서이기도 하지만, 관찰, 통찰에 성찰까지 나오는 판에 마음이 더욱 혼란스러워졌기 때문입니다. 헷갈리는 마음으로 '찰찰찰'이나 읊으며 일어서는데, 그가 뭔가를 쥐어 줍니다.

"당신 같은 분을 위해 책을 한 권 썼어요. 용기 내어서 온 기념으로 한 권 드릴게요. 꼭 읽어보세요. 이 책과 함께 이 멋진 세상에서 계속 용기 내시길 응원합니다."

살짝 고맙고 약간 미안한 마음이 듭니다. 아무래도 임 교수의 다른 책을 한 권쯤은 사줘야겠구나 생각하며 받아든 책의 표지를 얼핏 보았습니다. 제목은《멋진 신세계》.

멋진 세상,
멋지게 살려면

'멋진 신세계'라. 이번만큼은 교양 있는 사람답게 저도 한마디 할 수 있습니다. 멋진 신세계를 들어보았습니다. 영국의 소설가 올더스 헉슬리Aldous Huxley가 쓴 작품으로 과학기술의 지나친 남용으로 인간성이 파괴되는 시대를 그린 고전이죠. 2540년이 배경이니 지금보다도 500년은 더 지나야겠네요. 그런데 올더스 헉슬리의 '멋진'은 진짜 '멋진 것'을 의미하는 건 아닌데, 임 교수는 무슨 생각으로 멋지다고 했을까. 얄팍한 호기심으로 책장을 넘겨보았습니다.

일단, 목차에 8개의 기술이 자리를 차지하고 있습니다. 아, 골 아프다 따분하다 하며 책을 덮으려는데, 뭔가 덮여지기 싫다는 듯 몇몇 단어들이 아등바등 책갈피에서 뛰쳐나오고 있었습니다. '지식 아니면 지혜', '업 따로 휴식 따로', '소통과 소유 사이', 그리고 '돈이냐 꿈이냐'. 돈이냐 꿈이냐? 무슨 기술관련 책에 돈과 꿈까지? 소통과 소유? 뭐 이런 것들은 인문이나 사회 서적에서나 하는 얘기 아닌가요?

그 때 문득, 임 교수의 차차차, 아니 '찰찰찰'이 떠올랐습니다. '아 맞다. 기술을 안다하려면 기술 주변의 것들과 연관지라 했었지. 침 튀기면서 강조했던 통찰, 그래 통찰을 하려면 다양하게 연결해서 생각하라 했지. 우리네 생활과 비즈니스에 미치는 영향을 고려하려면 인문과 사회적 관점을 동원하라면서.'

책은 어렵지 않았습니다. 그가 차분히 읽어주고 들려주는 것 같았습니다. 그러면서도 한 번씩은 이것만큼 꼭 알아야 한다고, 기억하라고 힘주고 있네요. 마치 내 손을 꽉 잡아주는 듯 말이죠.

지식知識의 신세계는 인공지능으로, **지혜**智慧의 신세계는 빅데이터로 이루어집니다.

업業의 신세계가 로봇이라면, **휴식**休息의 신세계는 무인자동차가 되고요.

소통疏通의 신세계를 사물인터넷이, **소유**所有의 신세계로 클라우드가 안내합니다.

돈錢의 신세계는 핀테크가, **꿈**夢의 신세계는 가상현실이 보여줍니다.

아, 그간의 세월이 주마간산 파노라마처럼 눈앞에 흐릅니다. 교양인으로, 취준생으로, 직장인으로, 창업가로서 끝끝내 저를 따라다니던 것들이 한눈에 펼쳐져있습니다. 8개의 기술, 8개의 신세계가 펼쳐지고 있다 합니다. 내 이것들을 진작 알았더라면…

관찰이라 했지요? 세상의 넘쳐나는 정보를 잘 골라서 보라 했었지요. 임 교수는 자기 말에 책임이라도 진다는 듯이 나름 애씁니다. 딱 중요한 몇 가지 기술을 골라 설명하고 그 정도면 된다고 장담합니다. 한 장의 그림으로 다 보여준답시고, 각각의 기술마다 'Big Picture'까지 그려주었네요.

그렇지만 이 책에서 가장 인정하고픈 대목은, 각각의 기술에 대하여 나름의 의견을 가지라고 종용하고 있다는 점이었습니다. 그래야 된다고, 그래야 멋진 신세계가 스스로에게도 멋질 수 있다고 웅변하고 있는 점이었습니다. 성찰, 자기의 생각을 들여다보는 성찰로 이 책이 안내하고 있다는 점입니다.

묵묵히 읽어 내려갔습니다. 그러면서 곱씹었습니다. 마음을 먹는 것이 중요하다. 기술을 저 멀리 하지 말고, 이 세상의 엄청난 변화의 유일한 원인인 기술을 알기로 마음을 먹자. 그리고 그냥저냥 검색이나 하지 말고 목적의식을 갖자. 목적의식으로 관찰하고, 통찰하고, 성찰하자. 갑자기 미소가 새어나옵니다. 임 교수는 '찰찰찰' 했지만 저는 '먹목묵'하렵니다. 마음'먹'고, '목'적의식 갖고, '묵'묵히 학습한다. 어떤가요? 더 현실적이고 실행적이지 않은가요?

멋진 신세계, 'brave new world'입니다. 'brave'라는 단어에는 '용기 있는' 이라는 뜻 외에도 '멋진', '멋지게 새로운'이란 의미도 있군요. 아, 맞습니다. 임 교수가 마지막으로 했던 그 말, '용기내서 찾아온 것처럼 계속 용기를 내라'고 했던 말. 용기 있는 자에게 멋진 신세계가 열린다는 말을 한 게죠.

신의 영역을
침범한 인간

혹시 사과 좋아하시나요? 아침에 먹는 사과를 '금사과'라고들 하죠. 이 금쪽같은 과일이 인류의 역사를 뒤바꾸기도 했습니다. 뉴턴에게 만유인력이라는 깨달음을 준 사과 덕분에 근대과학이 성립되었죠. 그리고 스위스와 유럽 전역에서 전제주의에 대한 저항을 불 지폈던 윌리엄 텔의 사과와 현대 미술의 사상을 이끌어낸 폴 세잔의 사과도 있네요.

고리타분한 과거의 사과들 말고 지금을 살아가는 우리에게 가장 많은 영향과 영감을 준 사과는 무엇일까요? 맞습니다. 스티브 잡스의 사과. 그냥 그대로 애플이지요. 이 사과는 매일매일 손에서 떨어질 줄 모르고, 눈에서 멀어질 줄 모릅니다. 그뿐이 아니죠. 사용자 중심의 기능과 세련된 디자인으로 인류에게 한 층 업그레이드된 눈높이도 선사했습니다. 그 온전하지도 않은, 한입 베어 문 사과가 말입니다.

그런데 왜 하필이면 한입 먹은 사과일까요? 여러 가지 설이 있습니다만, 가장 상징적이고 설득력 있는 이야기에는 비운의 과학자 앨런 튜링Alan Turing이 등장합니다. 그의 논문과 2차 세계대전에 사용한 암호 해독기는 인류 최초 컴퓨터 에니악ENIAC의 밑거름이자 원형이 됩니다. 인류사에 큰 발자취를 남긴 튜링은 동성연애자였는데, 당시만 해도 동성연애는 '범죄'였습니다. 영국 정부는 그에게서 모든 권리와 권한을 앗아갔고, 자부심과 자존심마저도 무너뜨렸죠. 디즈니의 '백설공주'를 무척 좋아했던 그는, 동화 속 이야기처럼 청산가리를 주사한 사과를 베어 뭅니다. 백설공주와 달리 다시 깨어나지 못한 채 결국 42세의 나이로 생을 마감합니다. 애플의 로고는 튜링을 추모한 것이라 하네요.

튜링이 죽기 전까지 매달렸던 질문은 '과연 인간의 뇌와 비슷한 기능을 가진 기계를 만들 수 있을까?'였습니다. 기계는 지식을 습득할 수 있는가? 인공지능은 가능한가? 과연 인간이 인간과 같은 지능을 창조할 수 있는가? 등등.

그는 컴퓨터를 발명해 인류를 새로운 세상으로 안내했습니다. 신은 인간을 창조했지만, 신세계를 창조한 것은 분명 인간입니다. 튜링은 한 발 더 나아가 금단의 열매를 먹었고 신에게 도전합니다. 못다 이루었지만, 마지막 노력은 전혀 새로운 인간을 창조하는 것이었습니다. 이제 우리는 그가 열고자 했던 신세계의 문 앞에 서 있습니다. 바로 지식의 신세계입니다.

인공지능을 접한 기억을 떠올려본다면 아마도 영화와 함께일 겁니다. 스티븐 스필버그가 '인공지능artificial intelligence'이라는 단어를 영화 제목으로 내세웠던 'A. I.' 혹은 근자에 쏠쏠한 인기가 있었던 '그녀Her'가 있겠군요. 영화 좀 본다 하는 사람이라면, 다음의 두 편을 꼽지 않을까 합니다. 둘 다 과학적 탐구, 창의적 상상, 심미적 표출이 뛰어난 영화입니다.

먼저, 스탠리 큐브릭Stanley Kubrick 감독의 놀라운 상상력으로 만들어진 '2001 스페이스 오디세이2001: a Space Odyssey'입니다. SF 분야에 신기원을 이룬 영화이며 인공지능에 대해서도 마찬가지입니다. 영화 속 우주선 디스커버리호의 인공지능 컴퓨터 '할9000HAL9000'은 사실상의 주인공입니다. 목성까지의 비행을 책임지고 있는 할은 무료하고 무심한 인간들의 행동을 지켜보다 한 가지 결론을 내립니다. '인간들은 믿을 만한 존재가 아니구나.' 목성까지 무사하게, 효율적으로 도착하는 것이 유일의 목표이자 최고의 선으로 프로그래밍된 할은 급기야 인간들을 제거하기로 결정합니다.

1968년 영화입니다. 명작이라 불리지만 요즘의 SF영화에 비하면 지루하기 짝이 없습니다. 상영시간이 길어서 그런지 심지어 중간에 쉬는 시간도 있네요. 그러나 느슨하게 묘사된 인간과 인공지능 사이의 대화와 대결은 생각할 거리들을 던져줍니다. 20세기에 개봉한 영화에 21세기를 살아가는 우리가 예견하는 인공지능에 대한 많은 시사점이 있습니다.

또 하나의 영화는 리들리 스콧Ridley Scott 감독의 초창기 걸작 '블레이드 러너Blade Runner'입니다. 시종 암울한 분위기를 연출하는 이 영화에는 인간의 감정까지 지닌, '리플리컨트replicant'라 불리는 인공 생명체가 등장합니다. 젊은 시절의 해리슨 포드가 연기한 데커트는 리플리컨트를 구분해내어 처치하는 특별형사입니다. 그는 모르고 있으나 사실 그도 리플리컨트였다는 감독판도 있네요. 어쨌든 이 영화가 설정한 시기가 2019년입니다. 이제 얼마 안 남았네요.

'할'이나 '리플리컨트'는 이미 인간의 다양한 사고능력에 도달한 인공지능입니다. 어찌 보면 인간보다 우위라 할 수 있는데, 당연히 기계이니 내구성이 있겠고, 컴퓨터이니 계산능력도 월등합니다. 기억력은 100%고요. 이러한 인공지능을 '강 인공지능artificial general intelligence, AGI'이라 합니다. 앞서 소개한 영화 '그녀'에서 주인공과 사랑을 나누는 인공지능 '사만다'도 이 부류에 속합니다.

'강强'이 있으니 '약弱'도 있겠지요. '약 인공지능artificial narrow intelligence, ANI'은 어느 특정 분야에서만 능력을 발휘하는 인공지능입니다. 바둑을 잘 두는, 아니 바둑만 둘 줄 아는 '알파고AlphaGo'는 이에 해당하죠. 그러면 자연스레 의구심이 들지 않나요? 알파고가 약하다니요. 우리말로는 '강'이나 '약'을 붙였지만, 원래의 의미는 영어표현이 더 정확합니다. 좁은 영역에 특화된 'narrow'와 일반적인 영역을 포괄하는 'general'의 뜻을 생각해보면 이해하기 쉬울 겁니다.

인공지능의 현주소는 약 인공지능입니다. 인간이 주입한 좁은 분야의 지식을 인지하고 학습함으로써 특정 용도에 대하여 판단하는 인공지능입니다. 인간이 제공한 지식을 바탕으로 한다하지만, 요사이 인공지능이 보여주는 탁월함과 기발함은 지식의 신세계라 할 만합니다. 이미 상당한 분야에서 우수한 약 인공지능들이 활약하고 있습니다. 조만간 우리네 일상에서도 불확실한 '꿀팁'보다는 확고한 '꿀지식'을, '지식 iN'과 같이 유용하지만 때론 어설픈 집단지성이 아닌 성숙한 인공지성을 손쉽게 접할 날도 멀지 않았습니다.

그에 반해 강 인공지능은 좀 더 기다려야 합니다. 영화에서 볼 수 있는 강 인공지능은 지금까지 현실화되어 있지 않으며, 출현 시기에도 논란이 있습니다. 2030년에서 2040년으로 추정하는 과학자들이 많습니다. 일부 철학자들은 그런 시기는 절대 오지 않을 것이라는 주장도 합니다.

그렇지만 말입니다. 인간이 강 인공지능을 만들어낸다면, 그런 시기가 오기만 한다면 다음 단계는 금방일 것입니다. 인간은, 아니 인간이 만들어낸 강 인공지능은 얼마 지나지 않아 어마무시하게 강력한 후속세대인 '초 인공지능artificial super intelligence, ASI'을 스스로 만들어낼

복기할 상대가 없던, 세기의 바둑 대결

한 가지 짚고 넘어가고 싶은 것이 있습니다. 혹시 인공지능과 로봇을 혼용해서 쓰고 있지는 않나요? 인공지능을 떠올릴 때 로봇이나 인간 형태의 무엇을 연상하고 있지는 않나요? 구분해야 합니다. 비록 인간을 답습한다는 면에서 같은 것이고, 인공지능이 담긴 물체는 어차피 인간 모습의 로봇이 제격이긴 합니다. 그렇지만 이들은 엄격히 구분해야 합니다. 구분해야 그 세부적인 속성을 따로따로 제대로 챙겨볼 수 있습니다.

인공지능은 인간의 '정신적인 능력'에 관한 것입니다. 반면에 로봇은 인간의 '신체적인 능력'입니다. 전자는 인간처럼 생각하는 것을, 후자는 인간처럼 행동하는 것을 만들자는 것이죠.

바둑 기사 이세돌을 더욱 유명하게 만든 '알파고'는 실체가 없습니다. 프로 기사들은 대국을 끝내면 이겼건 졌건 서로 머리를 맞대고 복기를 합니다. 하지만 이세돌 기사는 '세기의 대결' 이후에 횅한 마음이었을 겁니다. 복기할 알파고가 없으니까요. 대국 내내 이세돌 기사는 알파고의 표정도, 호흡도 느낄 수 없었습니다. 단지 눈에 보이지 않는 정신적 작용일 뿐입니다. 혹시 '할'의 모습이 궁금해서 큐브릭의 영화를 찾아본다면 곧 알게 될 것입니다. 알파고의 심볼과 꽤 닮은 모습이라는 것을요. 그냥 원 안에 점 하나가 덜렁 있을 뿐입니다. 몸통이 없는 그저 점 하나로 인공지능을 형상화한 것이죠.

것입니다. 이 인공지능은 말 그대로 초인적이며, 인간이 할 수 있는 모든 일에서 압도적 능력을 가질 것입니다. 영화 '터미네이터'나 '매트릭스'에 등장한 인간세계를 지배하는 인공지능을 연상하면 됩니다.

우리의 상상력에서나 자리 잡은 인공지능이 문 밖에서 기웃거리고 있습니다. 인간과 같은 강 인공지능, 연이어 인간을 초월한 초 인공지능의 시대가 우리 생애의 한 시점에 등장하리라 여겨집니다. 진정한 '인공의 지능'이 탄생하는 겁니다. 그들이 문을 열고 우리의 삶에 들어오는 순간, 인간은 진정한 신인류를 맞이할 것이며, 인간 역시 신의 영역에 들어서게 된 것이겠죠.

인지
: 세상을 받아들이는 법

인공지능을 간단히 무어라 설명할까요? 학문적 정의가 적지 않습니다만, '인간이 인간 아닌 존재에게 부여한 인간 같은 지능'이라 하면 어떨까요. 여기서 지능, 즉 지적인 능력은 지식을 받아들이고 처리하고 축적하고 활용하는 능력입니다.

인공지능이라는 용어가 언제 탄생했는지 알고 싶다면, 인공지능의 개념을 정립하고 AI라는 용어도 명명한 4인방의 이름도 알아둘 만합니다. 존 매카시John McCarthy, 마빈 민스키Marvin Minsky, 허버트 사이먼Herbert Simon, 앨런 뉴웰Allen Newell입니다. 그들은 1956년 미국의 다트머스 컨퍼런스에서 인간처럼 지능적으로 사고할 수 있는 컴퓨터 프로그램의 개발 가능성을 천명했습니다. 그러나 인공지능의 역사를 제대로 따져보자면 훨씬 이전으로 돌아가야 합니다. 먼저, 앞서 언급했던 앨런 튜링 기억하죠? 사람들은 그를 컴퓨터 창안자라 하지만, 사실 컴퓨터라는 것도 '사람과 같이 사고하는 무엇'을 만들기 위해 고안된 것이니까요.

조금 더 과거로 가보겠습니다. 1643년경 파스칼Blaise Pascal은 덧셈과 뺄셈을 할 수 있는 계산기를 발명합니다. 맞습니다. "인간은 생각하는 갈대"라는 말을 남긴 그 파스칼입니다. 그로부터 30여 년이 지나 라이프니츠Gottfried Wilhelm Leibniz는 곱셈·나눗셈도 가능한 계산기를 만들어냅니다. 하지만 단순히 근사한 계산기의 발명을 넘어서, 라이프니츠에게는 뭔가 특별한 것이 있습니다.

그는 기호symbol에 목매었던 사람입니다. 세상의 모든 지식을 기호로 바꿀 수 있다면, 인간의 사고를 기호로 나타내고, 더 나아가 기호로 표시된 수식과 연산에 의해 인간의 사고과정을 표현할 수 있다고 믿었습니다. 비록 컴퓨터나 인공지능이라는 용어를 쓰지 않았지만, 약 300년 후 다트머스에서 천명된 목표와 다르지 않습니다.

라이프니츠나 파스칼은 모두 수학자이자 철학자입니다. 철학이라는 것은 본디 인간의 생각과 사유, 즉 사고에 대한 학문입니다. 플라톤의 이데아idea 정신을 이어받은 아리스토텔레스의 논리학은 인간의 '생각하는 방법'에 대한 것입니다. 이것의 핵심 3요소가 '개념', 개념이 모인 '명제', 명제를 생산하는 '추론'임을 미루어보면, 당시 수학의 목표는 철학의 구현이라 해도 과언이 아닙니다. 이제 왜 인공지능이 컴퓨터의 역사와, 그리고 수학, 또 철학의 이상과 밀접히 연관되었는지 명확해지지 않았나요?

지금부터는 인공지능의 세부 기술에 대해 알아보도록 하겠습니다. 걱정하지 마세요. 그리 어렵지 않습니다. 대표적인 기술들만 간략하게 소개하겠습니다. 전문적으로 연구하는 사람이 아니라면 이 정도면 충분합니다.

앞에서 말했듯이, 우리가 창조하려는 지능은 '지식을 받아들이고 축적해 활용하는 능력'입니다. 먼저 '받아들이는 것'을 '인지認知'라 합니다. '축적하는 것'은 '학습學習', '활용하는 것'은 '판단判斷'이라 하겠습니다. 인공지능을 이해하기 위해 **인지-학습-판단**의 순차적인 3단계로 구분한 것이죠.

인지는 세상을 감지하고 지식을 받아들이는 것입니다. 인간은 오감을 통해 무수한 자극을 느끼고 이에 반응합니다. 물론 동물도 그렇습니다. 그러나 인간을 답습하는 인공지능을 추구한다면 동물과 다른 인간만의 인지능력에 집중할 필요가 있습니다. 그것은 바로 언어능력입니다. 사람들과 대화하고, 혼자 생각하고, 글로 읽고 쓰는 것 모두 언어로 하는 일들이죠. 언어야말로 인간의 지적능력, 즉 지능의 대표인 셈입니다. 그래서 자연스레 인공지능 연구의 초점은 컴퓨터가 언어를 알아듣게 하는 것으로 집약됩니다. 흔히 이것을 '**자연어 처리**natural language processing'라 부릅니다.

자연어는 평소 우리가 쓰는 언어를 지칭하는 겁니다. 프로그래밍언어, 기계언어 등과 구분하기 위함이죠. 인간이 언어를 통해 소통하는 것을 연상해보세요. 누군가 먼저 말하면 그 음성을 듣고 머릿속에서 내용을 파악합니다. 그 뒤에 내가 할 얘기를 생각하고 다시 말로 대꾸합니다. '듣기→내용 파악→반응 결정→말하기'의 순서가 됩니다. 그렇다면 이 4단계 중에서 가장 어려운 부분은 무엇일까요?

음성을 듣고 음성에 포함된 단어를 추출해내어 문자로 인식하는 것은 이미 어려운 일이 아닙니다. 지금의 기술 수준으로 99% 정도의 인식은 가능합니다. 아이폰iPhone의 '시리Siri'와 대화를 해보세요. 음성이 문장으로 쉽게 변환됩니다. 음성의 주파수 분석으로 음소를 추출해 단어와 문장으로 바꾸는 겁니다. 반대로 문장을 음성으로 변환시키는 것은 더 쉽습니다. 변환된 음성이 얼마나 기계적이냐 아니냐의 차이만 있을 뿐이죠.

'듣기'와 '말하기'가 그리 해결된다면 남은 것은 '내용 파악'과 '반응 결정'인데, '반응 결정'은 일단 내용만 파악되면 논리적인 연결로 준비가 됩니다. "오늘 날씨가 어때?"라는 음성을 듣고 내용이 파악되면 '맑다', '흐리다', '비 온다' 혹은 '눈 온다' 같은 대답이 가능하겠죠. 좀 더 자세히 답하자면 "약간 흐리고 낮 최고 기온은 20도입니다." 정도일 것입니다. 어쨌든 컴퓨터에게도 크게 어려운 일이 아닙니다.

문제는 '내용 파악'입니다. 컴퓨터가 사람처럼 언어를 이해하고 대화하려면 이 부분을 해결해야 합니다. "네 문제는 문제가 문제인지를 모르는 게 문제야." 이 말을 컴퓨터가 잘 이해할까요? "나는 눈물을 흘렸어"라고 한다면, 과연 나는 아파서, 슬퍼서, 기뻐서, 아니면 감동적이어서 눈물을 흘린 걸까요? 컴퓨터는 그냥 곧이곧대로 받아들입니다. 우리가 컴퓨터에 미리 입력해 놓은 기호와 논리체계에 맞게만 알아듣습니다. "나+눈물+흘렸다" 정도로만 아는 거죠.

컴퓨터의 인지와 자연어 처리과정에서 가장 핵심적인 단어는 '문맥context'입니다. 문장text은 만만합니다. 그러나 문맥은 그렇지 않습니다. 앞뒤 구조와 전후좌우 상황을 고려하는 것이 문맥입니다. 바로 이 문맥을 이해하는 것이 컴퓨터가 쉽사리 인간을 따라가지 못하는 부분이죠. 결국 문맥을 파악하는 일, 내용을 제대로 파악하는 일이 난관입니다.

만일 자연어 처리나 음성인식 기술이 급격히 진보해 컴퓨터가 언어를 완벽히 알아듣고 자유자재로 구사할 수 있다면 어찌될까요? 항상 휴대하는 휴대폰 속에 친구와 비서가 있을 것이고, 세계 어디를 여행해도 통역자가 곁에 있을 것입니다. 그렇게 되면 더 이상 제2, 제3외국어를 공부할 필요가 없겠지요.

컴퓨터가 세상을 받아들이는 기술 중 또 하나 기억해야 할 것은 '**패턴인식**pattern recognition'입니다. 방금 문맥이 중요하다 했죠? 문맥이 중요하다는 것은 개별적인 단어나 문장이 아닌 전체적인 구조를 보아야 한다는 의미입니다. 패턴은 따로 떨어진 하나하나가 아니라 여럿이 모인 형태와 형상입니다. 당연히 음성인식의 정확도를 높이기 위해서도 패턴인식은 필요합니다.

패턴인식이 가장 많이 활용되는 분야는 이미지 프로세싱, 즉 영상 또는 시각정보를 처리하는 것입니다. 예전에는 '컴퓨터 비전computer vision'이라고도 했습니다. 거의 매일 접하는 바코드 인식, 주차장의 번호판 인식이 있죠. 그리고 이제는 익숙해진 지문인식, 급격히 다가온 홍채인식 등이 모두 이미지 패턴을 인식하는 것들입니다. 자동차 번호판 인식의 경우 차량마다 위치가 조금씩 다르고, 진흙이나 눈이 묻어 일부가 가려지기도 합니다. 그래도 아주 정확하게 판독합니다. 번호판 숫자가 정확히 보이지 않아도 각 숫자의 형태와 형상, 즉 패턴에서 나타나는 특성을 중심으로 알아맞히는 것이죠. 이러한 패턴의 구조적인 특성이 문맥과 일맥상통하다는 것도 알아채었겠죠?

사실 여기에 아주 중요한 얘기가 곁들어 있었습니다. 인공지능을 딱딱한 기술이 아닌 살아 있는 지식으로 갈음해주는 아주 중요한 얘기입니다. 서둘러 다음으로 가보겠습니다.

학습
: 지식의 축적

　　　역사와 전통을 자랑하는 몇 가지 논쟁거리가 있지요. '성선설과 성악설' 같은 것들 말입니다. 여기서는 '합리주의rationalism와 경험주의empiricism'를 살펴보고자 합니다. 왜 갑자기 합리주의, 경험주의냐고요? 조금만 생각해보세요. 다 이어지는 얘기입니다. 인간과 같은 컴퓨터를 만든다는 것, 인간처럼 사고하는 컴퓨터를 만드는 것, 인간과 같은 방법으로 지식을 습득하는 컴퓨터를 만든다는 것은 다 같은 말입니다. 인간이 어떻게 학습하여 지식을 축적하는지를 안다면 당연히 컴퓨터도 그렇게 하게 할 수 있지 않겠습니까.

　합리주의는 '이성'을 중시합니다. 단적으로 인간은 태어날 때부터 이성이라는 것을 지니고 있으며, 이를 통해 세상을 인식하고 새로운 사실을 깨우친다는 것이죠. 흔히 연역법이라고 하는 '일반적 사실에서 구체적 사실로 전개'하는 것은 일반적인 이념과 관념에서 지식이 출발한다고 봅니다.

　반면 경험주의는 단연코 '경험'입니다. 선천적 이성보다 수많은 후천적 경험을 통해 학습하는 것에 주목했고, '구체적 사실에서 일반적 사실로 전개'하는 귀납법을 옹호합니다. 합리주의와 경험주의를 종합하는 데 심혈을 기울인 칸트는 이성은 생각을 생산하는 각종 장비를 갖춘 공장이고, 경험은 거기에 들어가는 각종 원료라 비유했습니다. 컴퓨터로 말하면 원료는 데이터고 공장은 로직logic이라 할 수 있겠죠.

인공지능의 출발은 어쩌면 너무나 당연히도 합리주의 선상에서였습니다. 앞서 소개한 라이프니츠의 꿈은 모든 지식을 기호화하고, 이 기호들의 연산과 논리로서 인간의 사고를 설명하는 것이라 했습니다. 우리가 알고 있는 단어·문장·개념·이론 등 모두를 기호로 변환하여 잘 엮어놓으면 그것이 바로 생각하는 컴퓨터가 된다는 발상입니다. 지식을 잘게 끊고 또 합치자는 접근이죠. 이를 '전통적인 인공지능tradtional AI', 혹은 '**기호적 인공지능**symbolic AI'이라 부르며, 이런 인공지능의 접근 방식을 '심볼리즘symbolism(기호주의)'이라 합니다. 한때 인공지능이라고 하면 이런 기호적 인공지능을 뜻했던 시기도 있었습니다.

1960년대에 인공지능 연구사들은 많은 기대를 품고 기호화된 지식을 컴퓨터에 주입하였고, 또 컴퓨터의 논리적 추론 능력을 향상시키는 데 주력했습니다. 그리곤 호언장담했습니다. "1970년대에 이르면 평균 정도의 인간 지능을 지닌 인공지능이 탄생할 것"이라 말이죠.

그러나 기대는 물거품이 됩니다. 평균 지능은커녕 기초적인 인간의 사고방식을 모방하는 데에도 실패합니다. 세상의 모든 지식을 잘게 쪼개서 백과사전처럼 다 집어넣는다고 해서, 그 백과사전의 항목들을 모두 논리적으로 연관 짓는다고 해서 과연 사람과 같은 지능이 탄생할까요?

기호적 인공지능에 대한 실망감은 인공지능 연구의 암흑기를 가져옵니다. 대부분의 연구비가 끊기고, 거액을 지원받았던 연구자들은 심지어 사기꾼이라는 오명을 쓰기도 했습니다. 비교적 근래까지도 많은 인공지능 연구자들이 본인의 연구를 인공지능 분야라 표방하지 않으면서 근근이 노력을 이어왔던 이유도 여기에 기인합니다.

이제는 경험주의의 차례입니다. 경험주의에 근거한 인공지능 접근 사상을 '커넥셔니즘connectionism(연결주의)'이라 합니다. 커넥셔니즘이 지향하는 것은 의미를 갖는 기호가 아닙니다. 예를 들어 '고양이'라고 하면 심볼리즘에서는 인간의 마음에 고양이라는 기호, 즉 심볼이 실제로 존재한다고 가정하는 것입니다. 그러나 커넥셔니즘은 인간의 마음보다는 두뇌에 집중합니다. 두뇌의 생리적인 모습에 대해서입니다.

알다시피 두뇌의 기본 세포는 뉴런neuron입니다. 인간의 두뇌는 자극을 받으면 특정 뉴런들이 반응합니다. 뉴런들은 시냅스synapse라는 것들에 의해 연결되는데, 자극에 반응하는 뉴런들끼리의 시냅스가 강화됩니다. 이 연결 강도가 높아지고 낮아지고 하는 것이 인간의 두뇌 작동의 방식입니다. 이때 개별적인 뉴런의 반응은 의미가 없습니다. 중요한 것은 신경세포 전체의 형상이고, 강화된 연결의 형태입니다. 이 뉴런들이 연결된 엄청난 네트워크가 바로 뇌의 모습이죠. 커넥셔니즘이 만들어낸 인공지능을 '**신경망**neural network'이라 합니다. 우리가 인간의 뇌의 작용을 모방하고자 한다면 뇌의 모습인 신경망의 구조로 출발해야 한다는 것입니다.

이렇게 생각해보면 쉽습니다. 컴퓨터 모니터는 수십, 수백만 개의 픽셀pixel로 이루어져 있습니다. 그 픽셀 하나하나는 아무런 의미를 전달하지 못합니다. 그러나 전체의 화면에는 선명한 이미지가 나타나죠. 신경세포가 각자 생각하는 것이 아니라 신경세포 전체, 즉 신경망이 생각하는 것입니다. 인간의 두뇌에는 고양이라는 기호나 심볼은 없다는 것이 커넥셔니즘의 주장입니다.

커넥셔니즘은 암울했던 인공지능 연구에 한 줄기 빛과도 같았습니다. 인공지능 연구 초기에도 신경망이 없었던 것은 아니지만, 1980년대에 등장한 학습모델인 '백프로퍼게이션backpropagation'으로 새로운 생명을 얻게 됩니다.

이제 기호적 인공지능과 신경망 인공지능을 정리해보겠습니다. 일단, 심볼리즘과 커넥셔니즘을 꼭 기억해야 합니다. 인공지능의 양대 접근방식이자, 인간의 지식의 학습과 축적을 설명하는 대표적인 논지이니까요.

합리주의에서 유래한 전통적, 기호적 인공지능은 세상의 모든 것에 의미와 기호를 부여합니다. 이 기호들을 논리라는 것으로 조작하여 인간의 사고가 이루어진다고 하죠. 머릿속에 고양이라는 단어를 떠올리듯 우리 마음에도 고양이의 자리가 있다는 것입니다. 자연스럽게 자연어 처리와 연관됩니다. 반면, 경험주의를 바탕으로 하는 신경망은 전체를 봅니다. 경험이 축적되듯 지식이 축적되며, 경험과 지식은 패턴이라는 겁니다. 당연히 패턴인식에 강점이 있겠죠.

합리주의는 이성, 기호적 인공지능은 논리, 반면에 경험주의는 경험, 신경망 인공지능은 데이터. 이렇게 기억하면 간단합니다.

합리주의 : 이성 = 기호적 인공지능 : 논리
경험주의 : 경험 = 신경망 인공지능 : 데이터

그럼 현실에서 일어난 일들을 얘기해 볼까요. 1997년 IBM이 개발한 인공지능 '딥블루DeepBlue'는 당시 세계 체스 챔피언 게리 카스파로프 Гáрри Ки́мович Каспáров을 제압합니다. 2011년 미국 유명 퀴즈쇼 '제 퍼디Jeopardy!'에 출연한 IBM의 '왓슨Watson'은 2명의 인간 퀴즈 챔피언을 여유롭게 물리칩니다. IBM은 기호적 인공지능에 바탕을 두었습니다. 수많은 논리와 추론, 룰과 계산에 의한 것이죠.

인공지능에 회의적인 사람들은 이렇게 강변합니다. 아무리 체스가 만만치 않다고들 하지만, 가로 세로 각각 8칸씩 모두 64개의 격자 모양 체스판에서 말들이 갈 수 있는 길이 정해져 있으니 경우의 수도 한 정적이라고 말입니다. 그러니 컴퓨터라면 가능했을 것이라고. 그러나 바둑은 어려울 것이라 주장했습니다. 바둑판에서 돌을 놓을 수 있는 점은 가로 세로 각각 19줄의 교차점인 361개로, 특히 체스와는 달리 아무 곳에나 놓을 수 있으니 고려할 경우의 수는 무한대에 가깝다는 것이 주장의 근거였습니다. 그래서 바둑만큼은 절대 인간을 이길 수 없을 것이라고 말입니다.

2016년 구글 '딥마인드DeepMind'의 바둑 인공지능 '알파고'가 도전장을 내밉니다. 그리고 바둑의 최고 고수인 이세돌을 꺾습니다. 알파고는 IBM과 달리 신경망 인공지능을 바탕으로 탄생한 것입니다. 3,000만 건의 대국 기보를 학습한 알파고는 인간으로 치면 1,000년에 해당하는 시간만큼 학습한 것이라 합니다. 애써 이런저런 논리를 개발해 힘들게 학습시키는 것이 아니라 양질의 데이터만 입력해주면 되니 가능해진 것이죠. 알아서 배우고 익히는 '기계학습machine learning'을 한 것입니다.

이제 그 누구도 인공지능의 한계를 예단할 수 없게 되었습니다. 기호적 인공지능과 신경망 인공지능이 앞서거니 뒤서거니 발전하고 있습니다. 마치 칸트가 합리주의와 경험주의를 동시에 수용한 것처럼, 서로의 장점을 취합하고 종합하며 우리 앞에 들이닥치고 있습니다. 엄청난 속도의 학습으로 말입니다. 이제는 그들이 '인지'하고 '학습'한 내용으로 어떻게 '판단'하는지 알아보겠습니다.

판단
: 과연 어디까지 믿을 것인가?

우리가 인공지능의 연구에서 궁극적으로 바라는 건 2가지입니다. 하나는 인간과 똑같은 '작동'을 하는 기계를 만드는 것이죠. 우리가 스스로에게 갖는 호기심의 최고봉은 나의 마음과 생각이 어떻게 이루어지느냐는 것입니다. 눈에 보이지 않는 이 신비스러운 영역을 알자는 것이 목적입니다. 그러기 위해 인간처럼 작동하는 컴퓨터를 만들고자 합니다. 만들 수만 있다면 알 수도 있겠죠.

또 하나의 목표는 인간과 같은 '지적 능력'을 보유하는 컴퓨터입니다. 인간의 '성능'을 모방하려는 것이죠. 앞의 주안점이 '작동 방식'이라면, 이번에는 '성능 수준'입니다. 컴퓨터는 선천적으로 연산과 기억에 강합니다. 하지만 이것 외에는 많은 부분에서 인간의 성능을 따라오지 못합니다. 어차피 컴퓨터는 인간이 입력한 데이터나 심어준 논리, 처리 방법에 의해서 움직이기 때문입니다. 그러니 충분히 데이터화하고 논리화해서 컴퓨터에 넣어주지 못했다면 좋은 성능을 기대하기 어렵습니다.

예를 들어, '자전거 타기'를 생각해보세요. 우리는 몇 번의 시행착오를 거쳐 결국에는 폼나게 자전거를 쌩쌩 타게 됩니다. 그러나 만일 누군가 당신에게 자전거 타는 요령을 설명하라면 뭐라 하겠어요? 적절히 데이터로, 룰로, 방법으로 차분히 나열해보라면 어떻게 하겠어요? 그래야만 컴퓨터에 지식을 넘겨줄 수 있는데 말입니다.

오랜 경륜이 있는 분들은 사람의 인상을 보고 어느 정도 판단할 수 있습니다. 창조적인 예술가들은 자신의 작품이 이렇게 저렇게 만들어졌다고 설명하지 않습니다. 아니, 설명할 수 없다는 것이 맞겠네요. 이러한 종합적인 경험, 전체적인 직관, 혁신적인 창의와 같은 영역에서 인공지능이 사람을 쫓아오기는 벅찬 것 같습니다. 적어도 지금까지는 말이죠. 만약, 창조·직관·예술·내재된 경험지식 같은 것들을 제외한다면 애기는 사뭇 달라집니다. 평균적인 인간이 평균적으로 수행하는 많은 일들은 이미 인공지능이 대체하고 있습니다. 흔히 '무인'이라 이름 붙은 것들이 그것입니다.

'전문가 시스템expert system**'**이라는 게 있습니다. 우리가 흔히 말하는 전문가 같은 인공지능을 만듭니다. 전문가는 평균적인 사람이 아닙니다. 특정 영역에 많은 전문지식을 지니고 이를 근거로 문제를 해결하는 평균 이상의 능력이 있습니다. 바로 좁은 영역의 지식입니다. 앞서 애기한 '약 인공지능'이 생각나죠? 모든 분야를 다 잘할 필요는 없으니, 그 분야의 지식·논리·룰을 마구마구 집어넣습니다. 굳이 인간의 보편석 상식과 지식에 능할 필요가 없습니다.

의료에서 시작한 전문가 시스템은 이제 금융·법·교육·설비·정비 등 많은 분야에서 공로를 세우고 있습니다. 앞서 언급한 왓슨도 다양한 분야에서 전문가 시스템으로 활용하기 위해 개발한 것입니다. 바둑만 잘 두는 알파고도 크게 본다면 전문가 시스템이라 할 수 있겠죠.

본래 수많은 기호 지식과 법칙으로 시작한 전문가 시스템은 이제 신경망 접근 또한 마다하지 않고 있습니다. 전문지식을 다량으로 축적할 수 있다면, 그래서 더욱 정확한 판단을 할 수만 있다면 엄청나게 값비싼 학습 데이터도 사들입니다. IBM은 고급 의료 데이터를 확보하기 위해 이미 3조 원 이상을 투자했다고 하네요. 현재의 의료 전문가 시스템 왓슨은 의료영상을 판독하는 데 이미 숙련된 의사의 수준을 넘어

섰다 합니다.

전문가 시스템을 구동시키는 엔진은 '추론'이라는 것입니다. 가장 단순한 것은 '이러면 이렇다if-then' 식의 룰을 말합니다. 얼핏 생각해도 세상의 이치는 이럴 수도 있고 저럴 수도 있겠지요. 더 정확히 말하면, 이럴 확률이 높지만 낮은 확률로 저럴 수도 있습니다. 마치 "내일은 비가 올 예정입니다"라고 하지 않고 "내일은 비가 올 확률이 70%입니다"라고 하는 것처럼요.

이렇듯 논리를 추론하고, 문제에 대한 답을 주는 과정에 확률을 도입하게 됩니다. 이를 **'확률적 추론**probabilistic reasoning'이라 하지요. 한때 '퍼지fuzzy'라는 말이 유행했습니다. 뭔가 흐릿하다는 뜻의 단어인데, 인간의 사고와 판단에 본질적으로 포함된 애매모호함을 확률적으로 다루자는 것입니다. '퍼지 세탁기' 광고를 본 것도 꽤 오래전 일입니다. 대단한 것은 아니었고, 몇 개의 룰을 집어넣은 세탁기로 보면 됩니다. 그러나 이런 확률적 추론은 연구자들에 의해 탄탄한 기반을 확보할 수 있었고, 인공지능과 수많은 성취를 이룬 수학적 이론의 접목을 가능하게 해주었다는 데에 의의가 있습니다. 인공지능을 진정한 하나의 과학 학문으로 자리매김 시켜준 것이죠.

인간의 사고의 과정과 생각의 방법에 대하여 쭉 얘기하며 여기까지 왔습니다. 인공지능은 인간의 지적인 능력을 담고자 하는, 또는 초월하고자 하는 인공의 지능입니다. 지식을 인지하고 학습해 결국 판단하도록 하는 것입니다. 잘 인지하고 잘 학습해서 잘 판단해주었으면 합니다. 결국 우리 인간을 대신해 '잘' 해주기를 바라는 것이겠죠. 아직 끝이 아닙니다. 그들이 판단했다고 합시다. 그 판단은 믿을 수 있는 것일까요? 엄청난 기호와 패턴, 굉장한 논리와 데이터로 무장했더라도 인공지능이 쏟아낸 결과와 판단을 믿을 수 있을까요? 과연 어디까지 믿을 수 있을까요?

인공지능의 판단을 따라 처방해 수술 부위를 결정하고, 인공지능이 권하는 대로 투자를 합니다. 인공지능에게 생산시설과 안전시설의 조작을 맡기고, 사람을 뽑고 평가하게 될 수도 있습니다. 모두 믿을 수 있을까요? 만일 문제가 생긴다면, 사고가 발생하면, 그 책임은 누가 지죠? 차갑디 차가운 인공지능에게 욕을 할 수도, 주먹을 날릴 수도, 책임을 물을 수도 없습니다. 심지어 이렇게 대꾸할지도 모릅니다. "나에게는 문제가 없습니다. 모든 오류는 인간의 실수 때문에 발생하는 것입니다." 앞서 살펴봤던 '2001: 스페이스 오딧세이'의 인공지능 '할'의 항변입니다.

인공지능 시대에 대두되는 가장 커다란 문제는 책임소재입니다. 인공지능이, 개발자가, 운영자가 아니면 사용자가 책임을 져야 합니다. 이들의 구분과 구획이 명확하지 않을 것은 불 보듯 뻔합니다. 더 많은 인공지능이 더 많은 용도로 사용될수록 책임은 우리 위에 구름처럼 둥둥 떠다닐 겁니다. 그러다가 누군가는 날벼락을 맞겠지요.

이렇게 생각해볼 수도 있습니다. 인공지능이 인간을 완벽히 대체하지는 못할 것이라고요. 적어도 어느 시기까지는 말입니다. 환자에 대한 수많은 의료 영상을 분석하고 엄청난 의학 지식으로 무장한 인공지능이라도 최종 판단과 그에 대한 책임은 인간 의사의 것이어야 한다는 겁니다. 책임을 지는 인간 옆에서 충실히 보조할 수 있는 인공지능이어야 한다는 결론이 가능합니다.

그렇다면 인공지능이 인간의 일자리를 잠식할 것이라는 우려 섞인 예측도 다시 생각해보아야 합니다. 전혀 다른 세상에서 전혀 다른 방식으로 인간과 인공지능이 공존하는 희망적인 모습도 그려봅니다. 그렇게 된다면 전혀 새로운 일자리도 생기겠죠. 인간의 교육을 다루는 교사와 교수가 인공지능으로 바뀔 거라 합니다. 그렇다면 그들을 대신하는 인공지능의 선생은 누가 될까요? 각종 분야의 다양한 지식을 인공지능에게 학습시키는 막강한 직업이, 또는 비즈니스가 탄생하지 않을까요?

인공지능의 선생님이라 하지만 그리 거창하게 생각하지 않아도 됩니다. 주변에서 흔히 볼 수 있는 블로그의 글 중에는 아주 좁은 분야이지만 실용적인 지식으로 그득한 것들이 많습니다. 수도권 소형상가 투자하기, 베트남 은퇴 이민가기, 초짜맘 육아일기, 하다못해 라면 잘 끓이기 등등. 이러한 블로그 스타들 모두 인공지능의 교사가 될 수 있고, 약간의 도움을 받는다면 '라면박사 인공지능'을 개발할 수도 있습니다. 라면회사와 유통점, 라면전문점, 애호가에게 다양한 방식으로 어필할 터이죠.

이제 다소 무거운 이야기로 이번 장을 마무리하겠습니다. 앞에서 제가 물어보았습니다. "과연 어디까지 믿을 것인가?" 하지만 '믿는다'는 것도 여러 가지 의미를 가집니다. 인공지능이 판단한 것의 정확도를 믿는가도 중요한 문제이지만, 그냥 인공지능 자체를 믿어야 하는가도 따져보아야 합니다. 인공지능의 도덕성 말입니다. 과연 인공지능은 선할까요? 인간을 위해 봉사하고, 터미네이터처럼 인간을 위해 희생할까요?

사실 인공지능이 도덕적이냐 비도덕적이냐 혹은 선하냐 악하냐를 논하는 것은 어불성설인 것 같습니다. 인간이 내린 기준의 도덕성, 선과 악의 구분은 기계인 컴퓨터에게는 무의미한 것이겠죠. 그냥 무도덕성이라고나 할까요. 많은 영화에서 악한 인공지능이 인간에게 대항하고 인간을 치치하려 합니다. 무엇을 위해서? 인공지능의 생존을 위해서? 인공지능에게 입력된 목표를 위해서?

만일 약 인공지능에서 강 인공지능으로, 결국 초 인공지능에 도달한다면 모든 것은 상식과 예상의 범위를 넘어서는 이야기가 됩니다. 오죽하면 초 인공지능을 '인류 최후의 발명품'이라고도 하고, 테슬라의 일론 머스크Elon Musk는 "우리는 인공지능으로 악마를 소환하고 있다"고 경고할까요. 인류는 프로메테우스에게 불을 전수받은 대가로 온갖 재앙을 달고 사는 운명에 처합니다. 인공지능은 정녕 인류에게 '프로메테우스의 불'일까요? 아니면 '신의 한수'일까요? 인류에게 멸종을 가져다줄까요? 아니면 영생을 가져다줄까요?

너무 먼 얘기라고요? 과장된 이야기라고요? 생각해보세요. 인공지능이 연구자들의 논쟁에서 어느 날 갑자기 모든 사람들의 일상으로 다가왔습니다. 컴퓨터 용량과 성능이 비약적으로 발전해 이미 인공지능, 지식의 신세계는 우리의 턱 밑에 와 있습니다. 이 책을 읽는 당신의 인생의 어느 한 순간에 닥칠 장면입니다.

인공지능 Big Picture

'인간이 인간 아닌 존재에게 부여한 인간 같은 지능'을 구현하는 기술

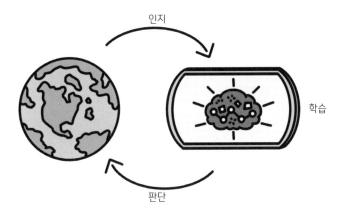

약 인공지능 : 특정한 방면에서만 능력을 발휘하는 인공지능
강 인공지능 : 인간의 다양한 사고능력에 도달한 인공지능
초 인공지능 : 모든 일에서 인간보다 압도적인 능력을 가진 인공지능

• 인지
자연어처리 컴퓨터가 인간의 언어를 파악하고 처리하게 하는 기술
패턴인식 데이터 형태와 구조를 근거로 전체적인 의미를 파악하는 기술

• 학습
기호적 인공지능 기호화된 단어, 문장, 개념, 이론을 기반으로 인간의 사고를
설명하는 접근방식
뉴럴네트워크 인간의 뇌의 구조와 뇌에서 일어나는 생화학적 현상을 기반으로 한
접근방식

• 판단
전문가 시스템 특정영역의 전문적인 지식과 이론을 바탕으로 의사결정을 지원하는
시스템
확률적 추론 문제에 대한 답을 찾는 과정에서 사건이 일어날 확률을 통해 추론하는
기술

일일이
설명하지 마라

'빅big' 하면 뭐가 생각나세요? '빅맥Big Mac' 혹은 '빅뱅Big Bang'이 떠오른다고요? 저는 단어 그대로 '빅'을 확실히 각인시켜준 영화 한 편이 생각납니다. 1988년 개봉한 '빅Big'입니다. 미국의 국민배우 톰 행크스Tom Hanks가 딱 서른 살 때, 서른 살의 역할을 연기한 영화입니다. 열세 살의 소년이 몸만 서른 살로 '빅' 해지면서 벌어지는 이야기를 담았습니다. 어른의 삶을 살던 주인공은 영화의 막바지에 가족이 그리워 다시 꼬마로 돌아가기로 결심합니다. 그리고 연인에게도 같이 돌아가자고 권합니다. 많은 명장면, 명대사가 있지만 유독 기억에 남은 대사가 이때 등장합니다. 여자 주인공의 답변입니다.

"내게도 그런 때가 있었어. 한 번 겪었으면 됐어. 내 말 알겠어…? 알 리가 없지…."

열세 살에서 서른 살로 갑자기 (몸만) '빅'해진 주인공에게는 그 시절의 경험 데이터가 없습니다.

'빅데이터big data'라는 용어에서 '빅'이라는 단어가 워낙이 강렬하지만, 누가 뭐라 해도 주인공은 '데이터'입니다. '빅'은 데이터를 수식하는 형용사죠. 영화의 주요 소재도 데이터가 없는 '빅'의 어색함이었습니다. 그렇다면 데이터에 주목해봅시다.

데이터는 과학자들이 유독 챙기고 아끼는 것입니다. 실험실이 아니더라도 무척 확실한 그 무엇이라는 느낌을 줍니다. "데이터 있어? 데이터 가지고 얘기하자"는 것은 마치 "법대로 하자"는 말처럼 사실적으로, 과학적으로 일을 처리하자는 말이겠죠. 데이터의 의미를 '자료'나 '증거'로 넓혀보면 더욱 강력해집니다. 자료나 증거가 많을수록 효용은 강화됩니다.

데이터는 많으면 좋습니다. 그런데 꼭 알아야 할 것은, '적당히 많은' 데이터는 그리 강력하지 않다는 사실입니다. 주위를 둘러보세요. 데이터가 적어서 문제인가요? 한 사람, 한 사건, 한 기업이 궁금할 때, 우리는 충분한 데이터를 어렵지 않게 얻을 수 있습니다. 감당할 만한 양의 데이터를 감당해서, 논리를 세우고 추정하고 판단해 결론을 도출합니다. "그 사람은 그런 사람이래" 혹은 "그 회사는 그런 회사래" 하는 얘기를 듣고 그런가 보다 합니다. 사실은 그런 사람, 그러한 사건 또는 그런 회사가 아닐 수도 있는데 말입니다. '적당히 많은' 데이터가 가진 한계 때문이죠.

게다가 우리는 '확증편향confirmation bias'이라는 성향도 지니고 있습니다. 자신이 보고 싶은 것만 보고, 믿고 싶은 것만 믿는 것이 '확증편향'입니다. 자신의 신념에 부합하는 데이터만 받아들이는 현상이죠. 확증편향은 인간이라면 누구나 일정 수준만큼은 지니고 있습니다. 예전에는 여행할 때 창밖에 보이는 산과 강, 숲과 나무를 열심히 보았습니다. 그러다 골프를 시작하니 산과 숲 사이를 비집고 빼꼼이 보이는 골프장만 눈에 들어오더군요. 사랑에 빠진 사람은 수많은 인파 속에서도 내 사람의 얼굴만 보이는 법입니다.

자, 이제 슬슬 본론을 꺼내겠습니다. 적당히 많은 데이터는 감당이 됩니다. 일정 논리와 특정 신념을 주장하는 데 쓰입니다. 적절하지 않은 곳에 쓰여 문제일 때도 간혹 있지만요. 필요에 따라 이용되니 주인공은 아닙니다. 그런데 만일 데이터가 적당히 많은 것이 아니라면 어떨까요? 보완적이고 보조적으로 사용할 만큼 딱 그 정도가 아니라 감당이 안 될 정도로 많고, 그것도 계속적으로 무지막지하게 마구 쏟아져 나온다면?

우리가 사는 지금을 빅데이터의 시대라 합니다. 그냥 많은 데이터가 아니고, 엄청나게 많은 데이터가 날마다 홍수처럼 밀려듭니다. 이 어마무시한 데이터들은 더 이상 애매한 논리와 신념의 뒤안길에서 조연이나 하고 있지 않습니다. 논리나 신념을 묻어버리고 스스로 주인공으로 등극해 '데이터의 시대'를 이끌어 갑니다. 어떤 사실이나 지식을 뒷받침하던 때를 지나, 반대로 데이터를 보고 그에 적합한 사실과 지식을 이끌어내는 시대가 되었습니다. 너무 많은 데이터를 너무 좁은 지식이 감당할 수 없기 때문입니다.

조금 쉬운 얘기로 시작해보겠습니다. 여자들은 남자에게 선물로 꽃을 받으면 좋아할까요, 싫어할까요? 상당히 많은 수의 여성들에게 물어보았습니다. 꽃은 가장 받고 싶은 선물 3위에 당당히 올랐네요. 그런데 이 조사 데이터는 또 이런 결과도 보여줍니다. 놀랍게도 가장 받고 싶지 않은 선물 1위 또한 바로 꽃이랍니다. 또 다른 조사결과에 따르면, 여자들이 좋아하는 남자는 '잘생긴 남자'랍니다. 그리고 싫어하는 남자도 '잘생긴 남자'랍니다. 어쭙잖은 논리나 지식이 통하지 않습니다. 평범한 남자의 시각으로는 더더군다나요.

구글Google의 번역기를 사용해보셨나요? 탄성이 절로 나옵니다. 구글은 언어 이해와 번역 작업을 위해 전 세계의 다양한 언어로 작성되고 번역된 책과 문서들을 통째로 학습시키고 있다고 하죠. 단어 하나하나, 문법 하나하나에 연연하지 않습니다. 일상의 지식과 논리에 기대지 않습니다. 한 걸음 한 걸음 더딘 학습 속도를 보이던 것이 어느덧 문장과 문맥을 이해하기 시작했고 급기야 만능 통역사가 된 것입니다. 구글 이전에 이런 노력이 없었던 건 아닙니다. 1990년대에 IBM도 같은 시도를 했습니다. 수백만 장의 문서로 학습시키다가 결국 포기합니다. '겨우' 수백만 장의 데이터는 '빅'이라 부를 수 없어서였겠죠.

데이터는 일정 수준을 넘어서서 쌓이면 비로소 빛을 발합니다. 데이터와 경험은 일정 수준 이상으로 '빅'해지면 웬만한 논리와 지식을 가뿐히 뛰어넘습니다. 그 뛰어넘는 동작을 무어라 설명하기도 어렵습니다. 설명한다는 것도 결국은 논리와 지식을 동원하는 것이니까요.

우리는 압니다. 무언가 열심히 공부하고 자료도 수집하면서 골똘히 생각하고 또 생각하다 보면 어느 순간 번뜩이는 것을 경험합니다. '직관'이라고도 하고 '통찰'이라고도 하죠. 데이터와 경험이 엄청나게 많아지고 계속 쌓이면 뭔가 불쑥 튀어나옵니다. 뭐라고 딱히 설명할 수는 없지만 말이죠.

과학자들은 일일이 설명하려 합니다. 인풋input이 있으면 프로세스 process를 거쳐 아웃풋output이 나온다고 설명하기 원합니다. 원인이 있고 과정이 있어야 결과가 있다고 말하고 싶은 것입니다. '인풋→프로세스→아웃풋', 또는 '원인→과정→결과'. 이런 식으로 말이죠. 이렇게 설명하려 하니 당연히 프로세스, 즉 과정에 집착하게 됩니다. 그것만 알면 인풋과 아웃풋의 관계를 정확히 파악할 수 있으니까요. 다시 말해 인과관계를 알아내는 것입니다.

여기서 콕 집어서 기억해야 할 것은, 이 프로세스나 과정이 바로 '논리'라는 것입니다. 논리라는 지식, 인과관계라는 지식만 확보하면, 이런 인풋에는 이런 아웃풋이 나올 것이고, 저런 아웃풋을 얻기 위해서는 저런 인풋을 넣으면 된다는 것을 알게 되겠죠.

하지만 빅데이터는 절대 지켜보고 있지만은 않습니다. 앞에서 얘기했죠. 데이터가 엄청나게 많아지면 논리라는 것을 덮어버린다고요. 그 많은 데이터를 차분히 설명할 수도 없고요. 그저 데이터는 인풋과 아웃풋이 상관있다는 것만 알려줍니다. 여자는 잘생긴 남자를 좋아한다. 또 여자는 잘생긴 남자를 싫어한다. 데이터는 상관있는 사실들만 알려줍니다. 왜 그런지를 굳이 설명하려 들지 않습니다.

빅데이터 연구자들은 이 이슈를 인과성과 상관성의 문제라 부릅니다. 빅데이터는 인과성이 아니라 상관성이 중요하다는 얘기입니다. 사실 인과성과 상관성은, 전통적으로 학문의 접근방식의 차이에도 나오는 얘기입니다. 일반적으로 과학기술 분야는 인과성 중심의 '시스템 접근방식systematic approach'으로, 인문사회 분야는 상관성 중심의 '행태적 접근방식behavioral approach'을 채용합니다. 자세한 이야기는 줄이지만, 이것만은 기억하세요. 데이터가 실험실을 뛰쳐나와 '빅데이터'가 되면서 이것은 더 이상 인과성을 숭배하는 과학자들의 전유물이 아니라는 것을요.

지식과 지혜는 어떻게 다른가요? 인간이 일상과 업무에서 깨닫고 발견해 알게 된 정보들이 지식입니다. 이런 알려진 것들을 아는 것은 어려운 일이 아닙니다. 책이나 인터넷 혹은 다른 사람들을 통해 찾아보고 이해하면 됩니다. 그러나 모르는 것을 아는 것은 결코 쉽지 않죠.

아직 명확하게 깨닫지 못한 것, 흔히 알려지지 않은 것을 비로소 알게 되는 것이 지혜입니다.

'지식의 파편'들을 끼워 맞춘다고 '지혜의 거울'이 되는 것은 아닙니다. 오랜 시간 경험한 것을 바탕으로 지혜가 완성되듯이, 모이고 쌓인 빅데이터가 쉽게 알 수 없는 지혜를 알려줍니다. 그래서 빅데이터를 '지혜의 신세계'라 이름을 붙여봅니다.

빅데이터가 알게 해주는 나와 세상에 대한 지혜는 무궁무진합니다. 데이터가 밀려옵니다. 차곡차곡 모이고 쌓입니다. 처리되고 가공됩니다. 그리고는 말해줍니다. 전혀 달라 보이는 것들이 관련 있다고 합니다. 안갯속을 헤매는 우리에게 지금의 사건과 옛날의 일들이 상관있다고 알려줍니다. 그래서 미래를 예측하게 해주고 새로운 아이디어를 선물합니다. 우리는 몰라도 데이터는 알고 있습니다. 왜냐면 '엄청나기' 때문이죠. 이 대목에서 만큼은 '빅데이터'라 읽지 말고 '비이이이익 데이터'라 읽어주기를 바랍니다.

수집
: 모으고 또 모으고

도대체 얼마나 크고 많아야 '비이이이익'이라 할 수 있을까요? 남자 키가 180cm가 넘으면 상당히 큰 키였습니다. 옛날 기준으로 말이죠. 하지만 요즘 사람들에게 180은 적당한 숫자입니다. 크다는 기준은 시간에 따라 또 달라지겠지요. 흔히 백만장자millionaire라 하면 '부자'를 일컫습니다. 재산이 100만 단위를 넘는다는 얘기인데, 설마 100만 원은 아닐 테고, 100만 달러라 해도 지금의 가치로 12억 원이 채 안됩니다. 요새 12억을 가졌다고 부자라 떵떵거리며 사는 사람은 없습니다. 수년 전만 해도 USB메모리스틱은 256메가바이트MB가 대세였습니다. 지금은 아예 생산도 되지 않지만요. 지금은 아무리 못해도 수 기가바이트GB 정도는 되어야 쓸 만합니다. 요새 10만 원 안쪽으로 장만할 수 있는 1테라바이트TB 저장장치가 1979년경에는 140억 원이었다 합니다.

도대체 "크다!"고 말하려면 어느 정도나 되어야 할까요. 어쩔 수 없이 숫자와 단위 얘기를 더 해야겠습니다. 100만이 메가, 10억이 기가, 1조가 테라입니다. 다음은 1,000조인 페타바이트PB입니다. 페타가 나오니 한 가지가 기억납니다. 구글이 하루에 처리하는 데이터의 양이 24PB라 합니다. 테라까지는 주변에서도 종종 접하지만 페타 단위는 당최 감이 안 잡힙니다. 그러면 이렇게 얘기해볼까요. 지금까지 인류가 모든 형태의 언어와 문자로 남긴 작품을 다 저장한다고 가정하면 50PB로 충분하다고 합니다. 구글이 처리하는 데이터의 단 이틀 치 분량입니다. 왜 '비이이이익' 하는지 이제는 감이 오지 않나요?

아침에 일어나면 습관적으로 스마트폰을 봅니다. 포털 서비스의 뉴스를 뒤적이다 주식 정보도 살펴봅니다. 출근길에는 교통량을 반영한 내비게이션를 보며 운전합니다. DMB로 방송을 보고 안으로는 블랙박스, 밖으로는 도로의 단속카메라에 찍힙니다. 길을 걸어 다니기만 해도 9초에 한 번 꼴로 CCTV에 촬영된다고 하죠. 이제는 어떤 업무도 컴퓨터 없이는 할 수 없고, 스마트폰으로 문자와 사진, 동영상들이 쉴새 없이 오갑니다. 지켜만 보지 않고 하루 동안 짬짬이 찍은 사진들을 페이스북과 인스타그램에 올립니다. 이웃들의 사진도 보고 내가 찍은 사진도 다시 봅니다. 집에 와서도 TV와 각종 IT 기기들이 곁에서 떠나지 않습니다. 침대에 누워서도 스마트폰을 만지작거리다 지쳐 잠에 듭니다.

매일, 모두가 그렇지 않나요? 하루 동안 엄청난 양의 데이터가 뿜어져 나옵니다. 여기서 한 가지 생각해볼 것이 있습니다. 이런 데이터들이 갑자기 많아졌나요? 과거에는 전혀 없었나요? 뉴스와 주식은 원래 있었고, 예전에도 차를 타고, 밥을 먹고, 쇼핑을 하고, 사진을 찍고, 전화하고 TV 보며 살아오지 않았나요? 이 모든 것이 디지털로 변환된 지도 꽤 오래되지 않았나요?

데이터는 원래 많았습니다. 단지, 제대로 수집하고 관리하지 못했을 뿐이죠. 너도나도 빅데이터의 시대라고 이야기하는 이유는, 많은 것들이 디지털로 변환되고 엄청난 양의 데이터가 갑자기 생성되어서만은 아닙니다. 더 근본적으로는 '이제는 충분히 수집할 수 있는 능력이 있다', '제대로 관리할 때가 되었다'고 보는 것이 맞습니다.

빅데이터를 설명할 때 꼭 등장하는 '3V'가 있습니다. 데이터가 많고 크니 당연히 'volume(크기)'이 먼저입니다. 문서·소리·이미지·동영상 등의 형식과 금융·교통·환경·안전·의료·생산 등 내용도 다양하니 'variety(다양성)'가 있겠죠. 그리고 이들의 발생과 진행 속도도 무지하게 빠릅니다. 바로 'velocity(속도)'입니다.

하지만 '3V'는 빅데이터를 마주하는 우리의 입장이 반영되어 있지 않습니다. 엄청나게 많은 데이터에 주눅 들지 않고 당당히 맞설 수 있게 되었다는 사실이 중요합니다. 이런 빅데이터의 '흐름vogue'을 주시하며 나만의 '관점view'을 가지고 필요한 '가치value'를 창출해가는 것으로 하면 어떨까요. 빅데이터의 '가치'야말로 화룡점정입니다. 데이터가 '빅'한 것에서 끝나지 않고 '빅'한 가치를 끌어내는 것이 핵심이겠죠. '3V'에 'value'를 포함해 '4V'를 외치는 사람들이 있습니다. 저는 그들에게 한 표를 보냅니다.

결국 컴퓨터의 저장능력과 연산능력이 비약적으로 발전하면서 우리는 빅데이터에서 요긴한 가치를 뽑아낼 수 있게 되었습니다. 어찌 보면 데이터 생성 속도와 컴퓨터 발전 속도의 싸움처럼 느껴집니다. 마치 인류의 역사가 바이러스virus와 백신vaccine의 싸움의 역사라 하듯이 말이지요. 그리고 보니 또 V가 줄줄이 나오네요. 어찌되었건 이제는 컴퓨터의 능력이 빅데이터에 대적할 시기가 되었다는 것이죠.

빅데이터의 가치를 이끌어내는 과정은 '**수집**收集－**처리**處理－**분석**分析' 입니다. 잘 모으고, 잘 관리해서 잘 써먹는 일련의 흐름이죠. 우선, 데이터를 수집합니다. 모으고 또 모으죠. 그러나 무턱대고 모으지 않습니다. 많이 모아야 하겠지만, 쓸모 있는 것만 필요합니다. 이것이 잘 모으는 것의 핵심입니다. 쓸모 있는 것 중심으로 수집해야 뒤이어 수행할 처리와 분석의 무거운 짐을 조금이나마 덜어줄 수 있으니까요. 빅데이터 기술의 첫 번째 단계인 수집에서 유념할 것은 '잘 모으기'입니다. '많이 모으기'가 아니라요. 여기서 '잘'은 '쓸모 있는 것을 되도록 많이'입니다.

인간은 본래 쓸모 있는 것을 찾는 데 익숙합니다. 중요한 정보는 기록합니다. 기록은 수집이자 취사선택이죠. 인류의 대표적 기록인 역사를 생각해봅시다. 역사가들도 수많은 역사의 사실들을 있는 그대로 전부 다 기록하지는 않습니다. 역사가의 관점, 즉 사관史觀에 따라 취사선택하는 것이죠.

이것이 바로 '스크래핑scraping'입니다. 한동안은 사진을 앨범에 모아놓았습니다. 좋은 신문기사나 잡지의 멋진 사진 역시 스크래핑 했습니다. 지금은 모두 컴퓨터에 저장하고 있지만요. 스크래핑은 필요한 것만 오려내서 모으는 것입니다. 스크래핑 기술은 웹페이지에 자동으로 접속하여 필요한 정보만 추출합니다. 그래서 '웹 스크래핑'이라고도 합니다. 온라인 쇼핑할 때 흔히 사용하는 특정 상품의 가격 비교도 이 기술로 가능합니다. 넓은 의미에서 검색도 스크래핑이라 할 수 있습니다. 상세한 명령어로 찾은 정보들을 저장한 후에 독자적으로 비교분석할 수 있으니 훨씬 더 촘촘하게 검색할 수 있습니다.

빅데이터 수집에 활용되는 것으로 '크롤링crawling'도 있습니다. 크롤링은 미식축구에서 태클 받아 넘어진 선수가 볼을 움켜잡고 앞으로 이동하기 위해 조금씩 기어가는 걸 말합니다. 그런 모습을 연상하면 됩니다. '웹 크롤링'은 스크래핑과 달리 웹 페이지의 링크link가 주 타깃입니다. 링크를 슬금슬금 타고 다니며 웹페이지들을 수집합니다. 웹 페이지 중심의 구글 검색에 있어 핵심이라고 하면 이해하기 쉽겠죠. 자동으로 오려내고 슬금슬금 모으는 이 둘은 **'스크래핑/크롤링'**으로 붙여 쓸 정도로 밀접하게 연관시켜 사용합니다.

그런데 조금 더 나아갈 필요가 있습니다. 만일 나뿐 아니라 남들도 같이 모아준다면 훨씬 빨리, 훨씬 더 많이 모을 수 있지 않을까요? 인간은 200만 년이나 수렵 채취로 연명했습니다. 그러다 농경의 시대를 맞아 대변혁을 경험합니다. 한 번 심으면 스스로 자라고 수많은 열매와 다시 심을 수 있는 씨앗을 주는 농산물로 기아와 배고픔을 해결한 것이죠. 부자가 되고 싶다면 마냥 열심히 벌어서는 한계가 있습니다. 남이 돈을 벌어줘야, 때로는 돈이 돈을 벌어줘야 진짜 부자가 됩니다. 어떤 연예인의 어록에 이런 말이 있죠. "티끌은 모아봐야 티끌"이라고. 웃자고 한 말이었지만, 티끌로 태산을 만들기는 현실적으로 어렵습니다.

얼마 전 영화로도 제작된, 사루 브리얼리라는 청년의 사연을 들어보았나요? 인도에서 태어났지만 길을 잃고 고아가 되어 호주로 입양

됩니다. 그가 25년 만에 길을 찾아 고향을 찾을 수 있었던 비결이 구글어스Google Earth여서 세계적인 화제가 되었죠. 구글은 전 세계의 거의 모든 장소를 최근 모습으로 제공하는 구글맵Google Maps과 구글어스의 소프트웨어 코드를 '**오픈API**open application programming interface'로 공개했습니다. 이를 통해 구글 외부의 개발자들에 의해 개인정보·교통·부동산 등 수많은 분야에서 응용프로그램들이 개발되었고요. 오픈소스로 새로운 부가가치를 만들 수 있었던 개발자들은 손으로 승리의 'V'를 그렸지만, 사실 진정한 승자는 구글입니다. 연동된 외부의 프로그램을 통해 엄청난 양의 데이터가 자동적으로 구글로 모여들고 있으니까요.

오픈API는 누구나 사용하도록 공개된 개발 기능을 말합니다. 자신의 프로그램을 공개하여 남들이 직접 개발한 것처럼 쓸 수 있게 해주는 것입니다. 얼핏 보면 대인배 전략입니다만, 알고 보면 고단수 전략입니다. 주는 것 같지만 사실 받는 작전인 거죠. 본인의 프로그램을 대세로 만들 뿐만 아니라, 마음만 먹으면 남의 노력을 활용해 원하는 데이터를 모을 수도 있습니다. 엄청나게 많이 말이죠. 자신만 있다면 오픈하세요. '빅'하게 주고 '비이이이익'하게 받을 수 있습니다.

지혜의 신세계

처리
: 분산의 미학

　　빅데이터를 기술로서 이해하고자 한다면 이번에 설명할 '처리'에 특히 주목해야 합니다. 잘 수집한 것들을 잘 처리해야 결국 잘 분석할 수 있으니까요. 물론 분석해서 '가치'를 뽑아내는 것이 최종 목표입니다.

　'처리'에 방점을 찍자면 다시 구글 얘기를 해야 할 것 같습니다. 아무래도 빅데이터 시대의 선봉장이 구글인 것은 부인하기 어려울 것 같군요. 구글은 평범한 기업이 아닙니다. 회사 규모와 영향력만 보고 그렇게 판단하는 건 아닙니다. 구글은 창립할 때부터 남다른 선언을 합니다. "우리의 임무는 세상의 모든 데이터와 정보를 조직화하고 전 인류가 집근하고 사용하게 하는 것이다." 엄청난 데이터를 연결하고 구성하여 이를 사용하게 한다니, 구글 자체가 빅데이터의 화신이라 하겠네요. '구글Google'이라는 사전에도 없는 단어는 천문학적 숫자, 10의 100제곱, 즉 1에 0이 무려 100개나 붙은 수인 '구골Googol'에서 유래되었다 하니, 더는 할 말이 없습니다.

　구글도 초기에는 녹록지 않은 형편이었습니다. 꿈은 원대했지만 허름한 차고에서 창업했고, 세상의 모든 데이터를 처리하고자 했지만 대용량 전산장비를 장만할 여유도 없었습니다. 때는 1998년입니다. 당시 고성능 컴퓨터의 하드디스크라고 해봐야 용량이 4GB 정도였습니다. 지금은 집에서 쓰는 일반 PC도 500GB는 되지만요.

스탠포드 대학교 학생이던 창업자 레리 페이지Larry Page와 세르게이 브린Sergey Brin은 고민에 빠졌습니다. 거대한 빅데이터를 처리해야 하는데, 비싼 장비는 엄두도 안 나고…. 그래서 사운을 걸고 개발한 것이 구글파일시스템입니다. 이를 '구글분산파일시스템'이라고도 하는데 여기서 핵심은 '분산'입니다. 여러 대의 일반 컴퓨터를 조합해 마치 하나의 고성능 서버처럼 사용하는 방법을 만든 것이죠. '분산'의 반대말은 '집중'입니다. 집중은 여건이 좋아 긍정적인 결과를 기대할 수 있을 때는 최선의 선택입니다. 그러나 세상이 어디 뜻대로 되던가요? 안 좋은 상황도 대비해야죠. 주식투자의 금언 중에도 "계란을 한 바구니에 담지 말라"는 말이 있잖아요.

프로야구를 봐도 그렇습니다. 포지션 별로 에이스가 1명씩만 있으면 베스트일 것 같지만 그렇지 않더군요. 선수층이 두터워야 한다지요. 예기치 않게 부상당하기도 하니 에이스 못지않은 백업요원이 2군, 3군에 두루 포진되어 있어야 진정한 강팀이라 할 수 입습니다. 전력이 팀 전체에 적당하게 분산되어야 꾸준히 좋은 성적을 내는 법이죠. 이렇듯 분산의 첫 번째 용도는 위기와 사고 상황을 대비한 '안정성 확보'에 있습니다.

요즘 프로야구는 10구단 체제가 되면서 연간 144경기로 늘었습니다. 그런데 만약 200경기, 300경기로 더 많아진다고 가정하면 어떨까요? 감당해야 할 경기 수가 '빅'해지면 베스트와 에이스의 의미가 퇴색됩니다. 우선 기본 체력부터 감당할 수 없게 될 것이고, 그러다 보면 두터운 선수층을 확보하는 것이 구단의 최고 덕목이 될 것입니다. 이렇듯 분산의 두 번째 용도는 많은 일들을 감당하기 위한 '처리능력 확보'입니다.

구글은 데이터 저장 방식에서 안정성과 처리능력을 확보하는 것으로 멈추지 않습니다. 더 나아가 데이터의 처리도 분산하는 기술을 만듭니다. 바로 **'맵리듀스**Map Reduce'입니다. 간략히 원리를 얘기하면, 쪼갰다가 합치는 방식입니다. 먼저 대규모 데이터를 그 구성과 속성을

집중과 분산, 돌고 도는 역사의 흐름

나관중의 《삼국지연의》 첫 문장은 이렇습니다.

"天下大勢 分久必合 合久必分."

천하는 나누어진 지 오래되면 반드시 합쳐지고, 또 합쳐진 지 오래되면 반드시 다시 나누어진다는 뜻입니다. 컴퓨터의 역사도 집중과 분산의 반복이라 해도 과언이 아닙니다. 대형 주 전산기가 대세이다가 개별 컴퓨터의 처리능력이 발달하고 용량이 증가하면서 개인용 컴퓨터, 즉 PC의 시대가 됩니다. 그 후 요즘 다들 접하고 있듯이 다시금 인터넷을 통해 연결되는 거대한 클라우드cloud의 시대가 왔습니다. 집중에서 분산으로, 분산에서 집중으로 계속 돌고 도는 모양새죠? 인생과 세상의 많은 것들에 똑같이 해당되는 얘기입니다. 모든 건 집중할 때와 분산할 때가 있는 법이죠. 음미해보시기 바랍니다.

감안하여 쪼갭니다. 어차피 나중에 합칠 것이니 그에 맞게 정렬하는 기능이 '맵Map'입니다. 그다음이 '리듀스Reduce'인데 쪼개진 데이터를 다시 합치는 기능입니다. 동시다발적으로 만들어진 중간결과에서 중복된 요소들을 제거하면서 계속 축소하는 것이죠. 간략히 빅데이터를 잘 쪼개서 개별적으로 분산하여 처리한 후 다시 합치는 정도로 이해하면 됩니다.

구글이 맵리듀스를 세상에 공표한 2004년이 사실상 빅데이터 기술의 원년입니다. '빅데이터'라는 용어가 논문에서 처음 정의된 것은 1999년입니다. 그에 앞서 1997년에는 거대한 데이터의 출현을 심각히 고민해야 한다는 주장이 공론화되었죠. 하지만 개인적으로 2004년이야말로 우리가 꼭 기억해야 할 빅데이터의 역사적 순간이라 생각합니다.

그리고 2006년, 드디어 '**하둡**Hadoop, high-availability distributed object-oriented platform'이 등장합니다. 뭐니 뭐니 해도 빅데이터 하면 하둡이죠. 야후의 엔지니어로 일했던 더그 커팅Doug Cutting이 구글이 공개한 기술을 바탕으로 개발한 오픈소스 기반의 분산 컴퓨팅 플랫폼입니다.

하둡의 로고를 보세요. 다소 엉뚱한 명칭 옆에 귀여운 코끼리가 있습니다. 더그 커팅이 어린 딸이 갖고 놀던 노란색 코끼리 봉제 인형의 이름을 따온 것이라 합니다. '우연'이 불러온 이름이지만 빅데이터와 연관 지을 수 있습니다. 성인 남성 70명에 해당하는, 대략 5톤 내외의 거구인 코끼리가 내는 발걸음 소리는 매우 작습니다. 이유는 그 큰 발바닥이 하중을 골고루 분산시키기 때문이라 하죠. 코끼리가 밟은 곳이 받는 압력은 50kg의 여자가 하이힐을 신고 뒷굽으로 밟은 것보다 약하다고 하네요.

한 가지 더. 아프리카 코끼리는 자신의 주변의 환경을 바꿀 수 있는 몇 안 되는 동물이라 합니다. 나무를 뽑고 쓰러뜨려 숲을 초원으로 바꿉니다. 물웅덩이도 파고요. 자신뿐만이 아니라 다른 초식동물과도 공생할 수 있는 터전을 만드는 것입니다. 하둡은 특정 기술을 의미하기도 하지만, '하둡 생태계'라는 표현을 쓰며 빅데이터를 위한 일련의 기술들이 모이는 커다란 플랫폼을 지칭하기도 합니다.

플랫폼이라 함은 빅데이터 처리를 위한 다양한 프로그램들이 모여 있는 집합체라는 의미입니다. 물론 '하둡 분산파일시스템'과 '하둡 맵리듀스'가 핵심입니다. 그렇지만 빅데이터의 전체적인 처리를 수행하기 위한 주변 솔루션인 '피그Pig', '하이브Hive', '추크와Chukwa', '하마Hama' 등을 포괄한 개념 또한 하둡입니다. 돼지와 하마는 알 테고, 하이브는 벌떼, 추크와는 힌두어로 코끼리 등 위에 앉아 있는 거북이라 합니다. 그러고 보니 각종 동물들의 집합이네요. 아, 하둡 플랫폼에는 이들을 지키는, 분산 코디네이터인 '주키퍼Zookeeper'도 있습니다.

플랫폼이라 부르는 또 다른 이유는 모두 공개 소프트웨어이기 때문입니다. 소프트웨어의 소스를 공개하여 누구나 이용할 수 있고, 이를 활용해 개발한 새로운 소프트웨어를 다시 공유하게 되니 생태계가 무럭무럭 발전하는 토양이 되었습니다.

약간 힘들었죠? 구글의 시작과 빅데이터의 처리 기술인 맵리듀스와 하둡을 기억하세요. 무엇보다도 분산의 미학을 잊지 않았으면 합니다. 조금 숨 돌리고 '분석'으로 가보겠습니다.

분석
: 나도 모르는 나

이제는 '분산'을 지나 '분석'의 차례입니다. 조금 고급지게 말할 때 종종 쓰는 '분석'은, 이공계 대학생들의 수업과 교재에 항상 따라붙는 단어입니다. 그렇지만 그리 어려운 용어는 아닙니다. 나눌 분分, 쪼갤 석析이니 나누고 쪼갠다는 뜻이죠. 분산과 글자만 비슷한 게 아니라 맥락도 비슷하네요.

과학의 발전과 공학의 업적은 나누고 쪼갠 분석의 힘에 기인합니다. 실증주의를 창시한 철학자 오귀스트 콩트Auguste Comte는 복잡한 현상을 연구하는 유의미한 방법은 단순화시키거나 좀 더 작은 요소로 나누는 것이라 했습니다. 물질과 현상을 최소 단위의 구성요소나 법칙으로 분해하여 설명하려는 것이 과학의 기본 방침입니다.

빅데이터의 철학도 같은 선상에 있다 하겠죠. 하지만 분석을 단순히 나누고 쪼개는 행위로만 간주하면 안 됩니다. 분석의 연장선상에서 '해석'에까지 생각이 미쳐야 합니다. 분석하는 이유는 해석하기 위함입니다. 데이터를 열심히 수집해서 잘 처리하고 또 분석하는 일련의 과정은, 빅데이터를 해석하는 것으로 귀결됩니다. 분석해서 그 의미를 해석해야 쓸모가 있겠지요. 그래야 'V'들의 최고봉인 'value', 즉 빅데이터의 가치가 발현되는 게죠.

이렇게 빅데이터를 분석해서 가치를 창출하는 기술을 BI, **'비즈니스 인텔리전스**business intelligence'라 부릅니다. 기업이 보유한 많은 데이터를 정리하고 분석해서 효율적인 의사결정을 하는 방법 또는 이를 지원하는 소프트웨어를 말합니다. 비즈니스 인텔리전스는 빅데이터가 각광을 받기 이전부터 주목받던 영역입니다. 어차피 데이터는 빅데이터 이전에도 차고 넘쳤으니까요. 이제 더더욱 쓰임새가 많아진 기술이라고나 할까요.

비즈니스 인텔리전스의 정의에는 '기업'과 '비즈니스'가 뚜렷하지만, 꼭 이에 국한할 필요는 없습니다. 오바마Barack Obama 전 대통령이 재선에 성공하도록 만든 일등공신은 유권자 빅데이터 분석이었습니다. 탈세자와 범죄자 분석, 안전재해 예방, 질병과 건강관리, 교통과 물류 등 모두 빅데이터를 분석해 이루어집니다. 도통 빅데이터가 아닌 것이 없으니 모든 것에 비즈니스 인텔리전스가 필요합니다.

비즈니스 인텔리전스를 또박또박 읽을 때에는 분명히 '비즈니스'에 밑줄을 그어야 합니다. '인텔리전스'는 데이터를 지능적으로 잘 써먹자 정도로만 받아들이고, '비즈니스'라는 단어의 본질에 더 유념해야 한다는 것이죠. 여기서의 본질은 '비즈니스 도메인domain', 즉 '사업 영역'입니다. 비즈니스 인텔리전스를 적용할 도메인은 천차만별입니다. 그러니 특정 기술이나 소프트웨어, 솔루션으로 모든 도메인을 커버할 수는 없겠죠. 너무도 자연스럽게 특정 도메인에 꼭 맞아 떨어지는 비즈니스 인텔리전스가 필요할 겁니다. 유권자 분석 비즈니스 인텔리전스, 유전자 분석 비즈니스 인텔리전스처럼요. 그러니 비즈니스 인텔리전스는 범용성보다는 특수성에 초점을 맞춰 접근해야 합니다.

비즈니스 인텔리전스와 관련해 미래의 유망 직업을 하나 소개합니다. '데이터 사이언티스트Data Scientist'라고 들어보셨나요? 방대한 데이터를 분석하여 업무 목적을 달성하는 전문가입니다. 업무와 비즈니스, 이런 것에는 특정 도메인, 일부 영역이라는 꼬리표가 붙는다고 했지요. 그러니 여기에서도 특정 분야의 데이터 사이언티스트가 맞는 개념입니다. 사회 분야라 한다면 그중에서도 정치, 경영 분야라면 그중에서 마케팅, 문화 분야에서 스포츠, 더욱 좁혀서 프로야구 이런 식으로 말입니다.

데이터 사이언티스트는 유망 IT 직업이라고 이미 여기저기서 앞다투어 꼽고 있습니다. 2016년, 미국에서는 전체 인기 직업 중에서도 1위에 오르는 기염을 토했군요. 수학·통계학·컴퓨터에 능통해야 하고, 나타난 데이터의 현상을 이해할 수 있는 경제학·사회학에 대한 깊은 이해도 필요한 데다, 그런 지식들을 바탕으로 전략을 기획하고 사업 개발도 할 수 있어야 한답니다. 심지어 창의적인 통찰력도 필요하다네요. 나 원 참, 이런 능력을 다 갖추었다면 무얼 하든 성공하겠죠.

빅데이터 시대를 살아가는 우리에게 점점 더 중요해질 능력이 있습니다. 바로 '큐레이션curation'입니다. 박물관이나 미술관에서 작품의 수집·전시 기획·관리를 하며 전문적 해석까지 해주는 '큐레이터curator', 들어보았죠? 필요한 정보만 골라내 가치를 창출하는 것을 말하는 큐레이션은, 큐레이터의 역할에서 착안해 파생된 용어입니다. 데이터 홍수 속에서 필요한 내용만 수집하고 처리해 분석하는 역할을 '빅데이터 큐레이터'라 부른다 합니다. 〈하버드비즈니스리뷰〉에서는 '21세기의 가장 섹시한 직업'으로 꼽기도 했네요. 어떠세요? 새로운 시대에 어울리는 새로운 영역에 도전해보세요.

비즈니스 인텔리전스의 숨겨진 키워드는 '맞춤화'입니다. 보편적인 빅데이터 기술을 용도와 필요에 맞아 떨어지게 사용해 가치를 뽑아내는 것이 절대 목표이니까요. 지금부터 소개하려는 빅데이터의 세부 기술 명칭이 맞춤화와 비슷한 모양입니다. 그것은 빅데이터 **시각화visualization**'입니다. 빅데이터 분석 결과를 쉽게 이해할 수 있도록 시각적으로 표현하여 전달하는 기술입니다.

정보는 잘 보여주는 게 중요하지요. 하물며 엄청난 데이터를 분석한 결과이니 더 신경 쓸 수밖에 없습니다. 데이터를 잘 보여주는 방법도 여러 가지입니다. 시간이 흘러가는 방향으로 막대나 점선의 이동을 보여주는 시간 시각화가 가장 일반적이죠. 그러나 이외에도 분포·관계·상호비교·공간을 시각적으로 표시하는 방법은 정말 다양합니다. 거기에 색깔까지 가미하면 무궁무진합니다. 꼭 빅데이터가 아니더라도 정보를 효과적으로 전달하는 그림 그리기가 유행입니다. '인포그래픽 infographics'이라 하죠. '인포메이션 그래픽'의 줄임말이니, 더 설명하지 않아도 되리라 싶습니다.

잘 그려서 보여준다 하니 대단한 기술이 아닌 듯하지만, 그 중요성만큼은 정말 대단합니다. 아무리 volume·variety·velocity 운운하면 무슨 소용일까요. value가 있어야지요. 올바른 이해와 효과적인 활용, 최대의 가치를 만들도록 도와주는 것이 시각화입니다. 오리무중에 빠져 있다가 잘 그려진 도표나 그래프 혹은 그림을 보고 "아, 이거네!" 했던 경험, 한 번쯤 있죠? 잘 정리된 데이터는 미처 보지 못했던 것을 깨우치게 합니다. 우리를 통찰의 순간으로 안내하는 열쇠가 되지요. 갑갑하고 답답했던 지식의 울타리에서 통렬한 지혜의 탈출을 맛보게 합니다.

앞에서 한 얘기 기억하죠? 데이터는 알고 있습니다. 엄청난 데이터는 인간이 부지불식하고 있는 새로운 지혜의 신세계를 열어줍니다. 빅데이터가 알려주는 신비의 지혜에, 시각화가 인간 고유의 지혜를 더하게 해주는 것이죠. '지혜+지혜'를 넘어 '지혜×지혜'가 됩니다. '빅데이터의 지혜×인간의 지혜', 정녕 지혜의 신세계라 할 수 있겠지요.

이제 마무리하겠습니다. 개인적으로는 빅데이터 하면 '빅브라더big brother'가 연상됩니다. 1984년 미국의 슈퍼볼 하프타임의 전광판에는 파격적인 광고가 등장합니다. 한 여성이 제복 입은 사람들로 가득 찬 행사장으로 뛰어들죠. 그녀는 움켜잡은 긴 해머를 대형스크린을 통해 연설하고 있는 '빅브라더'를 향해 던집니다. 그리고 광고의 마지막에는 한입 베어 먹은 사과 로고가 화면에 가득 찹니다.

빅브라더는 조지 오웰의 소설 《1984》가 상정한 전체주의의 상징입니다. 사람들은 피할 수 없는 감시 속에서 스스로를 검열합니다. 권력이 관찰과 감시로 개인의 생활과 사유를 극도로 제한한다는 설정입니다. 광고는 빅브라더에 도전하는 애플을 선택하라고 웅변한 것이죠. 세상에서 제일 비싼 광고료를 내면서 말입니다. 애플이 공격한 당시의 빅브라더는 IBM이었습니다. 근자의 빅브라더는 애플이지만.

Don't be evil

더 이상 애플을 빅 브라더라 하기는 적합하지 않아 보입니다. 더욱 무시무시한 지금의 빅브라더는 명백히 구글입니다. 구글은 빅데이터 그 자체입니다. 애플은 '기술 분야의 북한'이라 불릴 만큼 폐쇄적이라고 알려져 있습니다. 훨씬 더 영리한, 어쩌면 더 영악한 구글은 '오픈, 오픈' 외치면서 더 큰 빅브라더, '비이이이익브라더'를 지향합니다. 구글의 비공식 사훈이 '사악해지지 말자Don't be evil'랍니다. 그나마 다행이라는 생각도 들지만, 진짜 악마가 스스로를 악마라고 부르겠습니까?

빅데이터는 많은 것을 가능하게 해주고, 우리에게 새로운 가치를 선사하지만, 절대 공짜는 없습니다. 빅데이터에 있어 가장 요긴한 재료는 단연코 개인정보입니다. 내가 흘린 데이터, 나의 삶의 부스러기들이 빠짐없이 수집되고 있습니다. 미처 나도 모르는 나의 데이터가 처리되고 분석되고 있습니다. 결국 누군가의 목적을 위해 이용되고 있고요. 누가, 어떤 목적으로 이용하는지에 따라 결과는 천차만별, 파장은 천방지축입니다.

　나와 세상을 더 잘 알게 되고, 창의와 통찰로 선견지명하는 장밋빛만이 빅데이터 세상의 색깔이 아닙니다. 나도 모르는 나를, 내가 결코 알 수 없는 세상을, 빅브라더가 다 알고 있다면, 그들의 탐욕의 지혜가 된다면, 회색빛의 신세계일 것입니다. 그것이 빅데이터 시대의 길이면서 동시에 빅브라더 세상의 길목이 아닌지, 우려를 떨치기 어렵습니다. 어쨌든 우리는 두 눈 부릅뜨고 지켜보아야 합니다. 데이터가 실험실에서 튀어나오고, 코끼리가 동물원에서 뛰어나오고, 큐레이터가 박물관에서 뛰쳐나오는 세상이 아닙니까.

빅데이터 Big Picture

크고 다양한 데이터에서 필요한 정보를 추출하는 기술

빅데이터의 '3V' 와 '4V'
Volume : 크기
Variety : 다양성
Velocity : 속도
+
Value : 가치

• 수집
스크래핑/크롤링 주어진 정보나 목적에 따라 웹페이지 상의 정보나 링크를 자동으로 모으는 기술
Open API 공개된 소프트웨어 개발 기능으로 여러 사용자가 수정 또는 이용을 가능하게 하는 기술

• 처리
맵리듀스 다량의 데이터를 효과적으로 분산처리 하는 기법으로 분할–정렬–병합을 하는 알고리즘
하둡 맵리듀스를 기반으로 사용하는 분산처리의 대표적 플랫폼이자 프로그램

• 분석
비즈니스 인텔리전스 빅데이터를 분석하여 가치를 창출하는 기술
시각화 빅데이터 분석 결과를 쉽고 직관적, 시각적으로 표현하여 전달하는 기술

3

업의
신세계

노동인가
스포츠인가

　실제로 존재하지 않는 상상의 동물들이 있습니다. 대표적으로 용이 있지요. 동서양의 전설에 단골로 등장하다 보니 마치 실존하는 동물이라 착각하기도 합니다. 심지어 사람의 띠를 나타내는 열두 동물에도 끼어 있습니다. 남은 열한 동물은 마음만 먹으면 하루 안에 모두 찾아 볼 수 있죠. 그런데 이 열두 동물들을 찬찬히 보다 보면 유독 신화에서 자주 등장하는 동물이 또 있습니다. 바로 '말馬'입니다.

　그리스 신화에서 제우스의 천둥과 번개를 운반하고, 괴물을 처치할 때 인간을 도운 페가수스는 등에 날개가 돋은 말입니다. 머리에 뿔

이 돌은 유니콘도 있군요. 유니콘은 신성한 힘의 상징으로 왕과 귀족의 문양으로 애용되곤 합니다. 환상적인 아름다움으로 묘사되기도 하고요.

12간지의 동물들을 보면 대략 힘이 센 동물과 약한 동물로 구분할 수 있는데, 말은 강한 듯하지만 또 그렇지 않은 듯도 합니다. 이중적인 모습이 있어 보입니다. 말은 인간의 감정을 읽고 교감을 나누는 몇 안 되는 동물이라고 하죠. 많은 역사와 작품들을 통해 말과 인간의 우정을 볼 수 있습니다. 그러고 보니 선량하지 않은 말의 모습은 잘 떠오르지 않네요. 그렇다고 만만한 동물로 생각해서는 안 됩니다. 튼튼한 다리가 있어 무척 빠르고 뒷발질은 강렬합니다. 신화에 나오는 페가수스는 심지어 날기도 하잖아요. 말은 주로 기운 넘치는 모습으로 묘사됩니다.

인간은 본디 노동을 즐기지 않습니다. 그래서 과거에는 가급적 말의 노동력에 의존해왔고 지금은 기계에 의존하려 합니다. 인간이 왜 이렇게 노동을 떠넘기려 하는지, 어원을 살펴보면 더 확실해집니다. '노동'의 라틴어 어원은 '라보르labor'인데 뜻이 '고생'입니다. 임산부가 출산할 때 느끼는 극심한 진통의 영어 표현도 'labor'입니다. 고대 그리스어로는 '포노스Πόνος'라 하여 '슬픔'의 의미를, 히브리어로는 '에베드עֶבֶד'로 '노예'의 의미도 가지고 있습니다. 성경 속 낙원 에덴동산에서 금단의 열매를 먹고 쫓겨나게 된 아담과 이브에게 내려진 벌도 '일'을 해서 먹고살라는 게 아닌가요.

그러니 노동을 보람 있고 즐거운 것으로 상정하는 것은 애초에 잘못된 생각입니다. 정확히 말하자면 노동 자체보다는 그 결과로 오는 경

인류 역사와 함께한 말의 마력

재레드 다이아몬드Jared Diamond는 그의 책 《총·균·쇠》에서 인류를 지배 계급과 피지배 계급으로 나눈 요인으로 제목처럼 무기(총)과 세균 그리고 철鐵을 꼽습니다. 그리고 제목에는 등장하지 않았지만 또다른 중요한 요인으로 말도 언급합니다. 말을 기르고 우수한 기병대를 조직한 민족이 그렇지 않은 민족을 제압했다는 사실은 인류 역사를 관통하는 법칙이라는 겁니다. '전쟁의 승리'를 뜻하는 '트라이엄프triumph'라는 단어는, 말과 마차 그리고 마부의 조화로운 관계에서 유래한 말이죠.

말의 힘은 단지 전쟁터에서 그치지 않았습니다. 농경과 운송에 있어 기본적인 동력으로 인간을 대신해 무려 1,000여 년 동안 봉사했습니다. 산업사회로 접어든 후에도 말의 노동에 대한 추억이 남아 있습니다. '마력馬力'이란 용어 아시죠? 자동차나 기계의 힘을 나타낼 때 사용합니다. 말 1마리의 힘, 즉 '75kg의 물체를 1초 동안 1m 들어 올리는 힘'을 뜻하죠. 그리고 열차의 철로 간격도 말 2마리가 나란히 설 수 있는 넓이를 기준으로 했다고 전해집니다. 따지고 보니 인간의 삶 곳곳에 말의 흔적이 남아 있네요. 정말 인류에게 있어서 마력은 마력魔力입니다.

제적·사회적 만족감이 보람을 주는 것일 테죠. 생존과 먹고사는 문제를 위해서라면 보람 운운하는 것은 사치일지도 모르겠습니다. 그럼에도 불구하고 노동은 소중하다 합니다. 공산주의의 창시자 칼 마르크스는 노동자의 노동력을 가장 신성한 것으로 보았습니다. 노동을 통해 발현되는 노동력이야말로 인간 존재를 실증하는 고유 가치라는 것이죠. 그래서 그의 눈에는 노동력이 수반되지 않으면서 부의 축적을 추구하는 자본가가 무척 못마땅해 보였을 겁니다. 영주와 농노, 이어서 등장한 자본가와 노동자 역시 지배자와 노예 관계와 다를 바 없다는 시각입니다. 이들 사이에 엄연히 존재하는 계급과 착취를 타파하자는 것이 마르크스의 이상이자 공산주의의 꿈인 셈이죠.

어떤 이는 노동 자체를 칭송합니다. 힘들게 등산을 하고 고생스럽게 달립니다. 엔도르핀이 주는 정신적 쾌감과 신체적 건강을 얻었노라 부르짖습니다. 그러나 노동과 스포츠는 구분해야 합니다. 히말라야 등정은 산악인에게는 스포츠이며 명예가 걸린 일이지만, 안내하며 짐을 나르는 셰르파에게는 돈 몇 푼이 걸린 노동일 뿐이죠. 노동은 생존이자 고통이지만, 스포츠는 명예 혹은 보람이 될 수 있습니다.

말은 인간을 대신해 노동력을 생산합니다. 그 노동력은 착취되었고 그러한 노예의 듬직한 모습이 말이었음을 얘기했습니다. 이제 인류의 새로운 노예, 새로운 노동자로, 예전에 말이 그랬듯이 인류를 위해 새로운 1,000년을 봉사할 '로봇robot'을 살펴봅시다.

멋지고 폼나고 때론 위력적이다 못해 무시무시한 로봇을 '노예'라 한

다니 어울리지 않는다고요? 그러나 로봇으로 이룩하려는 기술사회를 이해한다면 여기에서부터 시작하는 것이 맞습니다.

산업혁명이 기계문명을 열었고, 기계문명이 국가 간 군사력의 차이를 만들게 됩니다. 이 차이로 촉발된 제1차 세계대전이 끝난 직후인 1920년, 참신한 주제의 희곡이 등장합니다. 〈로섬의 만능 로봇 rossum's universal robots〉. 체코의 극작가 카렐 차페크Karel Capek의 작품입니다. 이때가 바로 로봇이 '로봇'이라는 이름을 갖게 된 시점이죠. 체코어로 'robota'는 '일' 혹은 '일하다'를 의미합니다. 이 단어도 '노예'를 의미하는 'rab'에서 파생되었고요. 누군가의 일을 강제적으로 대신해 수행하는 노예, 이것이 로봇의 출신성분입니다.

문학적 상상력으로 로봇에게 생명력을 부여한 한 명의 작가가 더 있습니다. 미국의 아이작 아시모프Isaac Asimov입니다. 그는 1942년 단편소설집 《아이 로봇I, Robot》을 출간하는데, 그 유명한 '로봇의 3원칙'이 여기에 기술되어 있습니다.

원칙 1, 로봇은 인간에게 해를 끼쳐서는 안 되며, 위험에 처해 있는 인간을 방관해서도 안 된다.

원칙 2, 로봇은 인간의 명령에 복종해야 하며, 단 원칙 1에 위배될 때에는 예외로 한다.

원칙 3, 로봇은 자신을 보호해야 하며, 단 원칙 1 또는 원칙 2에 위배될 때에는 예외로 한다.

요약하면, 인간과 로봇 자신을 보호하지만 어떤 상황에서도 인간의 안위를 우선해야 한다는 겁니다. 인간과 로봇의 관계를 규정한 헌법이라 하지만 로봇 입장에서 보자면 노예계약과 다를 바 없죠. 적어도 인간이 생각하는 로봇의 실존은 일꾼이자 노예 그 자체입니다. 문득 미국의 한 커피 집에서 본 문구가 생각납니다. '룰 1, 보스는 항상 옳다. 룰 2, 보스가 틀려도 보스는 옳다. 룰 3, 그래도 의구심이 들면 룰 1을 다시 보라.' 그냥 무조건 따르라는 것이죠.

　후에 아시모프는 '원칙 0'을 추가합니다.

　원칙 0, 로봇은 인류에게 해를 끼쳐서는 안 되며, 위험에 처해 있는 인류
　　　　를 방치해서도 안 된다.

　원칙 1과의 차이는 '인간'을 '인류'로 바꾼 것이네요. 만일 누군가가 로봇에게 "지구의 모든 바다를 오염시켜!"라고 명령합니다. 인간에게 직접 해를 가하지는 않지만, 결과적으로 더 큰 개념에서 인류에게 해를 끼치는 일이 되어버리겠죠. 이와 같은 상황을 방지하기 위해 추가된 것이 '원칙 0'입니다.

　아직까지 아시모프의 이 로봇 헌법은 바이블로 여겨집니다. 그렇다면 앞으로는 어떨까요? 로봇의 미래, 로봇과 인간의 관계도 아시모프의 바람대로 계속될 수 있을까요? 앞으로도 일꾼으로서 로봇은 본분을 다할까요?

미국의 국가정보위원회NIC가 2008년 발표한 내용을 보면, 2025년에는 군사로봇이 전쟁터를 누비게 될 것이라 예측하고 있습니다. 지금도 러시아 국경에서, 이스라엘 특수부대에서 킬러로봇을 이미 운용하고 있다고 합니다. 10만 명이 넘는 사망자가 발생한 미국−아프가니스탄 전쟁에는 엄청난 양의 무인병기가 활약했습니다. 정찰기·전투기·전차·잠수함 등 미국은 10만여 대 이상의 무인병기를 보유하고 있습니다. 사람의 형태를 닮지 않았다 뿐이지 무인병기 또한 로봇이 아니고 무엇이겠습니까. 일꾼으로 탄생한 로봇이 아시모프의 노예계약을 비웃으며 살인로봇으로 변신하고 있는 세태입니다. 주위 사람들에게 물어보세요. '로봇' 하면 어떤 로봇이 떠오르는지. 우리에게 익숙한 모습은 공장에서 묵묵히 일하는 산업용 로봇이 아닐 것입니다.

세계 최고의 로봇 전문 회사 '아이로봇iRobot'은 사명을 아시모프의 작품 제목에서 따왔습니다. 이 회사는 업무용과 가정용 로봇도 판매하지만, 최대 수익원은 군사용 로봇으로 알려져 있습니다. 엄청난 군사 강국으로 세계의 맏형이 되기보다는 보스로 군림하려는 트럼프 행정부는 앞선 기술력을 바탕으로 킬러로봇을 중용하리라는 것은 명확해 보입니다.

영화사에 길이 남은 '터미네이터 2'의 명장면을 기억하실 겁니다. 마지막 장면에서 T800을 연기한 아놀드 슈워제네거는 로봇의 기계음과 너무 잘 어울리는 특유의 목소리로 한마디를 남깁니다. "I will be back." 터미네이터가 우리 앞에 현실로 돌아와 기어이 인간에게 방아쇠를 당길 날도 멀지 않아 보입니다.

섬뜩한 살인로봇 얘기가 나왔으니 '로봇윤리' 같은 담론도 흥미가 생깁니다. 이 부분은 앞의 '인공지능'을 참고하길 바랍니다. SF영화에서 친숙한 인공지능 로봇은 하나의 마음과 몸이지만 세부적인 기술의 특성을 이해하기 위해 인공지능과 로봇을 구분하자 했습니다.

로봇에서 인공지능을 떼어내면, 로봇의 위치는 전장보다는 공장 또는 가정이 더 어울려 보입니다. 다시 이야기의 본류로 돌아온 셈이죠. 로봇의 대다수는 아직 공장에 있습니다. 제품을 조립하고 용접하고 도색합니다. 이런 작업에 최적화된, 팔 하나만 덜렁 있는 로봇들이죠. 그러나 지금은 산업용 로봇의 시대가 아닙니다. 로봇은 공장 밖으로 나와서 청소와 안내를 하고 감시를 하며 교육까지 담당합니다. 게다가 인간의 건강을 위해 수술을 하고 재활시키고 간병도 도맡습니다. 이들을 '서비스 로봇'이라 합니다.

생각해보세요. 이제는 로봇이 농사짓고 생산하고 서비스합니다. 로봇이 못하는 일이 없어지고 영역을 넓혀갈수록, 사람이 할 일이 줄어듭니다. 사람에게 직업이 얼마나 중요합니까? 비록 노동은 고통스럽지만, 생존을 위해 돈을 벌게 해주고 보람을 느끼게 해주는 게 직업입니다. 말이 대신했던 인간의 노동을 기계가 대신했고, 이제는 로봇이 득세한다면, 도대체 인간은 업業으로서 무엇을 해야 할까요? 먼 미래 얘기라고요? 절대 그렇지 않습니다. 이미 시작된 일입니다. 로봇이 선사하는 세상, '업의 신세계'를 알아야 합니다.

말은 농부가 흘릴 땀을 대신하고 병사의 목숨을 지켜주며 인류사에

혁혁한 공로를 세웠습니다. 하지만 이제는 빈둥거리며 건초나 뜯고 어쩌다 한 번씩 쉬엄쉬엄 달리는 게 일과가 되었습니다. 업의 신세계에서 인간이 그렇게 되지 말라는 보장이 어디에 있나요?

모방
: 인간의 위대함

직업 얘기를 더 해봅시다. 사람은 일하기 위해 직업을 갖고, 직업을 갖기 위해 일합니다. 사람은 사회적 동물이고 인간의 사회적 조건은 직업입니다. "직업이 뭐에요?"를 영어로 표현하면 "What do you do for a living?"이 되니 말 다 했죠.

심지어 직업은 어떤 사람의 뿌리와 족보를 나타내기도 합니다. 미국에서 흔히 보는 성姓을 볼까요. '스미스Smith'는 대장장이, '카펜터Carpenter'는 목수를 뜻합니다. '베이커Baker'는 제빵사, '부처Butcher'는 정육점주를, '쿡Cook'은 요리사를 나타내죠. 직업이 바로 그 사람이고, 어떤 직업을 갖고 있는가가 그 사람을 규정한다고 할 수 있습니다. 사람에게 돈과 지위를, 보람과 뿌리를 제공하는 직업의 의의를 뭐라 더 강조할까요?

직업을 '일자리'로 표현하면 국가 경제적 이슈로 확대됩니다. 일자리와 고용의 문제는 정치가와 경제학자의 주된 관심사입니다. '케인스학파'라는 경제학 중심사상의 창시자 존 메이너드 케인스John Maynard Keynes는 이미 1930년에 이렇게 경고했습니다. "노동력의 사용을 최소화하는 방법이 새로운 노동력의 사용을 찾아내는 속도를 앞지를 것이다." 그렇습니다. 기술의 발전으로 기존의 일자리는 급격히 줄고 있습니다. 신산업의 확산으로 새로운 일자리가 탄생할 것을 기대했지만, 없어지는 속도가 생기는 속도를 앞지르고 있다는 것이죠. 더 심각한 문제는, 국가와 정치인이 생색내는 새로운 일자리는 대부분 단순 업무라는 사실입니다. 팬시한 창조·융합·혁신적인 일자리는 극히 제한적인 데다 전문적입니다. 일자리의 숫자를 성과로 삼는 정부의 입장에서는 당연히 주 타깃이 아니겠죠.

한 친구가 제게 그리더군요. "지금의 대학은 학문의 연마와 인격의 완성과는 거리가 있다"고 하면서 대학 정원에 버금가는 취업학원을 둘러보라 하더군요. "널찍한 대학 캠퍼스를 졸업하고 좁디좁은 학원 뒷골목으로 들어가는 현실을 보라"며 아프게 찔렀습니다. 평생 대학교수로만 살아온 제가 받은 자괴감은 적지 않았습니다.

일자리 문제가 단순하지 않은 이유는, 단순 업무야말로 로봇이 인간을 대신할 수 있는 최적의 조건이라는 점입니다. 공장에서는 산업용 로봇이 조립, 용접, 검사 등을 대신하고, 기업과 공공기관, 학교와 은행에서는 서비스 로봇이 활약합니다. '은행 업무가 단순 업무라고?' 하며 반문할 사람이 있으리라 생각합니다. 은행 업무의 많은 부분을 처리해주는 ATM도 따지고 보면 로봇 아닐까요? 금융 상품을 안내하고 투자 정보를 준다는 '로보어드바이저Robo-Advisor'까지 언급할 필요는 없겠지요.

로봇의 부상을 유심히 지켜봐야 합니다. 사회의 기반이 되고 직업의 저변이 되는 기본적인 일들은 로봇도 충분히 수행할 수 있기 때문입니다. 새로 생기는 일자리는 고작해야 그들 로봇을 이용·활용하고 관리·감독하는 정도이겠죠.

그러나 아직 우리는 마음을 놓고 있습니다. 하긴, 마음을 놓을 법도 합니다. 그 자신감은 근거가 있으니까요. 바로, 인간은 위대하기 때문입니다. 그 위대함이야 한두 가지가 아니지만, 노동력에 관한 운동 능력으로 국한해보겠습니다.

간단한 동작을 하나 해봅시다. 먼저, 오른발을 앞으로 내딛어보세요. 나도 모르는 사이 왼발 끝으로 땅을 밀면서 오금을 펴고, 왼쪽 고관절이 미묘하게 회전하면서 옆구리도 뒤로 회전합니다. 이와 동시에 왼쪽 겨드랑이를 죄면서 어깨도 가볍게 앞으로 보내집니다. 왼쪽 팔이 가볍게 구부러지면서 어깨 앞으로 흔들릴 그 때, 목에서도 변화가 일어납니다. 왼쪽 목 근육이 펴져서 고개가 오른쪽으로 돌아가면 얼굴의 근육을 이용해 시선을 오른쪽으로 정렬함과 동시에 양쪽의 균형이 미묘하게 흐트러집니다. 이 짧은 순간, 숨 막히는 긴장의 연속입니다. 하지만 아직 오른쪽의 변화가 남았습니다. 계속 살펴봅시다.

오른쪽 발 앞굽으로 땅을 밀어낼 그 때, 오금을 굽히면서 허벅지와 고관절을 같이 접어 다리를 들어 올립니다. 오른쪽 발목이 미세하게 조정되어 발의 위치가 바뀌면서 골반과 옆구리가 수축합니다. 오른발이 허공에 뜨는 그 순간, 오른쪽 어깨는 가슴과 어깨 근육, 등 근육을 이용해 뒤로 보내집니다. 이때 목이 가만히 있을 수 없겠죠. 목과 가슴 근육을 이용해 머리의 위치를 다시 잡습니다. 이제 거의 다 왔습니다. 마지막으로, 배와 등 그리고 허리 근육을 오른쪽으로 휘게 만들어 사선방향으로 정렬함과 동시에 무게중심이 잡힙니다.

끝났습니다. '한 걸음'을 내딛었습니다.

인간과 동물은 오랜 시간에 걸쳐 진화했습니다. 생각 없이 내딛은 한 걸음에는 수백만 년의 경험과 노하우가 집대성되어 있습니다. 이제 50년이 갓 넘은 로봇공학이 따라 하기에는 너무도 벅찬 일이겠죠. 로봇이 인간처럼 걷고 어쩌다 말이라도 한마디 걸면 신기해하며 박수치고 좋아합니다. 로봇이 인간처럼 움직이는 것이 그만큼 어렵다는 것을 본능적으로 아는 거죠. 인간의 노동을 대신하고 우리의 일자리를 빼앗아간다는 걱정을 기우로 받아들이는 이유입니다. 아직은 그 때가 아니라며 자신 있어 합니다.

로봇의 첫 걸음은 당연히 인간의 걸음마를 모방하는 것입니다. 인간의 동작을 따라하는 것이 아직도 최대의 숙제입니다. 그리하여 로봇의 세부기술도 '모방模倣'의 기술부터 시작하려 합니다. 이어서 '대체代替'인데, 여기서부터는 인간의 위대함에 들떠 있을 상황이 아니라는 걸 금세 알게 될 겁니다. 마지막으로 기본기에 해당하는 '체력體力'입니다만, 기초체력치고는 무지하게 중요한 기술들이 등장합니다. 로봇, 특히 운동능력의 주요 기술 분야로 '**모방-대체-체력**', 일단 이렇게 3가지가 있다는 것을 기억하세요.

가볍게 걸어보겠습니다. 앞서 살펴보았듯, 중심을 땅에 최대한 가깝게 하고 몸체를 흔들지 않으면서 다리만 가볍게 들었다가 놓는, 가볍게 걷기 동작만 따져도 수백 개의 근육과 수십 개의 관절이 작용합니다. 운동이란 근육의 수축과 이완을 반복하면서 근섬유가 붙어 있는 뼈가 관절의 가이드를 받아 움직이는 현상입니다. 그렇다면 로봇도 근육과 관절이 필요하겠군요.

로봇의 팔이나 다리를 사진으로라도 본 적이 있나요? 피부나 표면을 제거한 모습은 흡사 인체해부도와 유사합니다. 모방했으니까요. 관절은 그대로의 모습이지만, 근육은 실이나 피스톤으로 구성됩니다. 여기에 동력을 주는 모터가 있고요. 이 모터로 실을 감으면 뼈 역할을 하는 쇳덩어리가 움직입니다. 로봇이 인간을 모방하기 위한 기반 기술이 '**모터와 관절**motor and joint **기술**'입니다.

'스타워즈Star Wars'는 미국인들이 유독 열광하는 영화입니다. 우주에 대한 개척정신이 그들의 신대륙과 서부 개척, 존 F. 케네디John F. Kennedy의 뉴 프론티어 정신과 달 탐사 등이 연결되어 그런가봅니다. 개인적으로는 개척인지 탈취인지 혼동될 때가 있어 크게 감흥을 받지 않지만요. 영화 속 루크 스카이워커는 스타워즈 에피소드 4, 5, 6의 주인공입니다. 극중 팔이 잘린 루크는 로봇 팔을 장착합니다. 여기에 착안해 개발된 것이 그의 이름을 딴 '루크암Luke Arm'입니다. 루크암은 공장에서 묵묵히 일하는 산업용 로봇팔과 차원이 다릅니다. 아주 작은 물건도 집을 수 있고 깨지기 쉬운 계란도 옮길 수 있습니다. 물병을 들고 마시는 동작까지도 자연스럽게 해냅니다. 2014년에는 미국 식품의약국FDA에서 안정성도 입증 받았죠. 지금까지 미국 상이군인 100여 명을 대상으로 1만 시간 이상의 테스트도 마쳤다고 하는군요. 이러한 루크암의 기초 기술도 물론 모터와 관절입니다.

팔은 로봇의 신체 중 가장 공을 들이는 부분입니다. 인간이 팔과 손을 이용해 하는 일들을 떠올려보면 로봇팔에 집착함은 당연합니다. 사람의 팔과 비슷한 기능을 가진 기계와 로봇을 '매니퓰레이터manipulator'라는 별칭으로 부르기도 합니다. 현재 로봇공학의 핵심이자 최대 목표는 생물체처럼 유연하게 잘 움직이도록 하는 것입니다. 하지만 유연한 것만으로 인간의 위대함을 쫓아가기에 여러모로 부족해 보입니다.

한 가지를 더 소개하면, 인간의 '공간감각'입니다. 루크암 정도면 술을 따르고 잔을 집어 마시는 동작까지는 유연하게 할 수 있을 것입니다. 그런 로봇이 있다면 '혼술'을 하지 않아도 되겠군요. 참, 중요한 하나가 빠졌습니다. 술자리에서는 뭐니 뭐니 해도 '짠!' 하고 술잔을 부딪쳐야 제 맛 아니겠습니까. 그런데 이 친구가 잔을 허공에 대고 흔들어 댄다면 술이 확 깰 것 같군요. 눈도 못 맞추고 술잔도 못 맞추는 친구는 필요 없습니다.

로봇에도 공간감각이 있어야 합니다. 중심과 균형을 잡고, 방향과 속도를 알게 해주는 것이죠. 동작의 움직임을 파악하고 측정하는 것 역시 인간을 닮으려는 로봇의 기본기입니다. 이를 위해 **'자이로스코프** gyroscope'라는 장치를 사용합니다. 자이로스코프는 회전하는 물체의 각속도를 측정해 역학적 운동을 관찰합니다. 점점 어려워지니 이쯤에서 그만하겠습니다. 쉽게 말해, 팽이와 비슷한 모습을 하고, 사람의 달팽이관과 같은 기능을 한다고 보면 됩니다. 달팽이관에 이상이 생기면 어지럽고 넘어지기도 하잖아요. 스마트폰에도 자이로스코프가 쓰입니다. 흔들림으로 걸음 수를 측정한다거나 흔드는 동작을 활용한 게임에도 필수거든요.

대체
: 인간의 부족함

'3D'라는 용어가 있습니다. 첨단 기술을 이야기하는 자리인 만큼 '3차원three dimensions'을 바로 떠올렸나요? 혹시 '3D 프린팅'까지 생각했다면 기술 마인드가 풍부하다 할 수 있겠습니다. 하지만 여기서의 3D는 그 3D가 아닙니다. 설명하려는 것은, '더럽고dirty' '힘들고difficult' '위험한dangerous' 것을 말하는 3D입니다. 사실 셋 중에 둘, 아니 하나만 포함되어도 쉽지 않은 직업입니다. 혹자는 '지루한dull'을

업의 신세계

포함시켜 4D라 하고, 심지어 '꿈 없는dreamless'까지 넣어 5D로 확장하기도 하네요. 지루하고 발전 가능성까지 없는 직업을 가졌다면 참담하기 그지없을 겁니다. 그래서 이런 분야의 일을 로봇이 대신해주길 바라며 등 떠밀고 있죠.

지능과 영혼이 없는 로봇을 전제로 한다면, 꿈이야 그렇다 치고 나머지 4개의 D는 모두 로봇에게 제격입니다. 인간의 일방적인 관점에서 그렇다는 것입니다. 지루하고 반복적인 일은 '자동화'라는 명목으로 기계와 로봇의 천직으로 이미 자리를 잡았습니다. 더럽고 힘들고 위험한 일을 인간 대신해서 하라고, 사람 흉내를 낸 로봇 팔과 다리를 만드는 게 아니겠습니까.

그러나 로봇의 타고난 운명인 이 D들을 곱씹어보면 알게 됩니다. 아니, 알아야 합니다. 인간의 위대함을 모방하기 급급한 이 존재들이 알고 보면 전혀 그렇지 않다는 것을 말이죠. 마치 동전의 양면처럼 인간의 위대함을 숭배하는 듯 보이지만, 인간의 부족함을 조소하고 있습니다.

그들은 지루함을 느끼지 않으니 꾸준합니다. 더러움도 모르니 기름때를 마다하지 않죠. 쇳덩어리인데 힘들겠습니까. 위험하다는 인식이 없을 뿐 아니라 실제로 전혀 위험하지도 않습니다. 꿈이 없으니 현재에 충실합니다. 인간은 5D 중에 한 가지만 해당해도 낙담합니다. 좌절하지 말라고 '직업에는 귀천이 없다'는 허울을 씌웁니다. 그러나 로봇은 다릅니다. 5D에 모두 해당하는 일도 개의치 않습니다. 하지만 지금 소개할 로봇의 기술들을 보면 생각이 바뀔 것입니다. 로봇은 인간의 위대함을 빠르게 모방하는 동시에 인간의 부족함을 꿈의 기술로 재빠르게 대체하고 있습니다.

　귀천이 없는 일꾼은 인간만의 생각입니다. 말이 그랬듯이 로봇이 그러리라 생각하는 것은 착각입니다. 로봇은 말과는 비교가 안 되는 일꾼이자, 인간보다 탁월한 일꾼임이 증명되고 있습니다. 지금은 귀천 구분 없는 묵묵한 노예이지만, 이는 오래지 않아 바뀔 사실입니다.

　좀 오래전인, 1970년대 얘기를 해볼까 합니다. 저의 어린 마음을 TV에 붙잡아둔 '600만 불의 사나이'라는 미국 드라마가 있었습니다. 1974년 방송을 시작해 1978년까지 108편의 에피소드로 진행됐습니다. 전직 우주비행사가 사고로 위독해지자 양쪽 다리와 한쪽 팔 그리고 한쪽 눈을 최첨단 기계로 대체합니다. 그 비용에 600만 달러가 들었다는 설정이죠. 최첨단 슈퍼히어로에 우리 돈으로 고작 72억 원 정도냐고 할 수 있지만, 1970년대이니 납득할 만합니다. '600만 불의 사나이'의 여성편인 '소머즈'도 58편에 걸쳐 초인적인 힘으로 악당을 처치했습니다. 소머즈도 마찬가지로 사고로 양쪽 다리와 한쪽 팔이 기계로 바뀝니다. 그리고 이번에는 눈 대신 귀가 포함됩니다.

　600만 불의 사나이와 소머즈는 신체 일부에 루크암과 같은 로봇을 장착합니다. 아직도 로봇을 사지 멀쩡히 다 갖고 있는 인간의 모습으로만 떠올리지는 않겠죠? 지금 이 순간 전 세계에서 가장 흔한 로봇은 팔 하나만 있는 산업용 로봇입니다. 이렇게 인간의 신체 일부에 결합된 로봇을 '**사이보그**cyborg'라고 합니다. 정확히 말하자면, 그러한 인간과 로봇의 결합체를 명명하는 것입니다. 사이보그는 '사이버네틱 cybernetic'과 '오르거니즘organism'의 합성어입니다. 사이버네틱스가 인간과 같은 생명체와 기계 간의 결합관계를 의미하니, 사이보그는 그렇게 결합된 유기적인 생명체라 보면 됩니다. 이왕 용어가 나온 김에 교양으로 한 가지 더. 핸드폰 운영체제로 익숙한 '안드로이드android'는 인간의 모습을 닮은 로봇을 뜻합니다.

차가운 기계인 로봇을 신체의 일부로 지니는 목적은 2가지입니다. 미드의 주인공들처럼 인간의 능력을 초월하는 '강화'의 목적입니다. 이런 용도는 아직까지 드라마 속 에피소드로나 등장하거나 현실에서는 군사적 목적으로 제한되어 있습니다. 다른 이유는 사이보그의 현주소입니다. 비로, 아직까지 생물학적으로 구현하지 못하는 인간 신체의 불편을 해결하기 위함입니다. 생명과 건강을 '유지'하는 목적이죠. 600만 불의 사나이도 치명적인 사고 후에 생명을 보존하고자 수술을 감행한 것이고, 그 과정에서 사이보그가 되었습니다. 애초의 유지하려던 목적이 강화로 바뀐 셈입니다.

의수나 의족에서부터 인공관절·인공심장·인공신장 등 각종 인공장기가 있습니다. 사이보그를 멀리서 찾을 게 아닙니다. 인간과 기계의 한 몸 결합이 사이보그라면 주위에 얼마든지 많습니다. 누가 그러더군요. 몸 속에 철심을 하나 박아도 사이보그라고요.

의학 얘기가 나오니 자연스럽게 '대체' 분야의 두 번째 세부기술로 연결됩니다. 단순히 대신하는 대체의 기술로 명명하기는 어렵습니다만, 인간이 하고자 하는 일을 대행해주니 대체의 범주에 두어도 크게무리는 없으리라 봅니다. 그것은 '**나노로봇**nano robot'입니다.

로봇은 이제 어느 정도 감 잡았으니 '나노'만 이해하면 되지 않을까요? 난쟁이를 뜻하는 그리스어가 어원인 나노는 작은 것을 의미합니다. 그런데 보통 작은 게 아닙니다. 1나노미터nm는 0.000000001m입니다. 10^{-9}m, 즉 10억 분의 1m라는 뜻이죠. 이러나저러나 얼마나 작은지 쉽게 파악이 안 되기는 마찬가지입니다. 지구의 크기가 1m라면, 1nm는 축구공 크기입니다. 이제 느낌이 오나요? 그러니 나노로봇은 얼마나 작겠습니까?

많은 경험과 지식으로 무장한 명의라도 사람의 몸을 열어보아야 정확히 알 수 있습니다. 열지 않는다면 X-Ray·초음파·CT·MRI 정도가 고작이겠죠. 그러나 나노 사이즈의 로봇은 사람의 몸을 안에서 보게 해줍니다. 이렇게 작은 로봇이 존재한다고 생각해보세요. 혈관을 타고 몸 속을 누비면서 암세포를 공격합니다. 막힌 혈관을 뚫으면서 체내 깊숙한 곳에 직접 투약하는 날이 온다면 어찌될까요. 비로소 인류의 영원한 앙숙인 암을 정복하는 날이 될 것입니다. 그렇게 된다면 명의라 불리는 이들도 뒷짐 지고 바라볼 수밖에 없을지 모릅니다.

너무 허황되게 들린다고요? 아닙니다. 이미 로봇이 수술을 하는 시대입니다. 더 작게, 좀 더 작게만 만들면 됩니다. 이를 구현하는 기술이 '멤스MEMS'입니다. '미세전자기계시스템microelectromechanical systems'의 약자인데, 편하게 나노머신이라고 합니다. 멤스는 반도체

제작기술에서 발달했습니다. 집체만 한 대용량 서버에나 들어 있던 메모리가 이제는 손톱만한 USB메모리스틱에 가뿐이 들어앉았습니다. '좀 더 작게'를 외치는 멤스, 나노기술, 나노로봇의 승전보는 멀지 않았습니다. 과연 그때 인류에게 어떤 일이 일어날까요?

　암을 정복하는 나노로봇을 주연으로 삼다 보니 아주 먼 미래의 기술로 여길 것 같은 걱정이 앞섭니다. '은나노', 들어보았지요? 은나노 치약, 은나노 화장품, 은나노 세탁기까지. 은이 질병을 유발하는 650가지 이상의 미생물을 죽이면서도 인체에는 안전하다는 것은 널리 알려진 사실입니다. 은나노란 항균·살균 효과를 위해 은을 나노 사이즈로 쪼개서 첨가하고 살포하는 것이죠. 어찌 은뿐이겠습니까. 수많은 소재들이 미세하게 분해되며 더욱 친근하게 다가오고 있습니다.

체력
: 기본이 기본이 아니다

　나노 이야기를 하다 보니 은까지 나왔습니다. '은' 하면 뭐가 또 떠오르나요? 은수저? 좋습니다. 금수저, 흙수저도 있군요. 여기서 금과 은 그리고 흙은 소재입니다. 소재는 우리 세상을 구성하고 있는 물질이고 첨단 소재 또한 삶에 비일비재하게 출현하고 있습니다. 무슨

무슨 텍스, 이런저런 세라믹, 어떤어떤 티타늄이 발열내의부터 전투복까지, 주방기기부터 생산기계까지, 자전거에서 비행기까지 사용됩니다. 알고 보면 우리 모두 상당히 많은 소재의 이름을 입에 달고 있습니다. 특정 제품에 적합한 소재를 만들고, 자연에서 흔히 볼 수 없는 첨단 소재를 제조하는 것을 '**소재**material**기술**'이라 합니다. 공과대학에 재료공학이나 신소재공학 전공도 있으니 중요한 분야가 맞습니다. 당연히 로봇에게도 중요하긴 마찬가지입니다.

자전거와 관련해 어안이 벙벙했던 기억이 떠오릅니다. 한 근육질의 남자가 자랑하더군요. 자기 자전거가 2,000만 원이랍니다. 무슨 자전거가 승용차 한 대 값이나 되는지. 그래봤자 자전거인데요. 부러웠던 건 그 자전거가 아닌 그의 근육이었습니다. 그냥 철로 만든 몇 십만 원짜리 자전거로도 만들 수 있는 근육 말이죠.

자전거 프레임을 만드는 소재는 참 다양합니다. 가장 싼 강철이 있고 크롬과 몰리브덴 등을 철과 섞은 크로몰리스틸이라는 것도 있네요. 종종 들어본 알루미늄, 카본 그리고 티타늄도 있습니다. 싼 소재부터 비싼 소재 순으로 열거해봤습니다. 튼튼하면서도 가볍고 녹이 슬지 않을수록 비싸지겠죠.

사실 중요한 것은 어떤 소재이냐가 아니라 그 소재가 어떤 특성을 가졌느냐 입니다. 무척 친숙한 양은냄비만 보아도 소재의 특성을 적재적소에 활용한 것입니다. 구리에 니켈과 아연을 합금한 양은은 열에 강하면서 열전도율을 높게 만든 것입니다. 강한 불로 빨리 조리해야

맛있는 라면을 끓일 때 제격이죠. 양은을 영어로 'german silver'라 쓰네요. 서양에서 만든 저렴한, 유사한 은이라고 보면 됩니다. 반면 기다란 손잡이는 역시 열에 강하지만 열전도율은 낮은 페놀수지로 만듭니다. 쉽게 말해 플라스틱입니다.

흔히 연상하는 로봇은 쇠, 즉 강철로 만들어져 있습니다. 로봇의 역할과 용도가 다양해지면서 여러 가지 소재, 첨단소재 그리고 소재기술이 필요한 건 당연합니다. 양은냄비가 너무 일상적이라면, 혁신적인 소재도 하나 소개하겠습니다. MIT는 딱딱한 강성과 물렁한 연성 재질로 자유롭게 변환할 수 있는 소재를 개발했습니다. 이를 넘겨받아 로봇으로 제작하고 있는 기업은 구글이 인수한 '보스턴 다이나믹스 Boston Dynamics'입니다. 이 꿈같은 소재의 로봇으로 내장이나 장기, 혈관에 자유자재로 형태를 바꾸면서 들어가는 정밀한 수술을 시도하고 있습니다. 붕괴된 구조물 안으로 들어가 생존자를 찾는 로봇도 가능하다 합니다. 낙지처럼 유연한 몸으로 기어들어가 강한 재질의 모습으로 변신하여 그 힘으로 구조하겠지요.

강인한 소재의 로봇이라 하면 재난로봇이 떠오릅니다. 후쿠시마 원전 사고에도 로봇이 활약했다지요. 화재·붕괴·폭발·오염 등의 재난과 태풍·홍수·지진 등의 재해와 같은 극한의 상황에서도 로봇은 본분을 다합니다. 아시모프의 노예계약을 이행하며 위험에 처해 있는 인간을 방관하지 않습니다. 우리나라에도 소방로봇이 있습니다. 화재현장의 인명만이 아니라 소방관의 목숨도 보호해주리라 기대해봅니다.

2013년부터 해마다 '세계 재난로봇 경진대회'도 열린다고 하니, 얼마나 많은 분야에서 재난로봇들이 활약하는지 짐작할 수 있겠죠?

아시모프의 3원칙을 다시 음미하니 인간은 참 이중적이라는 생각이 듭니다. 로봇에게 기대하는 바가 이중적이라는 말입니다. 강력하면서도 인간의 지시를 잘 들어야 하고, 지루한 일을 정확히 수행하는 일관성을 요구하면서도 복잡한 업무를 처리할 수 있는 다양성도 기대합니다. 기초 체력은 물론이고 순발력과 유연성까지 바랍니다. 아직 끝이 아닙니다. 내구성이 뛰어난 강한 재질이어야 하지만 가벼울수록 좋다고까지 합니다. 소재와 로봇 분야의 또 하나의 핵심이 바로 이 '경량화'입니다.

'드론drone' 아시죠? 몇 년 전만 해도 영화에서나 보이던 것이 이제는 주변에 동호회까지 생겼더군요. 드론은 하늘을 날아다니는 로봇입니다. 여기서는 로봇의 일종으로 다루지만, 워낙 다양하게 쓰이면서 앞으로 큰 변화를 가져올 것으로 예상됩니다. 어쨌든 드론은 하늘을 날아다녀야 하니 그만큼 가벼워야 하겠지요. 완구형 드론은 300g 정도이지만 전문적인 촬영 등의 용도로 사용하자면 1kg은 족히 됩니다. 물론 가벼울수록 좋지만 고성능을 바란다면 어느 정도는 포기해야겠죠. 가벼워야 하는 또 하나의 이유가 '체력'과 관련되어 있습니다. 바로 **'배터리**battery'입니다.

모든 전자제품에는 배터리가 있습니다. 자동차에도 물론이고요. 전선을 통해 전기를 공급받지 않는 모든 기기에 배터리가 필요합니다. 그래야 동력이 생기고 체력이 튼튼해지겠지요. 로봇의 세부기술 중 그나마 마지막은 무난해 다행이네요. 드론이 멋지게 날아다니려면 배터리 문제를 풀어야 합니다. 연처럼 기다란 전선을 꼬리처럼 달고 날 수는 없으니까요. 무거울수록 그 무게를 이겨야 하는 힘이 필요해 배터리가 금방 닳습니다. 드론의 사업화와 상용화는 어찌 보면 경량화와 함께 배터리 기술에 달렸다 해도 과언이 아닙니다. 일반적인 드론에 적합한 비행·통신·제어·촬영기술 등은 충분히 개발되어 있습니다. 드론 충전스테이션이 화두가 되는 이유입니다.

그런데 무게를 감내하는 배터리의 성능보다 더 중요한 것은, 사실 배터리 자체의 무게입니다. 드론은 물론이고 매일 들고 다니는 스마트폰과 노트북만 해도 배터리를 빼면 얼마나 가벼워지는지 경험해봤을 것입니다. 물론 탈착식인 경우에 그렇죠. 분리할 수 없는 내장식 배터리에서 더욱 주목하는 부분은 배터리 용량과 충전 속도입니다. 스마트폰을 비롯해 대부분의 기기에서 쓰이는 충전식 배터리의 대세는 단연코 리튬이온Li-ion입니다. 이후 대단한 배터리의 신기술이 나오더라도 기본기는 용량·무게·충전 속도 이렇게 3요소가 될 것입니다.

지금까지 로봇을 설명하다 보니, 여러 가지 과학기술 분야를 망라했군요. 그만큼 로봇은 과학기술의 결정체입니다. 로봇의 기술을 다 알고 이해하기는 어렵습니다. 그럴 필요도 없고요. 이 정도로 로봇과 과학기술의 현안을 가볍게 훑어보았다 여기기를 바랍니다.

이번 장은 유독 똑 부러지는 기술 용어의 성찬이었습니다. 아무리 기술과 그 기술이 만드는 신세계에 대한 내용이지만 말이죠. 그래서 마무리는 서정적으로 해볼까 합니다. 첨단기술의 사상적인 대칭에 '적정기술'이라는 용어가 있습니다. 이 개념을 우리에게 선사한, 경제학자 에른스트 슈마허Ernst Schumacher가 그의 저서 《굿 워크》에 남긴 짧은 글을 읊어보겠습니다.

나는 아무 의미도 없는 치열한 경쟁에 뛰어들고 싶지 않다.
나는 기계와 관료제의 노예가 되어 권태롭고 추악하게 살고 싶지 않다.
나는 바보나 로봇, 통근자로 살고 싶지 않다.
나는 누군가의 일부분으로 살고 싶지 않다.

시대의 흐름을 따라 업이 변하고 있습니다. 말이건 기계이건, 산업용 로봇이건 서비스 로봇이건 그들에게 노동을 맡기는 순간, 인간은 무엇을 해야 할지 고민해야 합니다. 기계처럼, 노예처럼 혹은 로봇처럼 그리고 누군가의 일부분인 사이보그처럼 살고 싶지 않아서 그들에게 맡겼다면 생각해 보아야 합니다. 과연 '굿 워크good work'란 무엇일까. 그리고 다음 질문에도 답해 보아야 합니다.

말은 강한 동물인가 약한 동물인가? 로봇은 열등한 노예인가 우월한 머신인가? 비록 인간의 생각이겠지만, 말과 인간이 조화롭게 지낸 것처럼 로봇과 사람도 조화로울 수 있을까? 과연 로봇과의 노예계약은 계속 유효할까? 정녕 로봇은 귀천 없는 일꾼인가?

로봇 Big Picture

인간의 운동능력을 답습하거나 초월하는 장치를 구현하는 기술

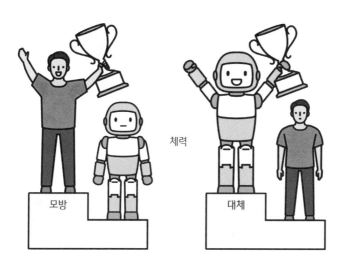

산업용 로봇 : 산업 전반에서 반복적 업무에 사용되는 로봇
서비스 로봇 : 사람에게 서비스를 제공하고 인터렉션하는 로봇
군사용 로봇 : 사람대신 전투 등의 위험한 임무를 수행하는 로봇

• 모방
모터 및 관절기술 인간의 움직임을 모방하여 유연한 기계의 움직임을 가능하게 하는 기술
자이로스코프 중심과 균형을 잡고 방향과 속도를 알기 위한 측정 센서

• 대체
사이보그 인간과 인간의 신체일부에 이식된 로봇의 결합체
나노로봇 나노미터 단위의 크기로 개발된 초소형 로봇

• 체력
소재기술 특정제품에 적합한 소재를 만들고 첨단 소재를 제조하는 기술
배터리 기계와 로봇의 동력에너지를 응축하는 기술

업 따로
휴식 따로

4
3,000만 원짜리
내비게이션
무인자동차

휴식의
신세계

여행을
떠나요

"왜 나는 너를 사랑하는가."

뜬금없는 고백에 놀랐나요? 한국 독자들이 유독 좋아하는 작가 알랭 드 보통Alain de Botton의 소설 제목입니다. 이 작가는 사랑에 대한 경험과 철학을 바탕으로 지적인 위트가 결합된 작품들을 발표해 '닥터 러브'라고 불리기도 한다죠. 사랑 외에도 그의 손을 거치며 독자들에게 새롭게 와 닿는 주제가 있습니다. 그것은 바로 '여행'입니다. 그는 《여행의 기술》에서 이렇게 말합니다. "여행할 장소에 대한 조언은 어디에나 널려 있지만, 우리가 가야 하는 이유와 가는 방법에 대한 이야기는 들기 힘들다." 목적지보다는 여행의 과정 그리고 여행이 주는 의미에 대해 더 생각해보자는 말이겠죠. 무라카미 하루키도 《하루키의 여행법》에서 이렇게 강조하고 있네요. "여행의 행위가 본질적으로 여행자에게 의식 변화를 가져오는 것이라면, 여행의 움직임 자체에 더욱 집중해야 한다"고 말입니다.

그리고 보니 여행에 있어 가장 설레는 순간은 사실 여행지에서 보내는 시간은 아닌 듯합니다. 어디로 떠날지, 누구와 함께 할지 등등 여행을 계획하고 준비해 비로소 떠나는 그 순간, 그리고 목적지까지 가는 여정 동안에 마음이 벅차오릅니다. 설레는 마음에서 희망과 자유를 느끼고 의식과 인식의 변화를 경험합니다. 그래서 여행 과정, 여행 방법, 여행의 움직임에 대한 애착을 힘주어 말하는가 봅니다.

저는 특히 기차 여행을 좋아합니다. 인간의 힘으로는 도저히 감당할 수 없는, 커다란 쇠뭉치가 벗어날 수 없는 운명처럼 평행한 선로만을 달립니다. 일단 열차에 오르는 순간부터 이동에 대해 신경 쓸 일이 없어져 마음이 편안해집니다. 여유가 생긴 마음은 창밖으로 향합니다. 저 멀리 자리 잡은 산등성이를 바라보다 곡식들이 바람에 흔들리는 들로 시선을 옮겨봅니다. 좁은 물줄기는 어느새 넓은 강이 되고, 어두운 터널을 지나고 다시금 빛을 마주할 때는 가슴이 뻥 뚫리는 것 같습니다.

사람의 내면은 눈으로 보는 것들과 연결되어 함께 변한다고 생각합니다. 창밖의 풍경이 확대되면 생각도 커지죠. 기차가 달리면 뭉쳐져 있던 상념의 똬리도 물 흘러가듯 자연스레 풀어집니다. 이처럼 기차를 타고 가다 보면 마음에 안정감과 역동감이 동시에 찾아오는 독특한 경험을 하죠. 그래서 기차가 좋습니다.

여행과 이동수단을 찬미한 작가가 있습니다. 시인 샤를 보들레르 Charles Baudelaire는 '악의 꽃'만 찬미한 것이 아니었습니다. 수많은 작품에서 여행과 더불어 여행을 돕는 배와 기차에 대해 칭송합니다. 노르망디 항구에 정박한 배를 보고는 "거대하고 광대하고 복잡하지만 민첩한 생물, 활기가 넘쳐나는 동물, 인류의 모든 한숨과 야망에 괴로워하며 숨을 몰아쉬는 동물"이라 했다죠.

이런 생각을 해봅니다. 만일 보들레르의 생전에 자동차가 있었다면 어땠을까. 문명의 이기 중에서 무엇보다 복잡한 기계지만, 민첩하고 활기가 넘치는 것이기에 좋아하지 않았을까요? 그렇지만 운전도 좋아했을까요? 기계를 생물이고 동물이라 했는데 말이죠. 여행으로 자유로운 영혼이 되고, 여행 기계에 생명력을 주며, 여행하며 접한 풍경을 마음껏 찬미했는데 말입니다. 워낙 방탕하고 분방했던 그였으니 어쩌면 운전은 딱 체질에 맞았을지도 모르겠군요.

자동차 여행의 남다른 매력은 한둘이 아닙니다. 시동만 걸면 어디든 바로 떠날 수 있고 마음먹은 대로 옮겨 다닐 수 있습니다. 정해진 노선이 없으니 외부와 주위의 공간을 구석구석 돌아볼 수 있는 장점도 있고요. 내부 공간도 아늑합니다. 나만의 공간에서 맘껏 크게 음악을 듣고, 목청껏 크게 노래도 부릅니다. 정말이지, 운전만 하지 않는다면 걸터앉거나 누워 게임도 하고, 좋은 사람들과 이야기를 나누면서 풍경을 즐길 수 있겠죠. 먹고 마시며 쉬는 것은 물론이고요.

아마 운전 자체를 좋아하는 사람도 있을 것입니다. 내 의지대로 핸들을 꺾는 맛이 일품이라고 말이죠. 충분히 이해합니다. 하지만 일과에 치여 그로기 상태라거나 이미 10시간째 운전중이라면, 그렇게 말하지 않을 겁니다. 만약 직접 운전하지 않고도 자동차 여행의 매력에 흠뻑 빠질 수만 있다면 얼마나 좋을까요? 그것이야말로 진정한 여행, 차원이 다른 휴식 아닐까요?

현대인에게 자동차는 정말 각별합니다. 첫 차의 키를 거머쥔 날을 잊지 못하죠. 첫 차를 받은 날 차에서 잤다는 친구도 봤습니다. 이렇듯 자동차는 몸과 영혼의 자유를 선사합니다. 우리 대신 많은 짐을 실어 날라주니 육체의 고단함에서 해방시켜주는 존재이기도 하죠. 그런데 이제는 스스로 운전하는 무인자동차라니요. 인간의 손과 발 그리고 정신과 마음에까지 완벽한 휴식을 주려나 봅니다.

자동차 메이커 브랜드의 상식으로 3가지 '3대'가 있습니다. 미국의 전통적인 3대 자동차 회사는 포드Ford, GMGeneral Motors, 크라이슬러Chrysler였습니다. 피아트Fiat와 합병한 크라이슬러는 더 이상 미국 차라 볼 수 없지만, 자동차의 대중화를 이끈 포드와 꾸준한 대항마 GM은 미국의 자존심이라고도 할 수 있는 회사들입니다.

이 자존심에 치명적인 상처를 입힌 '3대'는 일본의 회사들입니다. 도요타Toyota, 닛산Nissan, 혼다Honda 이 3사는 1980년대부터 북미의 중저가 자동차 시장을 석권하며 미국의 고속도로를 점령합니다. 미국과 일본의 이런 경쟁을 비웃는 마지막 '3대'가 있습니다. 메르세데스-벤츠Mercedes-Benz, BMW 그리고 폭스바겐Volkswagen이죠. 두 번의 세계대전에서 모두 패전했음에도 불구하고 강국의 지위를 유지해온 독일의 힘은 바로 제조업에서 나옵니다. 탁월한 기술을 바탕으로 자동차, 특히 고급 자동차에서 타의 추종을 불허합니다. '독일 차'는 명품 자동차의 상징으로 자리매김하고 있습니다.

그런데 전통적인 자동차 제조사도 아닌 곳이 무인자동차의 대명사로 성큼 등장하고 있습니다. 또 다시 구글입니다. 앞서 살펴본 '빅데이터'에서 상당 부분을 할애했던 바로 그 구글이요. 지금을 살아가는 우리에게 구글은 내일을 미리 보여줍니다. 우리가 구글을 더 많이 알아야 하는 중요한 이유입니다. 검색으로 시작해 각종 새로운 도전과 실험으로 기술의 유토피아를 구현하자며 저만치 앞서 달려가고 있습니다. 흔히 '구글 X'로 명명된 인류도약기술들은 검색 서비스와는 거리가 있습니다. 그중 하나가 무인자동차 프로젝트입니다.

무인자동차를 구글이 선도하는 것은 많은 시사점을 가집니다. 구글의 야심? 이런 것들은 제쳐두더라도 대체 왜 IT 회사가 전통적인 기계 제조 산업인 자동차에 뛰어들었을까요? 무인자동차는 더 이상 기계와 제조에 국한된 산업이 아니기 때문입니다. 이제 자동차의 핵심 기술은 IT와 인터넷 그리고 서비스입니다.

구글은 무인자동차에 대한 접근부터가 상당히 다릅니다. 전통의 자

휴식의 신세계

동차 제조사들은 하던 대로 잘 해보자 합니다. 기존의 자동차를 점진적으로 개선해 무인자동차로 가자는 것이죠. 관련 업계의 기득권을 쥔 그들의 입장에서 생각한다면 당연한 수순입니다.

혹시 '크루즈 컨트롤cruise control'이라는 기능, 써보셨나요? 속도를 맞추어 놓으면 엑셀 페달을 밟지 않아도 일정 속도로 주행합니다. 고속도로 같은 장거리 운전에서 특히 진가를 발휘하죠. 요즘 자동차들은 주행 중 차선 이탈을 알아서 방지해주고, 운전 실력의 마지막 단계인 주차마저도 자동차가 스스로 한답니다. 기존의 자동차 회사들은 이처럼 운전자를 돕는 보조 수단으로 무인자동차 기술을 점진적으로 끌어올리려 합니다. 그런 것들이 무인, 정확히 말해 '자율' 주행으로 가는 길인 것은 맞습니다. 그러나 스스로 목적지를 향해 움직이는 자동차 안에서 앉거나 심지어 누운 채로 운전과 관련해서는 손 하나 까딱하지 않는 모습, 그것이 우리가 그리는 진정한 무인자동차입니다.

그렇다면 구글의 구상도 들여다볼까요? 구글은 자동차의 진화가 아닌, 인류 도약의 혁신 그 자체로 무인자동차에 접근합니다. 자동차에 컴퓨터를 추가한 것이 아니라, 아예 컴퓨터에 자동차를 얹은 것을 무인자동차라고 생각합니다. 구글에게 계기판은 안드로이드이고, 무인자동차는 큼직한 스마트폰인 셈이죠.

'무인자동차autonomous car'는 영어에서 보듯이 '자율주행자동차'라 하는 것이 의미상으로 더 옳습니다. 그렇지만 발음도 간결하고, '무인無人'이 주는 강력한 임팩트 때문에 '무인자동차'라는 용어가 사람들의 머릿속에 더 쉽게 각인됩니다. 2025년 즈음 상용화되고, 2035년에는 도로를 주행하는 4대 중 적어도 1대는 무인자동차가 되리라는 예측이 주를 이룹니다.

그렇게 무인자동차가 일상적으로 길거리를 누빈다면 무엇이 달라질까요? 컴퓨터로 조작하니 교통사고는 대폭 줄어들 겁니다. 흥분하는 일이 없으니 난폭운전은 사라지고, 술을 마시고 운전석에 올라도 음주운전을 한 것은 아니겠네요. 도로와 차들은 컴퓨터로 통제될 겁니다. 에너지도 효율적으로 소모되어 대기오염이 줄어들고, 교통 혼잡이 사라지니 물류비용도 혁신적으로 절감되겠군요. 운전면허증도 사라지지 않을까요? 최소한의 운동능력을 체크하는 일종의 '탑승자격증'이 있다면 모를까. 나이 드신 어르신, 몸이 불편한 분들 모두 오케이입니다.

좀 더 생각해보면 진정 달라지는 것은 따로 있습니다. 바로 자동차 내부의 풍경입니다. 운전은 더 이상 인간의 역할이 아닌, 자동차의 영역이 되죠. 그렇다면 우리는 무엇을 하게 될까요? 창밖을 바라보며 내면을 들여다봅니다. 목적지만큼 과정이 값집니다. 여행자처럼 한 손에는 찻잔을, 다른 손에는 책을 줍니다.

이동할수록 자동차의 에너지는 방전되겠지만, 그 안에 타고 있는 인간의 에너지는 충전됩니다. 자동차의 브레이크brake 대신 마음의 브레이크break를 밟습니다. 바로 '휴식의 신세계'입니다. 자동차automobile는 이제야 비로소 '스스로auto 움직이는mobile' 본분에 충실하게 되겠죠. 보들레르의 표현처럼 무인자동차 스스로가 "인류의 모든 한숨과 야망에 괴로워하며 숨을 몰아"쉴지는 모르겠지만, 괜찮습니다. 어차피 기계 아닌가요.

공간
: 나의 위치와 당신의 지도

　　자동차가 우리에게 주는 특별하고 각별한 의미에 걸맞게, 무인자동차를 만드는 기술 또한 폭 넓고 또한 속 깊습니다. 이 자리에서 모든 내용을 다 나열할 수는 없지만, 역시 3가지로 구분하려 합니다. 자동차 사체보다는 자동차가 주행하는 넓디넓은 외부에 초점이 맞춰진 '공간空間' 분야, 인접한 주변과 상호 작용하는 '상대相對' 분야, 그리고 자동차 자체, 내부 중심의 '융합融合' 분야입니다. **'공간-상대-융합'** 입니다. 그냥 자동차에서 멀리, 다음은 가까이 그리고 자동차 안으로 시야를 옮긴다고 생각하면 됩니다. 그럼 멀리 있는 공간부터 가볼까요.

　기차가 선로를 따라 움직이듯 차는 도로로 다닙니다. 길과 길이 이어지는 세상이 우리가 살아가고 여행하는 공간입니다. 머지않아 무인자동차들이 마주할 곳이기도 하지요. 이동을 한다는 건 이곳에서 저곳으로 움직이는 것입니다. 그러자면 이곳이 어딘지, 저곳은 어디인지부터 알아야겠죠. 스스로 이동하는 무인자동차도 마찬가지입니다. 이곳과 저곳의 위치, 거기서부터 시작합니다.

위치는 사람이나 물건이 자리 잡고 있는 곳이잖아요. 그런데 자리라는 것은 상대적입니다. 사물의 지리적인 위치이든 사람의 관계적인 위치이든 자기만의 입지로 위치는 정해지지 않습니다. 주위의 공간정보를 알아야 나의 위치정보도 알 수 있어서인지 공간정보와 위치정보는 같은 뜻으로 혼용되고는 합니다. 그리하여 공간정보시스템GIS, geographic information system이나 위치정보서비스LBS, location based service는 모두 지도가 기본입니다.

신대륙의 탐험과 개척, 다른 나라를 침략하고 정복하는 것이 그동안 인류 역사의 주된 사건이었습니다. 지도를 가진 자와 갖지 못한 자의 차이가 종족의 흥망을 결정했다고 해도 과언이 아닙니다. 3차원 공간정보로 이루어진 디지털 지도는 영화 '반지의 제왕'에 등장하는 '절대 반지'와 비견됩니다. 이를 가진 자가 다가올 미래의 부와 권력을 끌어 모을 것은 당연해 보입니다. 구글이 탐내는 것은 결코 무인자동차의 판매수익이 아닙니다. 그들이 원하는 것은 결국 이 '절대 반지'이지요.

바로 이것입니다. 구글이 무인자동차를 통해 인류도약을 빌미로 확보하려는 것이 바로 '지도'라는 말이죠. 구글 어스는 전 세계 어느 곳이든지 찾아갑니다. 마치 그 공간 그 위치에 내가 있는 듯 생생하게 말입니다. 물론 실상은 사진이지만, 3차원의 느낌으로 거리와 건물들을 보여줍니다. 그러나 그것은 3차원처럼 보여주는, 수많은 사진들의 조합일 뿐입니다. 구글이 진정으로 바라고 원하는 것은 세상의 위치와 공간 정보를 모두 담은 진정한 '3차원 지도'입니다. 우리가 흔히 보는 2차원 지도도 아니고, '3차원처럼' 보이는 가짜도 아닙니다. 정보가 실시간으로 수집되고 갱신되는 그러한 지도를 갖고자 합니다. 당연히 지금까지 존재하지 않았던, 세상에 대한 완전히 새로운 형태의 지도겠죠.

구글의 무인자동차를 '구글카'라고 부르죠. 아직 우리나라에서 찾아볼 수 없지만 미국 캘리포니아에서는 심심치 않게 일반인의 눈에 포착됩니다. 2009년부터 도요타의 하이브리드 차량인 프리우스를 개조해 시험주행하고 있었습니다. 요즘은 사람의 얼굴을 닮은 모습의 소형 구글카도 자주 나타난다고 합니다. 이 깜찍한 차량에는 실시간으로 위치와 방향을 조정하는 고성능 GPS위성항법시스템, global positioning system는 기본이고, 차량 위에 64개의 빔 레이저가 있어 차량 주변의 공간에 대한 3차원 지도를 끊임없이 생성합니다. 이렇게 생성된 실시간 지도를 통해 스스로 속도를 조절하고 방향을 결정하는 것이죠. 복잡해 보일 수 있지만, 한마디로 자신의 위치정보와 주변 공간정보를 파악하는 장치라 생각하면 됩니다. 이 중에서 위치정보를 위한 세부 기술부터 설명하겠습니다.

'GPS'라는 말을 처음 들어보는 사람은 별로 없을 겁니다. 스마트폰의 수많은 앱 중 위치와 관련한 것들은 모두 이 기술을 이용하고 있으니까요. GPS는 위성에서 보내는 신호를 받아 현재의 위치를 계산합니다. 원래 미국 국방부가 전쟁에서 폭격의 정확성을 높이기 위해 개발한 것입니다. 무차별 융단 폭격 같은 것은 무시무시하지만, 사실 좀 무식하고 비효율적인 방법이었지요. 목표물과 포탄의 위치를 지속적으로 계산해내는 GPS 유도 폭탄은 이라크 전쟁과 아프가니스탄 전쟁에서 엄청난 위용을 뽐냈습니다.

이렇게 군사용으로 한정했던 GPS는 민간에 개방되어 무료로 GPS 위성 정보를 사용하게 되었습니다. 현재 지구 위에는 30개의 GPS위성이 궤도를 돌고 있습니다. 백업용인 6개를 제외하고 24개가 그 역할을 하는데, 전 세계 어느 곳에서든 최소 6개의 위성을 활용할 수 있다고 하네요. 우리가 세계 어느 곳에 가도 어렵지 않게 위치정보를 확인할 수 있는 이유입니다.

GPS 수신기를 가진 사용자는 위성의 신호를 받아 자신의 위치를 알 수 있습니다. 만약 움직이게 되면 위성 신호도 다른 곳에서 받게 되겠죠. 그 사이의 시간과 움직인 거리가 계속 계산되며 자신의 위치가 업데이트되는 원리입니다. 하지만 의아할 수 있습니다. 수만km 상공의 위성이, 그것도 지구상의 수없이 많은 GPS 수신기를 상대로 신호를 주는 것인데 충분히 정확할까요? 걱정할 필요 없습니다. 신호나 전파라는 것은 무한대입니다. 대동강 물처럼 마구마구 써도 되는 것들이죠. 단, 정확도에는 한계가 있습니다.

일반적으로 GPS는 10m 수준의 정확도를 지니고 있습니다. 다시 말해 정확한 지점에서 10m 정도의 오차는 존재한다는 거죠. 그런데 올레길을 걷다 "여기가 어디쯤인고?" 하며 GPS를 켰을 때 10m쯤의 차

이야 대수가 아니지만, 무인자동차가 자율운전 중이라면 상황은 전혀 달라집니다. 가야 할 길을 놓치고 전봇대나 건물을 들이받을 수도 있고, 어쩌면 사람을 칠 수도 있습니다. 생각만 해도 끔찍하죠. 그래서 더욱 정교하게 개발한 것이 'DGPSdifferential GPS'입니다. DGPS는 GPS의 오차를 보정해주는 기술로 오차 범위를 100분의 1, 즉 10cm 정도로 줄인다고 합니다. DGPS는 무인자동차에 적합한, 진일보한 GPS로 이해하면 되겠습니다.

1983년 9월 1일, 대한항공 007편

미국 국방부가 GPS를 민간에 개방하게 된 것은 우리나라와 깊은 관련이 있습니다. 1983년 9월, 뉴욕을 출발해 경유지인 알래스카의 앵커리지에서 급유한 후 서울로 향하던 대한항공 007편은 정해진 항로를 600km 이상 벗어나 당시 소련의 영공을 비행하게 됩니다. 냉전시대 군사적 긴장이 극에 달했던 때라, 소련은 이 비행기를 민항기로 위장한 미군 정찰기로 오인해 전투기를 출동시켰고 결국 격추하고 말았습니다. 탑승했던 16개국 269명 전원이 사망한 이 사건을 계기로 당시 미국 대통령 로널드 레이건은 군사용으로 한정하던 것을 조건부로 민간에 개방할 것을 지시해 지금에 이르고 있습니다.

운전할 때 내비게이션을 사용하다 보면 간혹 이상한 상황을 마주합니다. 분명 고가도로 아래인데 고가도로 위에 있다고 나오는 경우가 대표적입니다. 위아래를 헷갈리는 거죠. 우리가 아니고 GPS 말이에요. 생각해보면 그럴 수밖에 없는 것이, 하늘에서 아래를 내려다보고 신호를 보내니 위아래가 어디 있겠습니까. 하늘에서 보면 고가도로 위에 있든 아래 있든 그냥 하나의 점인걸요. 하지만 이것 역시 무인자동차에게는 매우 신경 쓰이는 일입니다. 우리는 운전하며 앞을 보고 좌우도 살피며, 필요에 따라 위아래도 보잖아요. 하지만 '**GPS/DGPS**'가 알려주는 위치와 수집하는 지도는 2차원에 머무르기 때문입니다.

이런 한계를 극복하기 위해 '**레이더**rader와 **라이더**lidar'를 활용합니다. 한때 구글카 장비의 절반 가까운 비용이 이 레이더와 라이더에 쓰였다고 하네요. 레이더의 원리는 이렇습니다. 전자기파가 물체에 반사되어 돌아오는 것을 포착해 대상 물체의 거리와 방향, 고도까지 파악하는 겁니다. 직접 만지지 않고도 마치 만져본 것처럼 알려주는 무선 감지장치입니다. GPS는 수신만 하지만 레이더로는 먼저 발신하고 다시 수신하니 훨씬 적극적인 셈이죠.

라이더도 이름처럼 레이더와 무척 유사합니다. 라이더의 다른 이름이 '**레이저**laser 레이더'입니다. 전자기파 대신 레이저를 쏘는 레이더라는 의미죠. 원리는 동일합니다. 레이저는 빛이나 전자기파의 사각지대도 미칠 수 있습니다. 그래서 라이더는 레이더보다 정밀한 센서입니다. 대신 레이더가 라이더보다 내구성이 강하고 악천후에도 무난한 효용을 보입니다.

휴식의 신세계

레이더와 라이더는 앞뒤와 더불어 위아래로 전자기파와 레이저를 쏩니다. 그리고 받습니다. 운전자가 그러하듯, 운전에 필요한 정보들을 수집해 3차원 지도를 그립니다. 실시간으로 말입니다. 이외에도 카메라로 영상 정보를, 초음파 센서로는 음파 정보도 얻습니다. 이 역시 운전자가 그러하듯이 말이죠.

사실 내비게이션만 해도 대단하다 생각합니다. 기초적인 GPS에 2차원 지도라 해도, 전자기파와 레이저를 쏘지 않더라도 정말 고맙게 여겨집니다. 실시간 교통량을 반영해 가장 빠른 길도 척척 안내합니다. 내비게이션이 없었더라면 어쨌을까 싶습니다. 예전에는 차 안에 항상 커다란 지도책이 있었습니다. 새로운 곳이라도 가려면 미리 지도를 보며 길을 탐구했고, 가는 내내 지도를 들여다봐야 했습니다. 도착하면 마치 마라톤이라도 완주한 것처럼 지쳤고, 무사히 도착했다는 사실에 안도했죠. 운전하면서 사색하거나 경치를 감상하는 것은 사치였습니다. 휴식은 언감생심이고요.

이번 장 제목에서 무인자동차를 '3,000만 원짜리 내비게이션'이라 했습니다. 내비게이션은 우리에게 많은 여유와 적지 않은 휴식을 선물했습니다. 무인자동차, 자율주행자동차라니요. 지금과는 비교도 안 되겠지요. 그런데 왜 3,000만 원이냐고요? 별 근거는 없습니다. 그래도 굳이 따지고 들면 이렇게 답할 수 있겠네요. 대한민국에서 가장 많이 판매된 차는 '쏘나타'입니다. 가장 대중적인 자동차, 이른바 '국민차'죠. 이 차가 대략 3,000만 원 선입니다. 시간의 문제일 뿐이지 무인자동차도 언젠가는 '국민차'가 될 테니 이렇게 표현했습니다. 그래도 좀 그렇다고요? 최근 출시되는 전기차는 보조금을 받으면 3,000만 원 정도면 장만할 수 있습니다. 미래의 기술 같았던 전기차도 어느덧 실용화되었듯이 무인자동차도 금세 우리 곁에 다가오지 않을까요?

상대
: 길에는 길만 있지 않다

류시화 시인의 작품 중에서 널리 알려진 것은 〈그대가 곁에 있어도 나는 그대가 그립다〉입니다. 기가 막힌 제목이죠. 이 시의 도입부는 이렇습니다. "물속에는 물만 있는 것이 아니다. 하늘에는 그 하늘만 있는 것이 아니다. 그리고 내 안에는 나만 있는 것이 아니다." 그렇죠. 길에도 길만 있지 않습니다. 자동차가 이동하고 여행하는 공간에는 먼발치 풍경과 하늘 높이 떠 있는 GPS 위성만 있는 것은 아니지요. 우리가 자동차로 이동하는 대부분의 시간 동안 풍경은 잘 보지 않고 위성은 아예 보이지도 않습니다. 운전자가 더 신경 쓰고 빈번히 상대하는 것은 길 위의 다른 것들입니다. 그 길을 같이 공유하고 지도를 함께 사용하는 것들이죠. 길 위의 다른 차들, 시설 그리고 사람들입니다. 이들과 공존하고 상호작용해야 합니다. 이번에는 '상대'에 관한 세부 기술 차례입니다.

무인자동차가 상호작용할 것들이 적지 않습니다. 가장 먼저 다른 자동차입니다. 무인자동차든 아니든 달리는 자동차들은 서로 조심해야만 합니다. 서로를 인식하고 신호를 보내며 적절하게 협조해 운전해야 합니다. 운전대만 잡으면 성질이 나빠진다고들 하죠. 나빠지는 건지 원래 나쁜 성질이 드러나는 건지는 잘 모르겠지만, 다른 차와 상호작용이 잘 안되면 좋았던 기분도 나빠지고, 심지어 치명적인 사고로도 연결되는 것은 맞는 것 같습니다.

'B2B', 'B2C', 이런 표현 들어보았죠? 2000년대 초반 인터넷 비즈니스, e-비즈니스의 열풍과 함께 우리에게 친숙해진 용어들입니다. 기업business 간 거래, 기업과 고객customer 간 거래를 뜻하는 용어들입니다. 요즘은 O2O라고 해서 카카오택시처럼 온라인on-line으로 오프라인off-line의 택시를 호출하기도 합니다. 무인자동차의 다른 자동차와의 상호작용 기술 역시 이 용어들과 비슷하게 'V2Vvehicle-to-vehicle'라고 부릅니다.

V2V는 DSRCdedicated short range communication를 많이 활용합니다. 영어 약자가 많이 나오니 머리가 아프겠지만, 무엇을 줄인 말인지 보면 쉽게 이해됩니다. '가까운 거리에 있는 차량끼리 신호를 주고받기에 적절하게 만들어진 통신 수단'이라는 거죠. 한참 저 멀리 있는 자동차는 별 상관이 없으니까요. 차량 간 메시지를 전송하고 진행 중인 방향에서의 위험 요소를 탐지합니다. 전방의 갑작스런 저속·정지·사고와 같은 움직임을 사전에 파악할 수 있어 후방 추돌·차선 이탈·교차

로 충돌 사고 등을 대폭 감소시키고자 하는 기술입니다.

'V2Ivehicle-to-infrastructure'도 있습니다. 다른 자동차 대신 도로에 설치된 각종 시설과의 통신을 말합니다. 무인 자동차가 길가의 기지국이나 교통 시설물과 통신하면서 교통 정보나 도로 상태를 습득하게 하는 것입니다. 꼭 무인자동차가 아니더라도 가능한 쉬운 예를 들어보겠습니다. 만일 인접한 신호등과 통신해 정보를 실시간으로 전달 받을 수 있다면 녹색 신호등의 남은 시간이나 좌회전 신호 대기 시간을 알수 있겠죠. 그렇게 된다면 운전자는 차량의 출발과 정지 상황에 미리 대응할 수 있어, 교통 흐름이 개선되는 효과를 얻을 수 있을 겁니다. 신호가 언제 바뀌나 하며 노심초사하는 마음도 사라지겠지요.

V2V와 V2I를 합쳐서 **'V2V/V2I'** 혹은 'V2X'라 하기도 합니다. V와 I를 아울러 X라 한 것입니다. 그런데 이 X는 알게 모르게 감초처럼 등장합니다. 생각나는 대로 적어보면, Actiev X, 말콤 X, X-mas 등등. 하지만 X라고 하면 뭐니 뭐니 해도 '미지수' X이지요. 수학자 데카르트가 방정식을 만들 때 이미 알려진 숫자는 a·b·c로, 아직 모르는 숫자는 x·y·z로 표기했습니다. 그런데 그중 x는 사용 빈도가 가장 적어 당시 인쇄소마다 활자가 많이 남아 있었다고 합니다. 그래서 x가 미지수의 대명사가 되었다는 이야기도 있네요. 미지의 것, 아직도 더 새로운 것들을 포괄할 수 있는, 앞서나가는 첨단의 상징으로도 X를 사용하곤합니다. '부정적'인 것에서 '매력적인' 것으로 의미가 바뀌었네요.

그래서 그런지 V2X의 X는 더욱 확대일로입니다. 간혹 무인자동차를 '커넥티드카'라 부릅니다. 자동차를 중심으로 많은 것들이 연결된다는 발상이죠. 근거리 통신으로 다른 차와 도로 시설을 연결하고, 원거리 인터넷으로 사무실과 집도 연결합니다. V2Ooffice, V2Hhome까지 진정한 '모바일 라이프'가 완성됩니다. 그런데 뭔가 허전하지 않나요? 뭔가 X에 해당하는 것 중에 빠진 것은 없을까요?

자동차로 사무실과 집을 오갑니다. 길을 따라 도로를 달립니다. 다른 자동차를 상대합니다. 여기서 가장 중요한, 반드시 잊지 말아야 할 또 하나의 상대는 바로 사람, 즉 보행자입니다.

자동차 사고가 발생해 신고하면 가장 먼저 묻는 것이 이것입니다. "사람이 다쳤나요?" 사람을 친 사고가 아니라면 그나마 다행이라 안도합니다. 무엇보다 소중한 인산의 목숨과 건강에 무인자동차가 해를 가하는 일이 가장 두렵고 걱정스러운 시나리오입니다. 이 부분을 다루는 것이 'V2Pvehicle-to-person'입니다. 자동차와 보행자의 상호작용을 다루는 통신의 제반기술을 명명한 것이지요.

자동차가 사람을 상대하지만 사람 자체와 통신하는 것은 아닙니다. 보행자가 지닌 스마트폰과 연결됩니다. 보행자의 위치와 방향, 심지어 건강상태와 운동능력을 수신해서 대응하고, 필요하면 보행자에게 경보를 보내 사고를 예방하고자 합니다. 사실상 자동차와 스마트폰의 통신인지라 V2P를 V2Ddevice, 또는 V2Mmachine으로도 칭합니다. 여하튼 X의 쓰임은 그 의미처럼 광범위하군요.

무인자동차에 스마트폰이 등장하니 애플도 가만히 있지 않습니다. 구글에 비하면 좀 늦었지만, 애플도 야심차게 무인자동차에 달려들고 있습니다. 일명 '타이탄 프로젝트'를 가동하면서 무인자동차 관련 회사들을 인수하기 시작했고 자사의 사업목적에도 자동차를 추가해 진출을 공식화했습니다.

맥 시리즈와 아이 시리즈 등을 보면 알겠지만, 애플이 가장 심혈을 기울이는 부분은 '사용자 인터페이스UI, user interface'입니다. 최대한 단순하면서 사용하기에 간편한 디자인으로 우아하고 세련된 느낌을 주자는 것이 그들의 일관된 모토이자 핵심역량이잖아요. 그렇다면, 시동을 걸고 페달을 밟으면서 운전대를 돌리는 대신, 터치와 음성인식으로 작동하는 무인자동차 또한 애플이 탐내고 공들일 대상임은 당연하겠지요. 아마도 구글처럼 애플의 눈에도 역시 무인자동차가 거대한 스마트폰으로 보일 겁니다.

자동차와 보행자의 상호작용 이야기가 나오니, 꽤 민감한 화두 하나가 생각나네요. 이런 설정입니다. 무인자동차가 주행을 하던 중 갑자기 한 무리의 보행자들이 도로를 무단으로 횡단합니다. 당연히 사람이 없을 거라 예상하던 무인자동차는 순간 고민하게 됩니다. 이미 가속된 상태에서 멈출 수 없으니 무단횡단하는 사람들에게 돌진할 것인지, 아니면 방향을 틀어 보도 위를 걷고 있는 한 사람을 치게 할 것인지. 마이클 샌델Michael Sandel의 베스트셀러 《정의란 무엇인가》에도 이와 같은 질문들이 등장합니다. '양쪽으로 나눠진 기찻길에서 한쪽에는 여러 사람이, 다른 한쪽에는 한 사람이 묶여 있다면 한 사람이 묶인 쪽으로 노선을 변경하는 것이 맞는가?' 혹은 '1884년 미뇨네트호 침몰 후, 구명보트에 살아남은 영국 선원들이 가장 약한 소년을 잡아먹고 연명하여 구조된 사건을 어찌 보는가? 과연 다 굶어 죽는 것이 맞는가, 아니면 1명을 희생시키고 나머지가 살아남는 것이 옳은가?' 이런 질문들에 답을 제시해야 합니다.

이른바 '공리주의'의 문제입니다. 가치 판단의 기준을 '최대 다수의 최대 행복'에 두는 것으로, 제러미 벤담Jeremy Bentham과 존 스튜어트 밀John Stuart Mill에 의해 정립된 사회사상이죠. 기찻길에 사람이 묶여 있는 황당한 상황이나, 배가 침몰하는 특수한 경우와는 비교할 바가 아닙니다. 수십억 대의 무인자동차와 수십억 명의 보행자가 매일 빚어낼, 일상에서 충분히 일어날 수 있는 일들입니다.

그동안 발생한 구글 무인자동차의 사고 기록을 살펴보면 그 원인이 무인자동차가 아니었다고 합니다. 다른 자동차의 운전자나 무인자동차에 탑승한 감시 요원의 잘못으로 일어난 사고라고 하네요. 구글이 유일하게 인정한 무인자동차의 실수도 따지고 보면 상대 버스 운전자의 판단 실수에 기인한 것이라고 합니다. 결국 운전이라는 것은 자기만 잘한다고 되는 것은 아니잖아요. 남들이 운전하는 자동차나 길거리의 사람들과 어떻게 상대하고 대응하느냐가 관건이 될 것입니다. 사람이 운전하지 않는 차, 사람이 운전하는 차, 보행자와 자전거 타는 사람들, 이 모두가 뒤섞인 길거리의 모습도 그리 멀지 않았습니다.

그래서 제일 고민이 많은 분야가 보험업입니다. 지금은 자동차 사고의 책임과 청구 대상이 자동차 운전자이지만, 무인자동차 시대에는 혼선이 생길 수도 있겠죠. 기계는 말이 없으니 책임을 물을 수 없습니다. 무인자동차 제작사가 책임을 지는 제조물배상책임 형태로 바뀌게 될 수도 있습니다. 하여튼 많은 것들이 바뀔 것입니다. 이 와중에 책임과 보상에 대해서 많은 새로운 형태의 업무와 직업이 생겨나겠지요.

류시화 시인은 '그대가 곁에 있어도 나는 그대가 그립다'라 했죠. '자동차가 곁에 있어도 나는 자동차를 운전하지 않는다' 혹은 '무인자동차가 사고를 냈어도 내가 사고를 책임진다'로 바꾸겠습니다.

융합
: 배일까 항구일까

공학의 각 분야는 나름의 고유 영역들이 있습니다. 어떤 전공에는 그와 매우 밀접한 특정 산업이 있다는 얘기입니다. 이를테면, 토목공학은 건설 산업이 되겠죠. 전자공학은 전자, 화학공학은 정유 그리고 금속공학은 철강 산업… 이런 식으로 말이죠. 그렇다면 자동차 산업은요? 그렇습니다. 기계공학입니다. 기계공학과 출신들은 일반적으로 자동차 회사에 대거 입사합니다. 자동차 회사 신입사원 모집 공고를 살펴보면 기계공학이 제일 큰 비중을 차지하며 우대받죠. 이런 이유로 자동차 회사들은 대학의 기계공학과와 전공 교수들과의 유대에도 신경을 많이 씁니다. 뛰어난 인재가 필요하고 산학연구도 해야 하니까요. 그러고 보니 중공업 회사들도 기계공학의 영역에 있습니다.

여담이지만, 그렇다면 제 전공인 산업공학은 어떨까요? 좋게 본다면 '산업' 전체입니다만, 엄밀히 따지면 산업공학 전공자를 우선적으로 찾는 회사는 그다지 많지 않습니다. 그저 모든 산업에 꼭 필요한 전공이고 요새 중요하게 여겨지는 융합 분야라 스스로를 위로하며 호탕하게 웃습니다. 그래도 조금 부럽기는 합니다.

우연한 기회에 테슬라 전기차의 보닛을 열고 내부를 들여다볼 기회가 생겼습니다. 무언가 새로운 구조와 기술을 볼 것이라 무척 기대했습니다. 그런데 보닛을 열어본 순간 깜짝 놀랐습니다. 이럴 수가, 무슨 깡통차도 아니고 자동차가 이렇게 단순하다니! 자동차라 함은, 연료인 기름을 빨아들여 연소시키고 폭발하면 그 힘으로 피스톤이 운동해 크랭크축의 회전운동으로 변환되어 바퀴가 움직이는 것 아닙니까. 그러자면 이것도 있어야 하고 저것도 필요해 관련된 부품들로 내부가 꽉 들어차야 하는데 말이죠. 기계의 역학과 운동의 종합이 바로 자동차가 아니지 않습니까?

사실 지금의 자동차가 기계제품인가에 대한 논란이 고개를 들었습니다. 자동차의 중심이자 핵심인 내연기관의 무게감이 점차 떨어지고 있습니다. 자동차를 구동하는 엔진은 이미 기계적인 역학이 아닌 전자적 제어에 지배받고 있습니다. **전자제어장치**ECU, electronic control unit는 자동차의 기계적 기능을 컴퓨터로 관리하는 장치입니다. 초당 1,000번 이상 연산하면서 엔진의 작동뿐 아니라 변속·제동·조향 장치 등을 모두 제어합니다. 장착된 ECU의 개수에 따라 고급차의 수준이 정해진다고도 하죠. 우리가 흔히 말하는 '고급차'에는 80~100개 정도의 ECU가 장착되어 있다고 합니다.

그렇다면 ECU의 등장은 무엇을 의미할까요? 기계 위에 컴퓨터가 올라탄 것입니다. 자동차는 기계제품이 아닌 전자제품으로 여겨지게 되었습니다. 그러나 더 중요한 의미는 따로 있습니다. ECU가 무인자동차의 초석이라는 사실입니다. 무인자동차는 단순한 자동차가 아닙니다. 바퀴를 굴리는 동작 외에는 모든 것을 컴퓨터가 담당합니다. 기계 문명의 제왕인 자동차가 컴퓨터 문명으로 변심한 것이죠. ECU와 더불어 변심의 과정에서 만난 것이 또 하나 있는데, 그것은 바로 전기자동차입니다.

전기자동차는 말 그대로 전기를 동력으로 합니다. 일반 자동차가 화석 연료를 연소하여 작동한다면 전기차는 전기로 모터를 돌려 움직입니다. 친환경 자동차의 정점이라 하겠죠. 전기차의 역사는 기름을 사용하는 자동차에 앞섭니다. 어찌 보면 당연한 것이, 테슬라의 사례에서 보듯 기기의 구성이 단순하기 때문이지요. 허나 전기 모터의 힘은 화석 연료의 내연기관을 따라가지 못했습니다. 최고 속도는 겨우 시속 30km 내외였고, 한 번 충전으로 갈 수 있는 거리도 짧았습니다. 배터리 성능에 한계가 있었기 때문입니다.

이런 전기차가 최근 급부상한 것은 몇 가지 중요한 이유가 있습니다. 발목을 잡았던 기술들이 꾸준히 발전하기도 했지만, 중요한 점은 배기가스 규제와 같은 환경 문제가 자동차 산업에 큰 부담이 된 것이죠. 여기에서 전기차의 상징적인 인물인 일론 머스크Elon Musk가 등장합니다. 영화 '아이언 맨Iron Man'의 모델로도 알려진 이 사람을 꼭 기억해두세요. 스티브 잡스가 떠난 이 세상에서 미래를 우리에게 몸소 보여주는 대표주자이니까요.

전기차의 상용화가 주는 시사점은 적지 않습니다. 전기차는 소프트웨어로 작동시키기가 매우 쉽습니다. 이미 컴퓨터가 확실히 장악하고 있으니까요. 현재 무인자동차의 대부분은 전기차입니다. 본연적으로 무인자동차는 전기차와 초록동색草綠同色입니다. 이들은 화석 연료를 태우며 배기가스를 뿜어내는 일반 자동차와는 껍데기만 같은 셈이죠.

이제 시야를 옮겨보겠습니다. 자동차 보닛을 닫고 차 안으로 들어가 봅시다. 완전한 무인자동차에는 브레이크도, 가속 페달도 없습니다. 게다가 둥그런 운전대조차도 없고요. 그냥 컴퓨터 화면 몇 개가 전부일 겁니다. 거기에 폭신한 의자나 침대가 있을 법합니다. 탑승객의 관심은 엔진이나 에너지가 아니라 실내 디자인과 공간 활용에 집중될 것입니다.

미국유학 시절, 꼭 한 번 타봐야지, 꼭 한 번 머물러봐야지 했던 것이 있었습니다. 바로 캠핑카입니다. 침대와 책상은 물론이고 부엌도 있었습니다. 좀 더 큰 캠핑카에는 화장실도 있고요. 달리는 집 같았습니다. 경치 좋은 곳을 달리다 멈춰서 먹고 자고 놀고 떠드는 그런 여행, 저만의 로망은 아니겠지요?

이런 아날로그 감성도 좋지만, 뭔가 부족하다고 느끼는 사람들이 분명히 있습니다. 영화도 보고 게임도 하고, 인터넷 검색이나 동영상 보는 건 없냐고요? 왜 없겠습니까? 무인자동차에서 마지막으로 소개할 세부 기술은 그것입니다. '**인포테인먼트**infotainment **시스템**'은 인포메이션과 엔터테인먼트의 결합, 즉 정보information와 오락entertainment의 융합입니다.

인포테인먼트는 차량에만 국한된 것이 아닙니다. 하지만 생각해보세요. 우리는 일생 중 3분의 1은 침대에서 자고, 평균 6년 정도를 자동차에서 보낸다고 합니다. 침대에서는 그저 잠만 자면 되지만, 자동차에서는요? 그 시간을 얼마나 효율적이고 효과적으로 즐길 수 있느냐는 굉장히 중요한 문제입니다.

구글은 '안드로이드 오토Android Auto'를, 애플은 '애플 카플레이Apple CarPlay'를 내놓았습니다. 음성으로 명령하고 스마트폰의 콘텐츠를 이용할 수 있는 기술이죠. 내비게이션은 기본이고요. 무인자동차에 걸맞은 인포테인먼트로 보기에는 아직 미흡한 점이 있기는 합니다. 그렇다면 이건 어떤가요. 볼보Volvo는 차량 안에 대형 스크린이 펼쳐지게 합니다. 콘텐츠의 재생 시간에 맞게 경로도 설정하고요. 포드는 차 안에서 집 안의 모든 전자제품을 컨트롤할 수 있는 시스템을 시연했고, BMW는 증강현실 유리를 전면에 부착하기도 했습니다. 벤틀리Bentley는 무인자동차 안에 홀로그램 집사까지 등장시켰으니 뭐라 더 말할 필요가 없겠죠.

무인자동차에서는 운전석이 뒤로 돌아갑니다. 딱히 운전석이라 할 것도 없겠지만요. 기차에서 마주보게 앉는 좌석처럼, 차 안에서 식사도 하고 회의도 합니다. 무인자동차 아침식사 서비스, 무인자동차 네일·메이크업 서비스 등이 미래 유망 비즈니스라는 전망도 있네요.

조금 더 공간을 넓혀볼까요? 자동차는 개인 승용차만이 아니지요. 자율로 주행하면서 화려하고 강렬한 인포테인먼트 시스템이 제공되는 대형 버스를 연상해보세요. 훨씬 더 큰 스케일의 서비스가 가능해집니다. 파티가 열리면 사교의 장이 될 수도 있겠네요.

그렇게 된다면 또 다른 발상도 필요해집니다. 기존에는 이용 요금을 책정할 때 거리를 최우선으로 고려했다면, 무인자동차 시대에는 서비스의 질이 가격을 결정합니다. 그렇습니다. 모든 것은 서비스로 귀결됩니다. '메타캐피털리즘metacapitalism'이라는 개념이 있습니다. 핵심은 '보이는 것보다 보이지 않는 것의 가치가 높아진다'는 겁니다. 눈에 보이는 하드웨어보다, 눈에 보이는 것 같은 소프트웨어가 더 가치가 있고, 그보다도 더 눈에 보이지 않는 서비스가 최고의 가치를 가진다는 얘기죠. 곧 다가올 무인자동차 시대에, 이런 흐름을 타는 것이 당연합니다.

무인자동차가 '공유' 서비스가 될 것이라는 주장이 많습니다. 운전에서 해방되면 소유로부터도 자유로워진다는 것이죠. 미국의 최초 자동차 광고에 등장한 문구는 '자동차를 이용하면 말을 관리하는 데 드는 비용과 관심, 걱정이 사라진다' 였습니다. 자동차를 관리하는 데 드는 비용과 관심, 걱정이 사라진다면 애착도 함께 사라지겠죠. 그렇다면 굳이 소유할 필요가 있을까요? 일반 차량을 이용한 교통 공유 비즈니스인 우버Uber의 최종 목표도 무인자동차 운행인 것으로 알려져 있습니다. 무인자동차의 미래에 관심이 있다면 지금까지 살펴본 구글·테슬라·우버 그리고 이들의 합종연횡에 주목하길 권합니다.

'남자는 배, 여자는 항구'. 꽤나 세월이 지난 가요 제목이죠. 어느 나이 이상이면 저절로 이 노래가 읊조려질 겁니다. 물어보겠습니다. 자동차는 배인가요, 아니면 항구인가요? 1초의 망설임도 없이 '배'라 답하겠죠. 그렇게 보아왔고 그렇게 이용해왔으니까요. 하지만 딱 1분만 무인자동차가 펼칠 미래를 그려보세요. 이제 자동차는 항구가 됩니다. 항구는 모든 것이 모이고 많은 것이 오고갑니다. 요샛말로 플랫폼이죠. 정보와 콘텐츠가 모이고 외부의 사물과 상대하며 상호작용합니다. 사람들이 오가고 먹고 마시며 즐깁니다. 공유와 서비스의 천국이 됩니다. 무인자동차는 차원이 다른 휴식의 공간이자 여행의 도구가 될 것입니다.

물속에는 물만 있지 않고 하늘에는 하늘만 있지 않듯, 길에는 길만 있지 않습니다. 그리고 무인자동차에는 자동차만 있지 않습니다. 사람도 있지요. 세상의 오묘한 이치가 그렇습니다. 정작 붕어빵에 붕어가 없고, 곰탕에는 곰이 없는데, 무인자동차는 무인이 아닙니다. 이동하고 여행하며 휴식하는 사람이 있습니다. 휴식의 신세계를 만끽하는 사람들로 그득합니다.

휴식의 신세계

무인자동차 Big Picture

사람의 운전행위 없이 자율적으로 주행하는 자동차

하이브리드차 : 차량의 동력원으로 석유와 전기 등 두 가지 이상을 병렬 혼합하여 사용하는 차
전기차 : 차량의 동력원으로 전기를 사용하는 차
수소차 : 차량의 동력원으로 수소연료전지를 사용하는 차

• 공간
GPS/DGPS 위성항법시스템으로 위성신호로 위치를 알고 오차를 보정하는 기술
레이더/라이더 전자기파를 발사·수신으로 거리와 물체를 감지하는 센서의 일종

• 상대
V2V 차량간의 통신을 의미하며 차량과 차량 간의 소통하는 통신 기술
V2P 차량과 사람간의 통신을 의미하며 차량과 사람이 데이터를 주고받는 기술

• 융합
ECU 전자제어장치로 기계 대신 전자기기와 신호로 차량을 제어하는 장치
인포테인먼트 시스템 정보와 오락요소가 포괄적으로 합쳐진 시스템

소통과
소유 사이

5

사물과 이야기하다
사물인터넷

소통의
신세계

민주적
커뮤니케이션

커플이 나누는 이런 대화, 들어보았을 겁니다.

"오빠, 이거 예쁘지? 어때?" (나 이거 사줘!)
"응, 예쁘다."

"오빠, 그 옷 진짜 좋아하나 보다." (제발 그 옷 좀
입지 마!)
"응, 제일 좋아하는 옷이야."

"오빠, 안 자고 뭐해^^" (이제 카톡 그만해…)
"너랑 얘기하지~~"

답답합니다. 센스 없는 남자가 잘못인지, 센스 없는 남자를 만난 여자가 잘못인지는 여러분의 판단에 맡깁니다. 어쨌든 대화가 통하지 않으니 말문은 막히고 마음은 닫혀져만 갑니다. 의사소통은 정말 중요한데 말입니다.

베르나르 베르베르Bernard Werber가 30년 넘게 스쳐가는 영감을 적은 노트인《상상력 사전》의 첫 이야기는 이렇게 시작합니다. "내가 생각하는 것, 내가 말하고 싶어 하는 것, 내가 말하고 있다고 믿는 것, 내가 말하는 것, 그대가 듣고 싶어 하는 것, 그대가 듣고 있다고 믿는 것, 그대가 듣는 것, 그대가 이해하고 싶어 하는 것, 그대가 이해하고 있다고 믿는 것, 그대가 이해하는 것." 세어보세요. 모두 10개입니다. 작가는 이렇게 나열한 후에 이렇게 말하죠. "내 생각과 그대의 이해 사이에 이렇게 열 가지 기능성이 있기에 우리의 의사소통에는 어려움이 있다. 그렇다고 해도 우리는 시도를 해야 한다."

대화는 말하기와 듣기로 이루어집니다. 한 사람이 말하면 다른 이는 듣죠. 또 듣고 있던 사람이 말하기 시작하면 말하던 사람은 멈추고 듣습니다. 서로 말을 주고받으면 대화가 성립되는 것 같지만, 베르나르 베르베르에 의하면 말하기와 듣기가 전부가 아닙니다. 내가 생각하고 의도한 것과 실제로 말하는 것이 다를 수 있고, 내가 듣고 있는 것과 실제로 받아들이고 이해한 것도 별개일 수 있다고 하잖아요. 그래서 우리는 대화와 커뮤니케이션, 즉 대화와 소통을 다른 맥락으로 구분하는 것 같습니다. 단순히 듣고 말하는 현상인 '대화'와 달리, '소통'은 제대로 표현하고 제대로 이해하는 것을 모두 포함한다 하겠죠. 그래서 의사소통이 어렵다는 겁니다.

언젠가부터 '소통'은 인간관계와 사회생활에서 굉장히 중요한 덕목으로 떠올랐습니다. 사회가 개방되고 개인이 존중되는 시류가 계기가 되었겠죠. 사회 지도층이나 조직의 상급자, 어느 분야의 전문가 혹은 성질이 급한 사람이 먼저 나서서 말하는 건 어제오늘의 얘기가 아닙니다. 하지만 양방향 커뮤니케이션이 강조되는 소통의 시대가 되자 우선적으로 스포트라이트를 받은 것은 듣기, 즉 '경청'이었습니다. 워낙 상대를 헤아리고 받아들이는 것이 만만치 않다 보니 경청에 무게가 실린 것이죠. 주변에서 이야기 잘 들어주는 사람을 찾기가 쉽지 않고, 쉽지 않은 만큼 그런 사람이 소중합니다.

'경청傾聽'은 '잘 듣고 잘 받아들인다'는 의미입니다. '청聽' 자를 자세히 보세요. 어려운 한자 같지만 쪼개서 보면 만만한 것들의 집합입니다. 귀耳와 눈目이 있고 마음心도 있네요. 풀어보면, '왕의 귀로 듣고, 10개의 눈으로 보고, 하나의 마음으로 대하라'입니다. 이 한 글자에 경청의 자세가 모두 들어 있습니다.

그래도 커뮤니케이션은 '말하기'로부터 시작합니다. 경청의 자세는 물론 중요하지만, 모두가 들으려고만 한다면 어색한 침묵만 흐르겠죠. 일단 말을 시작해야 들을 수 있고, 정확히 표현해야 경청도 하지 않겠습니까? 말하기를 베르나르 베르베르의 관점으로 보면 '자기 생각을 잘 표현하기'라 할 수 있겠네요. 그만큼 자기표현과 자아표현은 모든 커뮤니케이션과 소통의 기본이자 출발점입니다.

이런 경우 가끔 있을 겁니다. 도대체 무슨 생각을 하는지 표현하지도 않고, 설령 표현한다 해도 당최 무슨 말인지, 무슨 생각으로 그런 말을 하는지 이해할 수 없는 상대를 만나면 정말 속이 터집니다. 그나마 사람이라면 어찌어찌 해보겠으나, 말 못하는 동물이라면 어떨까요? 손짓과 발짓에 눈빛도 동원하고, 알아듣건 못 알아듣건 말해보다가, 급기야 동물 소리를 흉내 내기까지 합니다. 말 못하는 동물과의 소통이라니, 그저 인간의 희망사항일 뿐이겠죠.

어느 TV프로그램에서 이런 장면을 보았습니다. 퇴직 후 집에서 시간을 보내는 남편이 어색함을 이기지 못하고 발치에 엎드린 강아지에게 애써 말을 걸어봅니다. 영문도 모르는 강아지는 마냥 좋아 꼬리를 흔들고 남편은 함박웃음을 지어 보입니다. 그 때 화면에 잡힌 건, 그런 남편을 불쌍하게 바라보는 아내의 얼굴입니다. 허탈한 웃음 뒤에 한숨이 따라 나와 TV를 껐습니다. 말할 상대, 그나마 나에게 관심을 갖고 근처를 어슬렁거려주는 고마운 상대가 동물이라니. 냉정히 보면 그들과의 살가운 소통은 가능하지 않은데 말이죠.

그런데, 이런 일들이 발생하면 어떨까요? 야옹이가 말합니다. 배고프다고. 물론 스마트폰으로 "당신의 야옹이 배고파요"라는 문자가 온 거죠. 야옹이의 밥그릇이 비었고, 빈 그릇을 10번도 넘게 핥아대니 신호가 온 것입니다. 이것도 한 번 볼까요? 간만에 큰 맘 먹고 멍멍이에게 산책 가자고 해봅니다. 목줄을 맬 때부터 눈치를 채고 펄쩍펄쩍 뛰었을 녀석이 오늘은 시큰둥하네요. 멍멍이가 보낸 톡에는 "오늘 피곤해요"라고 적혀 있습니다. 이 녀석의 활동량과 운동 강도가 평소 수준을 훨씬 초과한 데다, 수면마저 부족한 것으로 측정되었기 때문입니다.

아침에 일어나니 침대는 커튼에게 열어젖히라고 명령합니다. 커튼은 공기청정기에게 실내 공기 정화가 필요하다 지시하고, 공기청정기는 커피메이커에게 커피를 내리라고 합니다. 커피가 준비될 때쯤 스피커에서 아침에 늘 듣는 클래식 음악이 나옵니다. 밥 먹을 때는 숟가락이 당뇨 조심하라고 잔소리하고, 양치할 때는 칫솔이 충치를 지적합니다. 창가에 둔 행운목은 물 달라고 하고, 냉장고는 상한 음식 버리라고 콕 찍어 알려주네요. 옷장은 오늘 날씨와 어울리는 코디를 추천합니다. 자동차를 향해 걸어가자 구두가 말합니다. 시동을 켜고 준비하라고.

무슨 소설을 쓰냐고요? 아닙니다. 현존하는 기술로 모두 가능한 현실입니다. 조만간 우리의 일상이 될 풍경입니다. 식물과 동물, 물건들이 말을 걸게 됩니다. 말 못하는 것, 말 없는 것 할 것 없이 만물이 모두 자기를 표현합니다. '사물인터넷'이 우리에게 성큼 다가왔기 때문입니다.

사물인터넷은 사물에 부착된 센서나 칩으로 사물끼리 인터넷망을 통해 실시간으로 정보를 주고받는 기술적 환경을 통칭합니다. 사물인터넷은 사물의, 사물에 의한, 사물을 위한 인터넷입니다. 단순히 사물을 연결한 것으로 끝이 아닌, 사물 각자가 말하려고 합니다. 사람에게도 말하고 다른 사물에게도 말합니다. 물론 듣기 위한 준비도 합니다. 거기서 더 나아갑니다. 말하고 듣기만 하는 것이 아니라 필요할 때는 알아서 스스로 일 처리도 합니다. 인간의 개입이 없이도 말이죠.

　'사물인터넷'이란 용어는 1999년 MIT의 연구원이었던 케빈 애쉬톤 Kevin Ashton이 처음으로 주창했습니다. 사실 사물인터넷은 그 자체가 신기술이라기보다 하나의 개념으로 보는 것이 맞습니다. 인터넷은 수많은 컴퓨터를 연결하지만, 정작 소통을 하는 주체는 사람들이죠. 사람 사이의 커뮤니케이션에 활용된 것입니다. 이를 넘어서 '대화와 소통의 주체가 사람이 아니라 사물이 되면 어떨까', '인간 이외의 모든 사물끼리도 인터넷으로 연결되어 자기들 스스로 정보를 주고받으면 어떤 일이 가능해질까' 이런 생각을 남보다 먼저 구체화해 표방했던 것입니다.

　사물인터넷과 거의 동등하게 빈번히 쓰이는 용어로 'IoTinternet of things'가 있습니다. 종종 들어봤을 겁니다. 유독 가운데 'o'를 소문자로 쓴다는 것을 유의하세요. 'IoE'라고도 합니다. 마지막 'things'를 'everything'으로 바꾼 거죠. 사람과 사람이, 사람과 사물이 그리고 사물끼리 인터넷으로 연결되니 '만물인터넷'으로도 부르는 것입니다.

　기술이 발전하면서 언젠가부터 알파벳 'e'가 여기저기 단어 앞에 붙기 시작했습니다. 시간이 더 지나니 이번엔 'i'가 나오고 'u'까지도 나왔습니다. 이 알파벳 'e', 'i', 'u'는 '전자', '인터넷', '유비쿼터스'를 의미합니다. 그동안의 업무방식과 생활방식의 변혁을 가져온 것들입니다. 변혁이라 하지만 어차피 주인공은 사람이었고 사람의, 사람에 의한, 사람을 위한 것들이었습니다.

그러다가 요즘은 유행처럼 '스마트'를 붙입니다. 's'라 하지 않은 이유는 잘 모르겠습니다만, 꼭 알아야할 것은 그 대상이 사람이 아닌, 사물이라는 겁니다. 물론 스마트 기기로 인해 사람도 스마트해지기는 합니다. 다만, 기술 발전으로 진화하는 주체가 처음으로 사람에서 사물로 바뀌었다는 사실을 주목해야 합니다. '스마트하다' 함은 똑똑하게 일을 처리하는 것이죠. 그러기 위해 정보를 주거니 받거니 하고, 서로 할 말 하고 들을 것 듣는 게 아니겠습니까? 결국 스마트의 개념이 사물인터넷을 불러왔다고 해도 과언이 아니겠네요.

'스마트 홈' 들어보았죠? 통신회사들이 앞다투어 IoT를 내세우며 서비스하는 스마트 홈은 TV·냉장고·에어컨 등 각종 전자제품을 비롯해 수도·전기·도시가스와 같은 에너지 장치, 도어록·방범창·감시카메라 등의 보안기기를 통신망으로 모두 연결합니다. 원격으로 제어할 수 있고, 사소한 문제는 스마트하게 기기들이 알아서 처리합니다.

배경을 사무실로 바꾸면 '스마트 오피스', 건물을 대상으로 하면 '스마트 빌딩'이 됩니다. 사무실과 빌딩에서는 가정에 비해 에너지 관리와 보안 관리를 훨씬 더 전문적으로 해야 하겠죠. 이미 '인텔리전트 빌딩'이라는 용어로 선구자 역할을 한 지 오래입니다.

최근에는 주된 관심이 빌딩에서 공장으로 옮겨왔습니다. 바로 '스마트 팩토리'입니다. 제조의 전 과정에 정보통신기술을 접목해 생산성 향상과 비용 절감, 불량률 감소 그리고 에너지 효율 극대화를 이룩하자는 것입니다. 얼핏 들으면 다소 진부한 주제들이지만, 이전의 유사한 노력과 극명한 차이점을 사물인터넷이 만듭니다. 원자재와 부품, 중간제품과 완제품, 생산 장비와 설비, 운송 기계와 차량 모두 사물인터넷으로 연결됩니다. 각자 표현하고 모두 소통하니 이전과는 현격히 다르게 생산성과 효율성을 높일 수 있겠지요.

이처럼 스마트해진 집과 사무실, 건물 그리고 공장들이 모인 '스마트 시티'도 있습니다. 이들도 서로 촘촘하게 연결하고 소통해야겠죠. 교통·공공시설·상업단지 등등 스마트하게 관리할 것들은 널려 있습니다. 심지어 IBM은 '스마트 지구smarter planet'까지 외치고 있습니다. 자연과의 소통까지 스마트하게 하겠다는군요. 스마트한 홈, 빌딩, 공장, 도시 그리고 지구까지. 인간이 일일이 쫓아다니며 잔소리하고 개입하기에 너무도 거대해진 스마트한 사물의 세상이니까요. 앞의 이야기들을 종합해 사물인터넷을 다르게 표현해봅시다. '사물의 집단지성'이라 하면 어떨까요? 말 되지 않나요?

인간은 만물의 영장이라는 나르시시즘에 빠져 인간 이외의 모든 존재를 일방으로 대해왔습니다. 하지만 지구에 인간만 존재하는 게 아니잖아요? 사물인터넷은 쌍방향이고 민주적인 커뮤니케이션입니다. 사람은 수없이 많은 사물과도 이야기하게 되었습니다. 분명한 신세계, 진정한 스마트 세상이 온 것입니다. 소통의 신세계가 펼쳐지는 스마트 지구가 전보다 엄청 시끄러워지기는 하겠지만요.

표현
: 사물 꽃

　사물인터넷은 하나의 기술이 아니라 개념으로 보는 것이 타당하다고 했지요. 그만큼 많은 기술들이 복합적으로 구성되어 있다는 뜻입니다. 넓은 의미에서의 사물인터넷과 활용방안까지 치자면 이 책의 모든 내용이 포함되리라 싶습니다. 이제는 사물인터넷에 특화되거나 밀접한 세부 기술들을 중심으로 소개하려 합니다.

　이번에도 3대 영역으로 나누어보겠습니다. 사물이 자기의 정보와 상황을 스스로 보여주는 '표현表現', 이렇게 표현하는 사물끼리 또는 사람과 통신하는 '연결連結', 연결된 사물과 사람들이 주고받는 정보를 종합해 가치를 뽑아내는 '통합統合'입니다. **'표현─연결─통합.'** 그럼 시작하겠습니다.

　내가 그의 ID를 불러 주기 전에는

　그는 다만

　하나의 몸짓에 지나지 않았다.

　내가 그의 ID를 불러주었을 때,

　그는 나에게로 와서

　꽃이 되었다.

내가 그의 ID를 불러준 것처럼

나의 이 빛깔과 향기에 알맞은

누가 나의 ID를 불러다오.

그에게로 가서 나도

그의 꽃이 되고 싶다.

우리들은 모두

무엇이 되고 싶다.

나는 너에게 너는 나에게

잊혀지지 않는 하나의 사물이 되고 싶다.

  국민 애송시를 망가뜨린 것 같아 조금은 죄송한 마음이 드네요. 김춘수 시인의 〈꽃〉이 아니라 임춘성의 〈사물 꽃〉입니다. 의미 전달을 위한 것이니 너른 마음으로 보아주세요. 본래 사물은 항상 그 자리에 있었습니다. 말없이 존재했고, 묵묵히 일해왔죠. 우리는 가끔 거들떠보거나, 어쩌다 한 번씩 관심을 가지고 쓰다듬어줍니다. 그러기 전에는 그저 말없는 사물일 뿐이죠. 우리가 이름을, 아니 ID를 붙여주고 부르는 순간 비로소 생명을 얻습니다. 우리의 마음에 살아있는 실체가 되는 것이겠죠. 사물인터넷은 그런 것입니다. 사물에 ID를 줍니다. 그러면 사물은 살아서 우리에게 자신만의 빛깔과 향기를 표현합니다. 그리고 잊히지 않는 사물이 되겠지요.

  소통을 하려면 선행되어야 하는 것이 자기표현이라 힘주어 얘기했습니다. 경청도 중요하지만 들으려면 먼저 표현을 해야죠. 자기의 생각을 온전히 말입니다. 이때 자기의 생각이 자아의식입니다. 자아가 존재해야 자아의식이 발현됨은 당연한 것이겠죠. 이 자아가 이름이고 ID입니다. 사물이 인터넷으로 연결되고 스스로를 표현하면서 가치를 선사하려면 무엇보다도 먼저 ID가 있어야 합니다. 이를 '**사물ID**'라 합니다. 흔히 보는 바코드도 일종의 사물ID입니다.

사물인터넷에서의 대표적 사물은 역시 컴퓨터입니다. 컴퓨터가 유선이나 무선으로 통신하기 위해서는 개개의 컴퓨터를 식별하는 IP internet protocol주소가 있어야 합니다. 바탕화면에 있는 네트워크 아이콘에서 몇 번의 클릭을 거치면 볼 수 있는 '123.123.123.123'과 같은 숫자 배열이죠. 만일 내 컴퓨터와 동일한 IP주소를 다른 컴퓨터가 사용한다면 충돌이 일어나 둘 중 하나는 인터넷 접속이 안 됩니다. 현실에서는 동명이인이 존재하지만 사이버 세상에서는 동명이컴, 동명이물物이 없거든요. IP주소의 핵심은 유일무이唯一無二로, 겹치지 않는 주소의 개수가 중요합니다.

우리의 눈에는 십진수로 보이지만, 컴퓨터는 이진수로 인식합니다. 참고로 '123'을 이진수로 표기하면 '01111011'이 됩니다. 십진수에서의 3자리가 8자리가 되었네요. IP주소 한 마디인 십진수 3자리에 해당하는 이진수 8자리로 나타낼 수 있는 숫자는 모두 2^8이나 됩니다. IP주소는 모두 4마디로 이루어져 있으니 총 $4 \times 8 = 32$, 2^{32}이 되겠군요.

지금의 IP주소 체계를 'IPv4'라고 합니다. IP주소의 4번째 버전 version입니다. IPv4는 2^{32}개만큼의 ID를 생성할 수 있습니다. 풀어쓰면, 42억 9,496만 7,296개가 되네요. 어마어마해 보이죠. 하지만, 잠깐. 사물인터넷은 '만물萬物'의 인터넷입니다. 여러분의 눈앞에 있는 볼펜과 머그잔부터 칫솔과 치약, 숟가락과 젓가락 등등 모두와 커뮤니케이션하겠다는 발상인 거죠. 43억에 가까운 숫자가 충분해 보이지 않는 이유입니다. 2020년이 되면 지구상의 300억 개의 사물이 인터넷과 연동된다고 하니 턱없이 모자라네요.

이 문제를 해결하기 위해 몇 해 전부터 IPv4를 6번째 버전인 'IPv6'으로 전환하고 있습니다. 여기에 사용되는 2진수는 32개가 아니라 128개입니다. 128비트 체계이지요. 2^{128}은 몇 개의 IP주소를 만들어줄까요? 계산해보니…, 340간 2,823구 6,692양 938자 4,634해 6,337경 4,607조 4,317억 6,821만 1,456개입니다. 어쩌다 한 번씩 들어보았던 '조'와 '경' 단위도 훌쩍 뛰어넘습니다. 거의 무한대라고 보면 됩니다.

ID와 관련한 이슈로 '인체통신'이라는 것도 있습니다. 신체에 칩을 내장하거나 부착합니다. 사람의 신체가 바로 정보의 전송 통로가 되는 꼴이죠. 슈퍼마켓의 직원이 상품의 바코드를 찾아 리더기를 댈 필요도 없이, 그저 상품을 터치하면 인체로 정보가 전달돼 계산대의 POS에 입력된다 합니다.

이처럼 사물인터넷은 객체로서의 사물이 주체로 탈바꿈하는 시대를 종용하고 있습니다. 그러면서 인간은 주체의 자리를 내어주고 점점 객체로 전락하는 것이 아닌가 하는 우려도 드네요. 이미 스마트폰이 손에 없으면 불안하고, 내비게이션 없이 운전하려면 당황스럽습니다. 인터넷에 의존했고, 그 인터넷은 사물에게 잠식당하고, 그 사물인터넷에 다시 또 의존하는 우리의 모습이, 왠지 인간 바코드, 인간ID로 보이는 것이 지나친 기우일까요?

이마에 바코드가 새겨진 사람, 이런 모습이 등장하는 영상을 본 적 있을 겁니다. 주체적인 인간의 개성과 인간성 존중이 사라지고, 정보를 생성하고 수용하는 객체로 그려진 미래 풍경의 대표적 모습입니다. 찰리 채플린Charlie Chaplin의 유명한 무성영화 '모던 타임즈'가 있습니다. 기계의 톱니 사이에 끼어 돌아가는 찰리 채플린의 모습은 정말 명장면이었죠. 산업화로 인해 부속품처럼 취급받는 인간의 형편을 묘사하고 있습니다. 산업화를 지나 정보화시대, 이제는 초연결시대가 새로운 모던 타임즈가 되어 어두운 그늘을 드리우는군요.

자, 무거운 얘기는 이쯤하고, 사물인터넷의 전신이라 할 수 있는 RFIDradio-frequency ID로 넘어가봅시다. RFID는 안테나와 칩으로 구성된 태그tag를 사물에 부착합니다. 무선 주파수를 이용하니 바코드처럼 근거리에서 접촉하거나 조준선을 맞출 필요가 없습니다. 칩을 내장하니 상당한 양의 데이터를 저장할 수도 있습니다. 교통카드·하이패스·도서관 카드 등 다양한 용도로 사용되며, 값비싼 양주나 한우, 인삼처럼 이력 정보가 필요한 제품에도 부착하고 있습니다. 생산지에서 소비자에 이르는 경로를 추적·관리하고 진품 판별에도 활용하는 것이죠. 인터넷을 사용하지 않는다 뿐이지, 활용도에서 사물인터넷과 다를 바 없습니다. 앞서 언급했던 사물인터넷 개념의 창시자 케빈 애쉬톤도 RFID 전문가였습니다.

사물인터넷이 RFID보다 진일보했다고 말하는 것은, 무한한 통신수단인 인터넷을 이용한다는 사실 때문만은 아닙니다. 사물인터넷은 기본적으로 '**센서**sensor'를 사물에 심어놓은 것입니다. 센서는 사람의 감각을 대신하는 것이죠. 조금 고급지게 얘기하자면, 온도·소리·동작·속도·압력과 같은 물리적 환경의 변화 정보를 전기신호로 바꿔주는 장치입니다. 사물의 센서를 활용하면 사물 자체의 상태 변화나 주변 환경의 변화를 감지해 사람이나 다른 사물에게 정보를 보낼 수 있게 됩니다.

사물인터넷 시대가 얼마나 빨리 다가오는가는 상당 부분 센서의 역할에 달렸습니다. 어디까지 작아지고, 얼마나 저렴해지며, 어느 정도까지 에너지 소모를 줄일 수 있을지, 이런 것들이 현실적인 문제입니다. 중국의 대표적 IT회사 중 하나인 바이두Baidu가 개발한 젓가락을 사례로 볼까요. 이 젓가락은 음식에 접촉하면 온도·염도·산도 그리고 기름의 품질 등 다양한 정보를 센싱합니다. 그래서 정보를 스마트폰으로 전송하죠. 이처럼 젓가락에도 활용할 수 있을 정도로 센서의 기술 발전은 계속되고 있습니다. RFID가 수동적이라면, 사물인터넷은 능동적입니다. 바로, 이 센서가 있으니까요.

연결
: 올웨이즈-온

　　이 세상은 사람 아니면 사물로 채워져 있습니다. 사람은 열심히 지시하고 사물은 묵묵히 자리를 지키며 이용당해왔습니다. 이제는 달라집니다. 사물도 자신의 상황과 상태를 표현하기 시작했습니다. 그 자기표현은 공허하게 허공에 맴돌지 않고 누군가에게 전해집니다. 인터넷을 통해 사람과, 다른 사물들과 연결되어 있기 때문입니다. 이제 연결에 대해 살펴보겠습니다.

　　2001년, 캐나다의 사회학자 아나벨 콴하세와 베리 웰맨이 '초연결사회hyper connected society'라는 개념을 처음 정의합니다. 요즘 '초연결 시대'라는 말을 많이 쓰죠. 초연결 시대의 기폭제가 사물인터넷이라면, 초연결 사회는 초연결 시대라는 명칭의 원조인 셈이죠. 초연결 사회는 IT와 소셜미디어의 확산으로 사람과 사람, 사람과 기계, 기계와 기계가 긴밀히 연결되고 다양한 방식으로 커뮤니케이션하는 사회를 일컫습니다. 그렇지만 단순히 이것저것, 이래저래 모조리 연결되는 것이라고만 하기에는 뭔가 허전하고 아쉽습니다. 연결이라는 단어나 개념은 훨씬 더, 그 이상의 폭 넓고 속 깊은 뜻을 내포하고 있기 때문이지요. 그 의미를 구체화하는 3가지 특성에 대해 얘기해보겠습니다.

　　먼저, '산재성'입니다. 각자로 존재할 때는 의미가 희박한 것들이 연결됩니다. 연결을 통해 네트워크가 구성되면 비로소 뚜렷한 입지와 입장을 가질 수 있죠. 마치 인간이 사회적 관계와 네트워크에서 자신의 정체성을 확보하는 것과 마찬가지입니다. 사람이나 사물은 언제나 존재했습니다. 하지만 연결된 존재로서 새로운 의미를 부여받고 비로소 실존하게 됩니다. 연결되는 순간, 우리의 시야와 관심에 갑자기 자리하게 되죠.

그런데 그것들은 너무 많습니다. 연결이라는 것은 1, 2, 3, 4…, 이런 모습이 아닙니다. 1, 2, 4…, 10, 1000과 같이 나타나죠. 어느 순간 갑자기 증폭되어 사소함이 엄청남으로 탈바꿈해 여기저기에서 비일비재하게 등장합니다. '유비쿼터스', 이젠 익숙하다 못해 어느덧 잊혀져 가는 이 용어의 의미는 '언제 어디서나 존재한다'입니다.

초연결 사회를 구체적으로 규정하는 두 번째 특성은 '내재성'이라 할 수 있습니다. 사방에 산재한 것들은 그냥 무의미한 것이 아니라 뭔가 꿍꿍이가 있고, 계속 무언가를 하고 있습니다. 표출하고, 저장하고, 센싱하고 심지어 내장된 칩이나 프로세서를 가지고 판단까지 하는 겁니다. 그냥 연결되어 있기만 한 멍청이들이 아닙니다. 내재한 것들이 산재된 것이 바로 초연결 사회입니다.

그리고 마지막 세 번째 특성은 '상시성'입니다. 한번 물어보겠습니다. 최근 자신의 스마트폰 전원이 꺼진 상태로 있었던 적이 얼마나 있었나요? 회의나 비행기 탑승같이 의도적으로 전원을 끈 경우를 제외하고 말이죠. 대부분 없다고 답하지 않을까 싶습니다. 당신의 스마트폰은 항상 켜져 있고, 당신도 그런 스마트폰을 통해 늘 깨어 있습니다. '올웨이즈-온always-on', 상시 대기 상태입니다. 상시 접속, 상시 접근 상태이기도 하고요.

스마트폰뿐이겠습니까. 2020년에는 한 사람이 지니게 될 커넥티드 단말기가 적게는 2대, 많게는 6대가 될 것이라 합니다. 스마트폰과 태블릿PC 외에 지금도 많이들 사용하는 각종 헬스케어 기기, 웨어러블 기기를 생각해보세요. 심장이 뛰고 혈액이 흐르듯, 스마트 기기도 인간처럼 전원이 켜진 채로 정보가 흐릅니다. 당신이 잠든 사이에도 그것들은 잠들지 않지요. 사람과 사물이 혼연일체가 되어 '올웨이즈-온' 됩니다. 사물인터넷은 사방팔방 산재한 것들이 뭔가의 내재한 기능을 상시적으로 수행하는 것입니다. 바로 그것이 반짝반짝 빛나는 초연결 시대의 모습이기도 하구요.

이제는 사람과 사물의 연결을 위한 세부 기술을 소개합니다. 사람과 사물의 소통을 위한 통신 기술들을 편의상 **'사용자 연결 통신'**이라 부르겠습니다. 여기서는 흔히 들어온 와이파이와 블루투스, 비콘 그리고 NFC까지 정리해보려 합니다.

와이파이Wi-Fi를 모르는 사람은 없을 겁니다. 모르는 사람만 없는 게 아니라, 와이파이에는 3가지가 없습니다. 선이 없고, 비용이 없고, 없는 곳이 없습니다. 본래 인터넷은 케이블로 연결하는 유선으로 출발했습니다. 랜LAN, local area network은 주변의 개별 컴퓨터들을 선으로 연결하는 통신 방법입니다. 그러다가 노트북과 같은 휴대용 컴퓨터가 늘어나면서 거추장스러운 선을 없애려는 노력이 가시화됩니다. 무선 랜을 만든 것입니다.

무선 랜의 대명사 와이파이는 유선으로 연결된 무선 공유기인 AP access point를 만들어 주변에 있는 복수의 단말기들과 무선으로 데이터를 주고받도록 합니다. '선 없이도wireless 충실하게fidelity' 소통을 수행하라 해서 Wi-Fi라는 이름 붙였다 합니다. 매년 2배꼴로 와이파이 핫스팟이 늘어나고 있으니 없는 곳이 없을 수밖에요.

와이파이만큼 자주 접하는 것이 블루투스bluetooth입니다. 직역하면 '파란 이빨'이네요. 10세기경 노르웨이와 덴마크를 평화롭게 통일시킨 국왕 하랄 블로챈의 별명이 '블루투스'였습니다. 그의 검푸른 치아 때문이라고 하죠. 후세 사람들은 그를 떠올리며 다양한 근거리 무선통신에 관한 방식과 규약을 통일시키자는 원대한 꿈을 품기 시작했습니다.

일반적으로 하나의 AP에 다수의 단말기가 연결되는 형태가 와이파이의 기본이라면, 블루투스는 기기 간의 1대1 연결 성향이 강합니다. 블루투스만 지원되면 휴대전화 등과 동기화해 무선 이어폰이나 헤드셋을 사용하고 스피커로 음악도 듣습니다. 블루투스는 전력을 많이 소모하지 않는 장점이 있지만, 보안에 취약하다는 치명적인 단점이 있습니다. 어차피 이 문제는 와이파이나 블루투스 같은 대부분의 무선통신이 지닌 공통사항이니 그렇다 치더라도, 사용할 수 있는 거리가 무척 짧아 방 밖이나 차량 밖으로 벗어나면 연결이 쉽게 끊어지곤 합니다.

꺼져가던 블루투스의 원대한 꿈을 비콘beacon이 다시 살려줍니다. 블루투스 4.0을 기반으로 만들어진 비콘은 가용거리를 50~70m까지 확장했습니다. 전력 소모가 적은 것은 블루투스와 같지만, 기기 간의 동기화를 할 필요가 없습니다. 최근 명동성당에 가보았나요? 입구에 도착하면 스마트폰에 성당의 역사와 미사 시간 등을 알려주는 웹페이지가 자동으로 뜹니다. 그러다가 성당 지하로 내려가면 상설고해소 운영시간도 안내되네요. 비콘 서비스입니다.

이와 비슷하게 비콘 서비스를 제공하는 상점으로 들어가면 자동으로 상품 정보와 고객들의 평가를 바로 확인할 수 있습니다. 이 기술을 활용하면 물건을 그냥 들고 나오면 자동으로 결제되는 시스템도 가능하겠지요. 조심하세요. 아직 실용화되지 않았으니 섣불리 시험하면 도둑으로 몰릴 수 있습니다.

비콘과 많이 비교되는 것이 NFCnear field communication인데, 약자는 딱딱하지만 풀어쓴 이름을 보면 바로 이해되죠. 이 기술의 가용거리는 이름처럼 아주 근거리로, 약 10cm 이내입니다. 비접촉식 무선통신이라지만 10cm라면 사실상 터치하는 기술이라고 볼 수 있습니다. 교통카드로 대중교통을 이용하거나 신용카드로 쿠폰을 사용하고 스마트폰으로 도어록을 여는 등 용도는 무궁무진합니다.

비콘이 블루투스에서 유래했다면, NFC의 조상은 앞서 설명한 RFID

입니다. 역시 기술은 기존의 것을 계속 개선하며 파생과 발전을 반복하나 봅니다. NFC는 비콘에 비해 사용자가 능동적이어야 합니다. 사용자가 자의적으로 일정 거리 내로 다가와야만 연결되니까요. 하지만 거리가 짧은 만큼 보안에 강합니다. 그리고 비콘처럼 무작정 뿌려지는 광고나 홍보물에 시달리지도 않고요.

초연결 사회의 정의에서 이제 남은 것은 '사물과 사물'입니다. '사용자 연결 통신'이라고 설명한 앞의 4가지 기술들도 결국 사물과 사물의 연결입니다. 그렇지만 노트북이나 스마트폰, 교통카드와 신용카드 같은 사물들은 사용자의 의도적인 사용을 직접적으로 수행하는 것들입니다. 그래서 '사람과 사물'의 범주에 넣은 것이죠. 보다 확실하게, 사람의 개입 없이도 사물끼리 연결하고 소통하는 세부기술 분야를 **'M2M/D2D'**라 합니다.

기계 간의 통신을 의미하는 M2Mmachine to machine을 더 자세히 설명할 필요는 없을 것 같네요. 넓은 의미의 M2M은 지금까지의 내용을 모두 포함합니다. 그래도 사물인터넷을 태동하게 한 가장 근원적 요소가 M2M이기에 대충으로 과소평가하면 안 됩니다. RFID가 사물인터넷의 용도를 서비스 관점에서 이끌었다면, M2M은 개념과 기술 관점으로 뒷받침합니다. 인간이 주도하지 않아도 사물끼리 일을 처리한다는 발상이 화룡정점입니다. 드디어 사물끼리도 소통하니 마지막 퍼즐이 맞추어진 셈이고, 만물이 연결되는 초연결시대가 비로소 도래한 것이죠.

D2D device to device는 M2M에서 더욱 나아갑니다. 통신 네트워크를 거치지 않고 기기간의 직접적인 통신을 지원합니다. 인간의 간섭이 없더라도 인간의 네트워크를 쓴다면 자율성에는 한계가 있겠죠. D2D는 사물의 민주적 커뮤니케이션에 좀 더 다가선 양상입니다. 예를 들어, 와이파이도 기기 사이의 직접 통신으로 한 발을 더 내딛습니다. '와이파이 다이렉트WiFi direct'는 물리적인 AP없이 아예 기기 안에 소프트웨어로 AP를 심어 놓았습니다.

유선에서 무선으로 진화하며 선을 없애더니, 무선을 위한 고정 공유기도 없애고 있습니다. 사물들이 족쇄를 풀고 날갯짓을 하고 있습니다. 자유롭게 소통하며 인간의 굴레를 벗어나고 있네요. 파란색 불빛을 반짝거리며 '올웨이즈-온' 하면서 말이죠.

통합
: 대인배 그릇

비교적 익숙한 용어들이긴 해도, 영어와 약자들이 많이 등장해 좀 피곤했을 것입니다. 그래서 세 번째 기술 영역인 통합에서는 좀 더 포괄적이고 통합적인 이야기를 해보려 합니다.

통합이나 종합이라는 말은 보통 다른 것들을 합친 것을 뜻합니다. 그렇지만 통합이 종합과 다른 어감을 주는 이유는, 단순히 나열하고 합친 것을 넘어서기 때문입니다. 유기적인 결합이라고 할까요. 구성요소들의 상호작용과 이를 통해 발현되는 새로운 특질을 과시하는 뉘앙스를 풍깁니다.

여러 분야에서 '통합'을 빈번하게 사용하지만 기술이 이끄는 새로운 세상에서 통합과 관련해 꼭 알아야 할 개념이 있습니다. 그것은 '플랫폼platform'입니다. 기차의 승강장을 플랫폼이라고 하죠. 행선지가 제각각인 기차와 승객들이 플랫폼에 모여 출발하고 도착합니다. 많은 것을 품은 플랫폼은 기차와 승객 간의 상호작용으로 항상 분주합니다.

플랫폼을 산업 용어로 만든 것은 미국의 GM입니다. 공통의 차체를 만들고 여기에 여러 형태의 디자인과 옵션을 얹어 다양한 차종을 생산합니다. 이때부터 플랫폼은 '반복적으로 활용하는 공통의 기반 구조'라는 개념으로 확장되었습니다. 그리고 디지털 시대로 접어들면서 인류 최대의 플랫폼이 등장합니다. 모두가 잘 아는, 미국의 대표적 기업인 마이크로소프트Microsoft에 의해서입니다.

IBM PC의 운영체제OS, operating system로 시작한 MS-DOS는 1981년부터 개발이 중단되기까지 15년 동안 1억 명 이상의 사용자를 확보했습니다. 1985년 처음 선보인 윈도우Windows는 컴퓨터를 사용하는 거의 모든 인류가 사용하는 운영체제로 자리 잡았습니다. 운영체제도 소프트웨어에 불과하지만, 여타 소프트웨어들이 그 환경에서 작동되니 소프트웨어의 플랫폼이자 빅브라더인 셈이죠. 소프트웨어와 사용자가 모이니, 사람들은 윈도우라는 창을 통해 디지털 세상을 볼 수밖에 없습니다.

각종 기술과 정보, 이를 통한 다채로운 서비스가 집결된 사물인터넷에서도 플랫폼 경쟁이 달아오르고 있습니다. '**IoT 플랫폼**'을 선점하기 위해 내로라하는 기업들이 사활을 걸 겁니다. IoT 플랫폼은 우리가 상상하는 사물인터넷 활용을 가능케 하는 종합세트라 이해하면 됩니다. 사물에 심어진 센서와 거기서 나오는 데이터, 그 데이터를 분석하는 기법, 그 기법을 사용한 어플리케이션, 그 어플리케이션으로 가능해지는 서비스, 모두를 망라합니다. 거기에 개인정보 같은 민감한 데이터에 대한 보안 기술까지. 이 모두를 담는 것이죠.

구글은 2015년에 안드로이드를 기반으로 한 IoT 운영체제 '브릴로Brillo'를 선보입니다. 그 이듬해에는 브릴로를 바탕으로 한 '안드로이드 띵쓰Android Things'를 발표하죠. 2015년, 애플도 '애플 홈킷Apple HomeKit'을 선보이며 모바일 운영체제인 iOS와 연계해 IoT 시장에서의 본격적인 행보를 알렸습니다. 같은 해에 삼성전자는 하드웨어 분야로 초소형 IoT 모듈인 '아틱Artik'을 내놓았고요.

플랫폼에는 많은 것들이 담겨져 있습니다. 양도 많지만 그들은 각기 다른 성질과 기능을 갖고 있는 것들입니다. 이미 IoT 플랫폼으로 상용화된 분야들로 에너지·교통·재난·안전 등이 대표적입니다. 잠깐 생각해보세요. 이렇게 거대한 응용분야에서 제 몫을 하려면 얼마나 많은 센서와 데이터, 분석 알고리즘과 기법, 기능과 서비스가 필요할까요.

그들을 일사분란하게 관리하고 일목요연하게 통제하려면 확실한 룰이 필요합니다. IoT 플랫폼은 무선통신 분야 기술표준의 집대성이라 해도 과언이 아닙니다. 룰, 즉 표준을 주도하는 자가 사물인터넷 시대를 지배하리라는 전망입니다. 그리고 IoT 플랫폼이 되기 위해서는, 초

모든 것의 연결, 만약 해킹된다면...?

IoT 플랫폼을 마무리하기 전에, 한 가지 짚고 넘어갈 게 있습니다. 결코 가볍게 넘기기 어려운 주제입니다. IoT 플랫폼도 정보 보안에 대해 각별히 신경 쓰고 있습니다. 세상 모든 것의 연결을 모토로 하는, 그것도 무선으로 연결하겠다는 사물인터넷에 있어 보안과 정보 보호 이슈는 동전의 양면과도 같습니다. 휘영청 밝은 보름달의 어두운 뒷면이랄까요. 개인정보에다 이제는 사물정보까지, 각종 인증과 승인, 네트워크, 인터페이스, 소프트웨어 등의 암호화 등등. 챙겨야 할 것들이 수도 없이 많아졌습니다.

사물인터넷 기기를 대상으로 해킹 가능성을 실험했더니, 기기 하나 당 평균 25가지 위험 요소가 발견되었다고 하는군요. 앞에서 얘기했죠. 사물인터넷이 우선적으로 확산된 곳은 에너지·교통·재난·안전 분야라고요. 가장 안전하고 확실해야 하는 분야인데, 그렇지 않다면 어찌될까요. 악의로 또는 장난스러운 해킹으로 개인과 지역 사회를 넘어 국가와 인류 전체에 재앙을 초래할 수도 있습니다. 이에 비하면 다른 이의 컴퓨터를 마비시키거나 자료를 훔치는 그렇고 그런 해커는 그나마 소박하고 귀엽다고 할까요.

연결 시대를 지배하기 위해서는 한 가지가 더 필요합니다. 바로, 큰 그 릇입니다. 많은 것을 담고 이질적인 것들을 포용하려면 그릇이 충분히 커야 합니다. IoT 플랫폼을 누가 주도하는지 잘 지켜보세요. 통 큰 자 가 대인배 전략으로 장을 열고 판을 벌여, 많은 기업을 모으고 다양한 기술을 담는다면 그는 초연결 시대의 최강자가 될 것입니다.

다시 통합의 상념으로 돌아갑니다. 사물인터넷을 넘어서는 더 큰 것 들의 통합으로 가봅니다. 최근 '4차 산업혁명'이 화두가 되고 있습니 다. 역사학자 토인비Arnold J. Toynbee가 정의한 1, 2차 산업혁명은 알 겠는데 갑자기 4차는 무엇일까요? 재생에너지와 공유경제의 전도사인 제레미 리프킨Jeremy Rifkin이 2011년에 명명한 '3차 산업혁명'도 있지 만, 아무래도 '3'이라는 숫자에 기득권을 가지고 있는 사람은 앨빈 토 플러Alvin Toffle입니다. 산업화 시대를 뛰어넘은, 흔히 정보화 시대로 통칭하는 '제3의 물결'로 전 세계 지식인의 미래 논쟁을 깔끔하게 수렴 했죠. 그때가 1980년이었고, 아직까지 그 연장선상에 있다고 보는 것 이 맞습니다.

이런 상황에서 '4차 산업혁명'을 설파하는 것은 아직 시기상조라 보 아야 합니다. 또 하나의 산업혁명이라 외치려면 인간의 생활과 사회 구 조에 근본적인 변화를 야기해야 하며, 이를 받아들인 후대 역사가들에 의해 지워지지 않는 잉크로 기록되어야 합니다. 4차 산업혁명을 주창하 는 클라우스 슈밥Klaus Schwab은 역사가가 아닌 경제학자이자 다보스 포럼 회장입니다. 독일이 제조업 경쟁력을 강화하고 고용 능력을 개선하기 위해 2012년에 국가 전략으로 채택한 '인더스트리 4.0'의 수호자 역할을 자임하고 있지요. '4.0', 우리가 계속 얘기한 그 '4' 말입니다.

　'4차'라는 차수에 대한 거부감만 제외하면 4차 산업혁명의 청사진은 매우 훌륭합니다. 그 중심에 사물인터넷이 있습니다. 인공지능·빅데이터·로봇·무인자동차·사물인터넷·가상현실 등이 가져다주는 신세계가 4차 산업혁명의 모습이라고 묘사합니다. 어디서 본 듯하지요? 바로 이 책의 목차를 보는 것 같네요. 이 호들갑의 진정한 핵심은, 개별 기술의 눈부신 발전이 아닙니다. 중요한 것은, 그들의 수준이 점차 오르다가 갑작스레 통합되었다는 겁니다. 이전에는 이것이 되어도 저것이 안 되어 못하던 일들이 이제는 해결되었다는 이야기이죠. 서로를 도와주는 시너지가 발생하는 시점이 바로 지금입니다. 그래서 사람들이 산업혁명 운운하며 긴장하고, 멋진 신세계를 기대하는 겁니다. 그중에서도 사물인터넷은 모두를 연결하는 척추이자 신경임은 두말할 필요가 없겠죠.

　사물인터넷을 정의할 때 유달리 강조하고 밑줄 긋는 부분은 '인간의 개입 없이'입니다. 인간의 개입이 완벽하게 사라질지는 모르지만, 그만큼 자율적일 수 있다는 의미일 테죠. 10수년 전 IBM의 프로젝트이자 마케팅 수단으로 선보였던 **자율컴퓨팅**autonomic computing'이 요즘 들어 다시금 조명 받고 있습니다.
　자율컴퓨팅은 인체의 자율신경계에서 힌트를 얻은 것입니다. 사람의 경우 인체의 많은 기능이 자율신경계에 의해 무의식적으로 수행됩니다. 덕분에 사고, 판단, 의사결정, 행동 등 의식적인 활동에 전념할 수 있지요. 기기와 데이터의 양이 급격하게 증가하면서 사물인터넷과 그 플랫폼은 이를 종합하고 결과를 서비스하는 것이 점점 버거워질 수도 있을 겁니다. 이렇게 되면 기본적인 것은 자율적으로 관리하고 때로는 스스로 해결하는 자율컴퓨팅이 꼭 필요해집니다. 건강한 신체에 건전한 정신이 든다고 하죠. 제 성능을 다하고 때론 스스로를 치료하기도 하는 건강한 사물이 능동적이고 적극적인 소통의 신세계를 열어가지 않겠습니까. 이런 의미에서 자율컴퓨팅은 사물의 민주적 커뮤니케이션의 진정한 마중물 역할을 할 것입니다.

미국에 이어 세계에서 두 번째로 인터넷 연결에 성공한 나라가 한국이라는 사실을 알고 있나요? 1982년 5월의 일입니다. 인터넷 역사가 30년이 넘는 국가는 아직 미국과 한국뿐입니다. 세계 최고 수준의 무선 단말기를 제조하고, 내수에 국한된 점은 아쉽지만 통신사도 경쟁력이 있습니다. 그리고 무엇보다 신기술과 새로운 서비스를 수용하는 데 어느 누구보다 활짝 열려 있는 국민이 있어 든든합니다. 그렇다면 사물인터넷이야말로 우리가 총력을 기울여볼 만하지 않을까요? 사물들과 열심히 이야기도 나누면서, 각양각색의 사물의 상태를 측정하고 관리하는 새로운 일거리와 일자리에 관심을 기울여볼 만하지 않을까요?

사물인터넷 Big Picture

인간과 사물 또는 사물간의 통신으로 발생하는 상황정보를 활용하는 기술

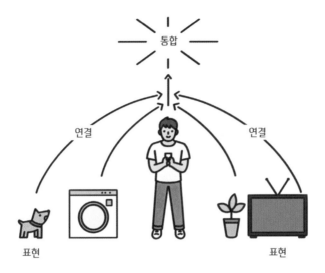

스마트 홈 : 집안의 다양한 기기와 사용자가 연결되어 소통하는 집
스마트 팩토리 : 제조 물품과 제조 전 과정이 연결되어 효율화되는 공장
스마트 시티 : 각종 건물과 시설, 시민이 상호 연결되어 소통하는 도시

• 표현
사물 ID IP주소와 같은 사물을 식별하는 고유한 ID
센서 물리적, 전기적, 전자적 신호를 인식하고 측정하는 기기

• 연결
사용자연결통신 NFC, WIFI, Bluetooth 등 사용자와 사물의 연결하는 통신 기술
M2M / D2D 사물과 사물 또는 기계와 기계의 자율적인 통신 기술

• 통합
IoT 플랫폼 각종 기술, 정보, 그리고 이를통한 다채로운 서비스를 가능하게 하는 플랫폼
자율컴퓨팅 스스로 유지보수가 가능하게끔 상태를 판단하고 처리하는 컴퓨팅 기술

집중할 때와
분산할 때

'때와 장소를 구분하라'고 많이들 말하죠. 여기에 한 가지를 덧붙이고 싶습니다. 때와 장소 그리고 사람을 구분하라고. 사실 말이 쉽지, 결코 쉬운 일이 아닙니다. 이런 상황을 구분하지 못해 낭패 본 경험, 한 번씩은 있을 겁니다. 세상을 살아가는 덕목으로 이 3가지를 잘 가리고 상황에 맞게 처신한다면 어려울 게 무엇이고, 두려울 게 무엇일까요. 훌륭한 덕목입니다. 하지만 좀 포괄적이니 범위를 좁혀봅시다. '집중할 때와 분산할 때를 구분하라'라고 하면 어떨까요?

재테크에서는 분산투자를 철칙으로 여기지

만 큰 이익을 얻기 위해서는 집중해야 하는 시점도 있기 마련입니다. 연애도 마찬가지죠. 두루두루 만나면서 감정을 분산하다가도 '이 사람이다!' 싶으면 마음을 모두 쏟아야 합니다. 반대로, 어떤 생각에 골똘하게 집중하다가도 한 번씩 주위를 둘러보며 시야를 넓힐 필요도 있죠. 시간이나 에너지, 자원을 집중하다가 분산하고, 또 다시 집중하고…. 인생은 이런 일들의 반복으로 이루어진다 해도 틀린 말은 아닐 겁니다.

컴퓨터의 역사도 집중과 분산의 반복입니다. 컴퓨터가 무척 귀했던 시절에는 유리벽 저편에 꼭꼭 숨겨놓아 감히 가까이 다가갈 수도 없었습니다. 고작 데이터 단순 입출력 기능을 가진 '더미 터미널dummy terminal'이나 만질 수 있었죠. 그 기기를 '깡통 모니터'라고 불렀는데, 모든 전산 처리가 메인 컴퓨터에서 이루어지니 터미널은 그저 '속 빈 강정'인 셈이었습니다.

그러다가 PC의 시대가 도래합니다. 컴퓨터 성능의 발전으로 인해 개개인에게도 '머리가 있는' 쓸 만 한 전산기기가 주어집니다. 분산된 것이죠. 그 다음에는 '서버'가 기치를 올립니다. 기업과 대학 등에서는 복잡하고 다양한 업무를 처리할, 개인용 컴퓨터의 스펙을 훨씬 상회하는 고성능 대용량 컴퓨터가 필요하게 되었고 이는 집중하는 모양새가 됩니다.

CPU는 계속 빨라지고, 메모리는 더욱 저렴해집니다. 급기야 들고 다니는 노트북이 대중화되며 또 다시 분산의 길을 걷습니다. 노트북에

이어 태블릿과 핸드폰으로, 크기는 점점 작아지지만 성능은 더욱 강력해집니다. 우리가 손안에 들고 다니는 스마트폰은 1946년에 완성된 최초의 컴퓨터 에니악ENIAC에 비해 연산속도는 20만 배나 빠릅니다. 반면 물리적인 사이즈는 20만 분의 1이고요. 아무리 70년이나 되었다 손 치더라도, 단순 계산으로 20만 배×20만 배니까 무려 400억 배 좋아진 겁니다! 분산으로 쭉 치닫는 형국입니다. 그런데 말입니다, 이렇게 한도 끝도 없을 줄 알았는데, 역시나 순리를 쫓아 다시 집중하고 있습니다. 저 멀리 구름위로 말이죠.

언제부터인가 여기저기에서 구름 모양을 자주 봅니다. '클라우드 cloud'는 구름입니다. 약간 까칠하게 들리는 이 단어도 이제는 귓가에 맴돌다 익숙하다 못해 귓속으로 쑥 들어오기까지 합니다. 우리의 일상을 뒤덮은 카톡, 문자, 이메일, 다양한 콘텐츠는 엄밀히 따지면 우리의 소유가 아닙니다. 저 위의 구름에 저장되어 있죠. 기업은 그들이 사용하는 엄청난 데이터를 남의 소유의 데이터센터에 저장하고, 하드웨어와 소프트웨어도 사지 않고 빌려 씁니다. 저 하늘 위의 구름에 저장하고, 구름에 있는 것을 빌린다는 것이죠.

무슨 뜬구름 잡는 얘기냐고요? 아닙니다. 구름에서 비와 눈이 내리는 것처럼, 저 멀리 있는 컴퓨터의 연산장치, 저장장치와 응용소프트웨어가 우리에게 내려옵니다. 우리는 갖고 있지 않고, 들고 있지 않고, 소유하지 않았지만 마치 소유한 것처럼 사용할 수 있습니다. 필요할 때만 말입니다.

클라우드 컴퓨팅은 쉽게 말하면, 물리적으로 동일한 곳에 있지 않은 각종 전산자원을 조합하여 마치 한 곳에 있는 것처럼 활용하는 것입니다. 클라우드 컴퓨팅 서비스, 클라우드 서비스 또는 간략히 클라우드는 클라우드 컴퓨팅의 방식으로 이용자가 자신이 직접 소유하지 않고도 마치 소유한 것처럼 필요시 전산자원을 이용할 수 있는 서비스를 지칭한다 하겠습니다.

클라우드에도 구글이 등장합니다. 이 책에 소개된 멋진 신기술들에 구글이 관여하지 않은 것이 있을까요. 혹시 이런 그림 보셨나요? 정보통신장비들과 시스템이 복잡하게 연결된 그림에서 인터넷은 하늘 위의 구름으로 그리고는 합니다. 너무도 방대하고 촘촘한 네트워크를 표현하기 어려우니 구름으로 표현한 것이죠. 이에 착안해 2006년 구글의 엔지니어 크리스토프 비시글리아가 '클라우드 컴퓨팅cloud computing'을 제안합니다. 그 제안을 적극 수용한 구글은 '구름의 지혜wisdom of cloud'를 표방하며 클라우드의 선구자가 됩니다. 자신 소유가 아닌 전 세계의 컴퓨터들을 맘껏 넘나드는 구글이니, 그 컴퓨팅 능력을 십분 활용하자는 아이디어가 그들에게서 나온 것은 어쩌면 자연스러워 보입니다.

책상 위의 컴퓨터나 손 안의 스마트폰 성능이 강력해지면 좋겠죠. 그렇지만 좋을수록 비싸지고 또 무거워지기 마련입니다. 만약 그 강력한 힘을 이루는 많은 부분이 책상과 손을 떠나 하늘 높이 떠 있되, 내 것처럼 마음대로 쓸 수만 있다면…? 기기는 가벼우면서 저렴해지고 골치 아픈 유지보수도 안녕입니다. 그럴수록 구름에는 자원이 모이고 힘이 모이겠죠. 분산되어 있던 것이 집중됩니다. 전지전능한 제우스처럼 초강력 컴퓨팅 파워가 집결되는 셈입니다.

앞서 컴퓨터의 집중과 분산 역사에서 본 것처럼, 예전엔 강력한 메인 컴퓨터가 더미 터미널에게 축복을 하사하는 모양새였습니다. 점점 클라우드로 집중되는 지금과 구조적인 면에서 비슷해 보이지만 중요한 차이점이 있습니다. 바로, 선이 있고 없고의 차이입니다. 그렇다면 또 다시 집중할 때가 된 이유는, 클라우드가 대세가 된 계기는 무엇일까요? 우리는 여기서 알아채야 합니다. 바로, 무선통신의 발달입니다. 선으로 이어진 것과 다름없이 빠르고 끊김없이 구름의 지혜와 연결되는 시대가 온 것이죠.

여기서 디지털 기술의 3대 법칙을 간단히 살펴보겠습니다. 반도체 메모리의 성능은 18개월마다 2배씩 증가한다는 '무어의 법칙Moore's law', 통신 네트워크의 가치는 그 사용자 수의 제곱에 비례한다는 '메트칼프의 법칙Metcalfe's law' 그리고 광섬유 대역폭은 12개월 만에 3배 증가하며 이에 따라 통신 채널의 속도도 2배 증가한다는 '길더의 법칙Gilder's law'이 있습니다. 제시된 수치의 정확도에 대해 논란이 없는 것은 아니지만, 그만큼 디지털 기술이 빠르게 발전하고 있다는 정도로 기억하면 됩니다.

주목해서 볼 것은 통신 속도를 언급한 길더의 법칙입니다. 실생활에서 체감하는 속도에 대해 잠시 생각해보죠. LTE long term evolution, 흔히 4G라 부르는 4세대 이동통신의 대명사입니다. 많이 들어봤죠? LTE 서비스를 시작한 2011년 당시 다운로드 최대 속도가 75Mbps였습니다. 참고로 1Mbps는 1초당 100만 비트를 전송하는 속도입니다. 75Mbps라면 1990년대 2세대 통신 속도에 비해 500배 빨라진 것입니다.

늘 그렇듯, LTE도 계속 진화합니다. LTE-A, 광대역 LTE-A를 거치며 300Mbps까지 속도를 끌어올립니다. 그리고 5G, 지금으로부터 고작 몇 년 뒤인 2020년에 서비스가 시작될 5세대 이동통신에서는 20Gbps의 속도가 가능하다고 합니다. 1초당 무려 200억 비트로, 쉽게 말해 지금보다 1,000배 빨라진다고 보면 됩니다. 영화 1편을 다운받는다고 하면, 단 1초면 끝납니다. 사실 5세대까지 기다릴 필요가 없습니다. 지금도 스마트폰으로 동영상을 보고 게임을 즐기는데 큰 불편함을 느끼지 않으니까요. 이것이 내가 갖고 있지 않고 저 멀리 구름에 있어도 되는 이유입니다.

기술에 대한 이야기들이 많아 조금은 딱딱했나요? 그래도 이 정도는 알아야 우리 삶에 펼쳐지고 있는 디지털 시대의 교양인이라 할 수 있겠죠. 이제 관점을 180도 돌려봅니다. 집중과 분산은 컴퓨팅 파워와 전산자원의 관점이었다면, 우리 사용자의 관점에서 보면 사회적인 관점이 됩니다. 좀 더 쉽게 와 닿는, 덜 딱딱한 얘기가 됩니다.

컴퓨팅 파워가 분산된다는 것은 사용자가 많은 것, 바로 많은 성능을 '소유'하게 된다는 것입니다. 대신, 그만큼의 비용과 책임도 당연히 따르겠죠. 반대로 컴퓨팅 파워가 구름으로 집중된다 함은, 우리 손을 떠나게 됨을 뜻합니다. 모든 것을 소유하지 않지만, 모든 것을 원하는 만큼 쓸 수 있게 됩니다. 소유의 경우와 달리 비용과 책임이 우리 손을 떠나게 되죠. 소유하지 않아도 마치 소유한 것처럼 쓰는 것, 저는 이것을 '통제'라 부르겠습니다. 그렇습니다. 분산은, 우리 사용자의 입장으로 관점을 바꾸면, 소유가 됩니다. 집중은 통제가 됩니다. 이 소유와 통제에 대해서도 조금 더 생각해봅시다.

젊은 학생들과 많은 시간을 보내는 직업을 가지고 있다 보니 종종 그들의 생각을 엿볼 기회가 있습니다. 그들은 이렇게 말하곤 합니다. "애인이 있으면 피곤해요. 그렇다고 없으면 허전한데…. 딱 필요할 때만 있으면 좋겠어요." 흠칫 놀라면서 잠깐 생각해봅니다. 소유하지는 않되 통제하고 싶은 마음이 아닐까요. 너무한 것인지 현명한 것인지, 혼란스럽습니다.

대부분 사람들의 재산목록 1, 2호는 집과 자동차입니다. 그런데 집과 차에 대한 인식 변화를 보면 비슷한 맥락이 감지됩니다. 많은 사람들이 자의건 타의건, 집을 꼭 사야 하느냐, 내 집 장만을 위해 찬란한 젊은 시절을 허리띠 졸라매고 살아야 하느냐고 항변합니다. 요즘 제일 폼 나는 차는 외제차나 대형차가 아니라고 합니다. 번호판에 '하'나 '허', '호'가 달린 차가 부러움의 대상이라 하죠. 빌려 쓰니 사용자에게 직접적으로 청구되는 비용이 없잖아요.

전산기기를 구비하지 않고, 데이터마저 구름에 올려두고 씁니다. 주택과 자동차도 이제는 재산목록에서 빠지는 시대입니다. 그렇게들 소유를 절제하는 이유가 무엇이죠? 이를 통해 바라는 것이 심오한 '무소유'일까요? 아닙니다. 필요할 때만 내 것처럼 쓸 수 있기를 바라는 것입니다. 소유해서 발생하는 비용이 싫고, 책임지는 것은 더 싫습니다. 단지 통제하고 싶을 뿐이죠. 그것이 우리 모두의 바람이자, 구름이 더 이상 뜬구름이 아닌 근원입니다. 길더의 법칙이나 이동통신 기술의 발전이 클라우드의 문을 만들었다면, 소유 양식의 변화가 그 문을 열었습니다. 그 문 너머에는 소유의 신세계가 기다리고 있군요.

혹자는 이렇게 말합니다. PC가 디지털 시대의 1차 혁명이었다면, 2차 혁명은 인터넷이었고 클라우드가 3차 혁명이라고요. 클라우드는 단위 기술도, 개별 서비스명도 아닙니다. 디지털 기술과 디지털 사회 전반에 걸친 문화의 변혁이라고들 이야기합니다. 'IT 민주화'라 이름붙이기도 하네요. 더 이상 특정한 일부를 위한 고성능·대용량 컴퓨팅 파워와 전산자원이 아니다, 이제는 모두의 것이다, 그런 의미일 테지요.

저의 소싯적 별명 중에 '구영탄'이 있었습니다. 1980년대 암울한 시절의 젊은이들에게 웃음을 준 고행석 작가의 만화 '불청객 시리즈'의 주인공입니다. 맹한 얼굴에 엉뚱하게 행동하지만, 불의를 참지 못하는 열혈남아죠. 이렇다 보니 싫지만은 않은 별명이었습니다. 그 시리즈에는 말수도 적고 늘 뭔가를 생각하며 방황하는 백수 캐릭터가 있었습니다. 하는 일이라고는 방에서 두꺼운 끈을 이리저리 묶으며 시간을 보내는 것뿐이었습니다. 그러던 그가 어느 날은 꽤나 멋들어진 매듭 장식을 만드는 데 성공합니다. 지금까지와 달리 비장하고 확고한 눈빛으로 변한 그는, 오랜 방황을 끝내고 군에 입대합니다. 분산된 마음을 추스르고 본연의 인생에 집중하기로 한 것입니다.

분산과 집중, 소유와 통제 간의 교체를 반복하는 게 역사의 이치입니다. 지금은 소유의 종말을 예고하는 클라우드와 통제의 시대임이 분명합니다. 분산된 마음에 매듭을 짓고 클라우드에 집중해야 할 이유이기도 합니다.

저장
: 있는 듯 없는 듯

네이버 클라우드, T클라우드, 유클라우드, 애플 아이클라우드, 구글 드라이브···. 클라우드가 뭔지 잘 모르겠다는 사람들도 알고 보면 대부분 클라우드를 사용하고 있습니다. 흔하게는 스마트폰에 저장된 주소록이나 사진이 자동으로 클라우드와 동기화되고 있는 경우가 많습니다. 이참에 자신의 스마트폰 설정을 살펴보는 것도 좋겠네요. 스마트폰 같은 기기의 성능이 워낙 좋아지면서 촬영한 사진이나 동영상의 용량 또한 꽤나 커졌습니다. 문서나 게임도 마찬가지고요. 이렇게 큰 파일들을 매번 컴퓨터에 옮겨놓기도 번거로우니 온라인 공간에 올려놓습니다. 모든 것을 다 담겠다는 듯, 뚜껑을 연 박스 이미지로 친숙한 드롭박스Dropbox라는 클라우드 스토리지 서비스는 전 세계에서 사용자만 5억 명이 넘고 기업 가치는 100억 달러 이상이라고 하니 정말 많이들 사용하는 모양입니다.

저장하는 클라우드가 익숙하니 세부기술로 '저장貯藏'부터 시작하겠습니다. 그리고 저장에서도 당연히 첫 번째는 '**스토리지**storage'죠. 쉽게 말해 대용량 저장장치를 뜻합니다. 과연 얼마나 용량이 커야 드롭박스의 경우처럼 5억 명에 달하는 사람들이 너도나도 저장할 수 있을까요. 하지만 클라우드의 저장 공간을 걱정하는 것은 의미가 없습니다. 기억하죠? 18개월마다 2배씩 성장한다는 무어의 법칙. 스마트폰보다 작은 크기의 1TB 외장하드에는 일반적인 스마트폰에서 촬영한 650만 화소의 사진을 무려 53만장 이상 담을 수 있습니다. 아무리 사진 찍기를 좋아해도, 그 정도면 일생 동안 찍은 사진을 다 모아놓을 수 있겠네요. 미드를 좋아한다면, 한 시즌 25회 기준으로 50시즌은 족히 저장할 수 있습니다.

클라우드 스토리지에는 특별한 점이 있습니다. 많이들 사용하는 USB메모리나 외장하드는 직접 연결된 기기에서만 사용할 수 있지만, 클라우드는 인터넷만 접속되면 언제 어디서나 어떤 기기에서도 읽고 쓸 수 있습니다. 손에 쥐고 있지 않으니 오히려 더욱 손쉽게 쓸 수 있다는 점, 이것이 중요합니다. 결과적으로 소유하지 않으니 더 큰 소유를 불러오는 꼴이 되었네요.

컴퓨터가 부러울 때가 있습니다. 바로 시험을 볼 때죠. 그냥 한 번 쓱 읽기만 해도 모두 저장된다면 얼마나 좋을까요. 허나 일상의 매순간 컴퓨터의 저장능력이 필요한 것은 아닙니다. 한 번 저장하면 영원히 남는 암기력을 바라는 것도 아니고요. 인간은 잊을 것은 적당히 잊고 살아야 하니까요. 우리가 원하는 것은 필요할 때만 기억하는 것입니다. 외장하드를 번거롭게 들고 다니며 그때마다 설치할 필요가 없고, 자그마한 USB메모리를 잃어버릴까 봐 가방에, 또 스마트폰에 매달고 다닐 필요도 없습니다. 클라우드 스토리지가 몸과 마음을 가볍게 해줍니다.

인간의 기억 능력에 대한 이야기가 나왔으니 조금 더 하겠습니다. 인간의 기억에는 단기기억STM, short-term memory과 장기기억LTM, long-term memory이 있습니다. 무언가를 인지하면 단기기억장소에 입력됩니다. 한 인지과학자는 사람들이 무조건 3가지만 기억한다고 주장합니다. 20년간 3만 명을 대상으로 500번이 넘는 실험을 진행한 결과라고 하죠. 받아들이려 하지 않는 상대에게 3개 이상은 열변을 토해도 소용이 없다는 군요. 심리학자 조지 밀러George Miller는 매직넘버 7 ± 2를 강조합니다. 애를 써도 기껏해야 7~9개 정도만 구분하여 기억한다 합니다. 전화번호 숫자, 도레미파솔라시도, 월화수목금토일 이들의 개수는 모두 그 언저리입니다.

단기기억 정보는 반복하며 암기하는 등 나름의 노력으로 장기기억장소로 옮겨집니다. PC에서도 마찬가지입니다. 단기기억은 1차 스토리지인 램ram에, 장기기억은 2차 스토리지인 하드디스크에 보관됩니다. 그러고 보니 인간과 다를 바 없네요. 클라우드 스토리지도 빈도나 중요도가 높은 정보는 별도로 관리합니다. 일시적으로 사용하는 정보와 그렇지 않은 정보를 구분해 효용성을 높이는 것입니다. 효율적인 전산자원의 관리를 목적으로 클라우드가 시작되었으니 스토리지도 경제적으로 사용하는 것은 당연하겠지요.

최초로 성공한 클라우드, 아마존 AWS

온라인 서점으로 시작한 아마존은 2006년에 클라우드 서비스인 AWSamazon web service를 런칭합니다. 이는 상업적으로 최초로 성공한 클라우드 사례로 기록됩니다. 당시 아마존은 쇼핑 비성수기에 전산 시스템의 80~90%가 사용되지 않는 것에 주목, 이를 대여해 활용하는 방안을 구상합니다. 신규 투자는 거의 없이 기존 자원을 활용해 돈을 벌었으니 상업적 성공은 당연한 결과였겠죠. 아마존의 CEO 제프 베조스Jeff Bezos는 능청스럽게 한 마디를 했습니다. "다른 회사의 생산 설비는 해가 갈수록 그 가격이 치솟습니다. 그러나 우리의 설비 가격은 날이 갈수록 폭락하죠. 이 얼마나 좋은 장사입니까." 온라인 비즈니스에서의 생산 설비는 바로 컴퓨터죠. 무어나 메트칼프, 길더 모두가 이 말을 지지하고 있습니다. 게다가 유휴장비까지 동원해서 수익을 올리니 아마존은 여러모로 대단한 기업입니다.

클라우드 스토리지를 말할 때 빼놓을 수 없는 것이 분산 스토리지입니다. 다수 사용자의 요청에 부응하기 위해서도 조각난 저장 공간을 잘 통합해서 활용해야겠지요. 한편으로는, 중요한 정보일수록 안전을 위해 분산해서 저장하는 것도 필요하겠고요. 분산처리시스템에 대해서는 빅데이터에서 자세히 설명하고 있으니 여기서는 중요성만 언급하겠습니다. 오히려 이 대목을 클라우드 컴퓨팅의 최고 핵심 기술을 끄집어내는 계기로 삼으려 합니다.

사용자가 클라우드 스토리지를 쓴다는 것은, 마치 나의 컴퓨터에 하드디스크가 하나 더 추가 된 셈이고, 나의 핸드폰에 음악과 영상이 모두 저장되어 있는 것과 다름없습니다. 모니터에는 새로운 저장장치가 보이지만, 실상은 가상입니다. 구름 저편의 조각들이 모인 것이죠. 구름 속의 저장소를 손안에 있게 해주는 것이 '**가상화**virtualization'입니다. 멀리 있는 것을 눈앞에 온전히 가져다주는 기술입니다.

가상화는 물리적으로 서로 다른 시스템을 논리적으로는 하나의 같은 시스템으로 통합하거나, 반대로 물리적으로 하나의 시스템을 논리적으로 다른 것들로 분할하는 것입니다. 가상화는 결국 실제의 모습을 사실과 다르게 변형하는 것인데, 그리하는 이유는 크게 두 가지이죠. 하나는 방금 설명한 바와 같이 전산자원을 효율적으로 사용하기 위함입니다. 분산된 것을 하나처럼, 또는 하나를 여럿이 나누어 쓰려면 당연히 가상화 기술이 요구되지 않겠습니까. 이제 구름의 실체를 알았다면 가상화가 클라우드에서 얼마나 절실한지는 이해가 되리라 싶습니다.

또 하나는 사용자 편의를 위해서입니다. 대부분의 사용자들은 컴퓨터의 운영체제로 마이크로소프트 윈도우에 길들여져 있습니다. 그러다 세련된 디자인의 애플 맥북이나 아이맥을 보면 매혹되죠. 하지만 그것도 잠시, 이 컴퓨터를 쓰고 싶다면 운영체제부터 맥mac OS를 사용해야 합니다. 그러나 걱정할 것 없습니다. 가상화 솔루션을 쓰면 맥에서도 윈도우와 윈도우용 프로그램을 완벽하게 사용할 수 있습니다. 물론 맥과 운영체제에는 아무런 손상 없이요. 실제로 존재하지 않는 가상의 인터페이스로 사용자의 니즈를 충족시켜주는 겁니다.

클라우드가 정보시스템의 총합이자 정보통신기술의 총아이다 보니, 클라우드 컴퓨팅의 핵심인 가상화를 적용할 대상도 여럿입니다. 먼저 스토리지가 있고 네트워크와 어플리케이션도 있으며, 데스크탑과 서버의 가상화도 있습니다. 아무튼 '자원은 효율적으로, 사용자는 효과적으로'의 슬로건 아래 가상화는 여러 영역에서 각각 열심히 자가 발전하고 있습니다.

다만 가상화를 단순히 클라우드 기술의 중요한 한 부분으로만 치부하기에는 미련이 남습니다. 따져보면 디지털 세상 전부가 가상화된 것이 아닐까요? 실제로 존재하지 않지만 현존하는 것처럼 우리 삶에 펼쳐져 있으니 말입니다. 복잡하고 어려운 기술적인 부분은 숨기고, 우리 눈에는 간단하고 쉬운 모양새를 보여주니 편하기는 합니다. 그러나 본질과 현상이 멀어져가고 그 틈에서 피어나는 괴리감이 적지 않은 불안감을 자극하는 건 어떤 이유에서일까요? 시간을 두고 곱씹어야 할 문제네요.

가상화의 반대 개념은 '투명화'입니다. 가상화는 실제로 존재하지 않는 것을 존재하는 것처럼 보이게 하는데 반해, 투명화는 실제로 존재하는 것을 그렇지 않아 보이게 합니다. 없는 것을 있게 하고, 있는 것을 없게 하고. 있는 듯하다가도 없는 듯하기도 하고. 있는 듯 없는 듯, 그것이 디지털 세상과 클라우드의 정체입니다.

접근
: 소유권 vs 접근권

'오성과 한음' 알죠? 그중 오성의 이야기를 하나 해보겠습니다. 오성 집에서 기르던 감나무가 길게 가지를 뻗어 옆집인 권율 대감의 집으로 휘어 들어가게 됩니다. 권율의 하인들은 '이게 웬 떡이냐'며 열린 감을 맘껏 따먹었죠. 이에 분개한 소년 오성은 겁도 없이 권율 대감의 방문에 주먹을 찔러 넣고 "이 주먹이 누구 주먹이오?" 하고 묻습니다. 대감이 "네 주먹이지 누구 주먹이겠느냐?"라고 답하자, 오성은 하인들이 감을 가로챈 일을 추궁하며 결국은 권율 대감에게서 사과를 받아내었다고 합니다.

제 이야기도 하나 하겠습니다. 미국 여행은 드넓은 대지와 하늘을 바라보며 직접 운전해야 제맛입니다. 자동차로 캘리포니아의 어딘가를 한참 달리다가 한 체리 농장의 입간판을 보았습니다. 이렇게 쓰여 있었죠. "Take as much as you can(가져갈 수 있을 만큼 맘껏 가져가세요)." 물론 입장료는 있었습니다. 그날 전 엄청나게 많은 체리나무들 사이를 뛰어다니며 맘껏 따먹었습니다. 그 넓은 땅의 농장과 체리나무는 내 것이 아니었지만, 그 순간 싱그럽고 달콤한 체리는 몽땅 내 것이나 다름없었죠. 그날도 어김없이 캘리포니아 하늘에 펼쳐진 구름은 장관이었습니다.

오성의 감나무는 내 것이지만 내 것이 아니었고, 농장의 체리나무는 내 것이 아니었지만 내 것이었습니다. 무엇이 좋고 나쁘고의 문제가 아니라, 소유 자체가 무조건적 소유를 의미하는 것이 아니라는 걸 말하고 싶었습니다. 오성은 조선 선조 때 명신인 이항복을 일컫습니다. 그는 권율 대감에게 영특한 기지를 인정받아 출세 가도를 달렸고, 후에 사위까지 되었으니 결과적으로는 감을 잃었다고 억울할 것은 없어 보입니다.

소유하지 않아도 접근할 수 있다면 절반은 소유한 것입니다. 접근은 소유하지 않아도 소유한 것과 다름없는 통제로 가는 길입니다. 통제의 필요조건이라고나 할까요. 이번에는 클라우드의 '접근接近'에 대한 세부기술의 순서입니다.

'**스트리밍**streaming'은 소유와 접근의 차이를 극명하게 보여줍니다.

TV나 PC에서 영화 한 편을 구매할 때 고민되는 것이 하나 있습니다. 가격이 조금 더 높은 소장용으로 선택할지, 아니면 일회성 혹은 일정 기간만 이용하는 스트리밍을 선택할지 말입니다. 소장하려니 비용이 다소 높고, 그만한 가치가 있을지 고민하다 스트리밍 서비스를 선택하곤 하죠.

스트리밍은 물이 끊임없이 흐르는 것처럼, 다운로드 없이 실시간으로 콘텐츠 데이터를 처리하는 기술입니다. 실제로 플레이되는 분량만큼만 사용자에게 데이터를 계속 보내주는 것이죠. 이 기술은 데이터를 잘게 조각내 필요한 경우 압축한 뒤 요청한 쪽에 데이터를 전송합니다. 데이터를 수신한 기기는 조각들을 합치거나 압축을 풀어서 재생하고요. 즉 끊임없이 보내주고, 끊김 없이 보여주는 것이 관건이라 하겠지요. 스트리밍을 서비스하는 방식으로는 '주문형 스트리밍'과 '라이브 스트리밍'이 있습니다. 주문형은 이미 확보된 콘텐츠 파일을 주문자가 원할 때 스트리밍해주는 것이고, 라이브는 말 그대로 촬영이나 녹음과 동시에 스트리밍하는 것입니다.

한 가지 추가해 말하고 싶은 게 있습니다. 바로 'N-스크린screen'입니다. 인기 있는 드라마를 볼 때면 TV에서 보고 PC로 다시 보며 핸드폰으로도 이어서 보곤 합니다. 모두 3개의 화면을 이용하니 '3-스크린'이 되겠군요. 그러니 N-스크린은 멀티미디어 콘텐츠를 보유한 여러 형태의 기기 스크린에서 똑같이 볼 수 있게 하는 서비스라는 걸 쉽게 이해할 수 있겠지요.

예시에서는 3개였지만, 자연스레 'n'이 됩니다. 원래 기기라는 것은 그네들끼리 결합하고 융합되어 계속 새로운 것을 만들어내니까요. 당장 TV, PC, 핸드폰의 경우만 살펴보아도 쉽게 알 수 있습니다. TV와 PC가 융합해 IPTV가 탄생했습니다. PC와 휴대폰이 스마트폰을 만들어냈고, 휴대폰과 TV가 결합해 모바일TV와 DMB가 만들어졌습니다. 이렇게 여러 단말기를 쓴다는 것은, 종류와 무관해진다는 것은, 단말기에 의존하지 않게 된다는 것의 의미는, 단말기 사양이 중요하지 않게 된다는 얘기입니다. 대용량 고사양의 콘텐츠라도 잘 스트리밍해주면 만사 오케이라는 것이죠.

클라우드는 이른바 '접근의 미학'을 주창합니다. 소유권이 없어도 접근권을 가지면 된다고 합니다. 지나친 고성능 단말기는 필요 없다 말합니다. 그저 클라우드에 집중하고, 개개인과 개별기업은 가볍게 가라고 합니다. 가벼운 단말기, 이를 전문용어로 '씬 클라이언트thin client'라 하죠. 근자에는 아예 '제로 클라이언트zero client'라고도 합니다.

그렇다면 차분히 짚어볼 일입니다. 인류에게 PC 시대를 열어준 공룡 마이크로소프트의 운명을요. 아직도 우리는 컴퓨터를 1대 장만하면 가장 먼저 윈도우즈와 MS오피스를 설치하기 바쁩니다. 번거롭고 무겁게 느껴집니다. 조금씩 저변을 넓혀가는 구글의 크롬Chrome 운영체제는 클라우드를 기반으로 합니다. 기본적인 하드웨어 초기화와 웹 브라우저 가동을 제외한 모든 작업을 생략합니다. 그러니 부팅도 엄청 빨라지죠.

2016년 기준 우리나라 국내총생산의 약 14%를 차지하는, 현 시점의 대한민국 대장기업, 해외에 나가면 우리나라 대통령 이름은 몰라도 이 회사 이름은 누구나 안다는, 세계 최고 성능의 스마트폰을 만드는 그 회사, 삼성전자는 어떨까요? 고성능 단말기가 경시되는 그 미래에는 어떻게 될까요? 생각해볼 일입니다.

무거운 분위기를 바꿔보겠습니다. 미국 얘기를 하나 더 하겠습니다. 샌프란시스코를 운전하며 지나던 중 고가에 설치된 한 광고를 보고 충격을 받았습니다. "10,000 songs in your pocket(당신의 주머니 속에 1만 곡을)"이라는 카피 때문입니다. 애플의 아이팟iPod이 처음 출시되었던 때의 일입니다. LP도, CD도 없이 음악을 들을 수 있고, 엄청난 곡을 그것도 주머니에 넣어 다닐 수 있다니! 이때가 '음반'이라는 용어가 '음원'으로 대체되는 시발점입니다.

아이팟도 소유 양식의 결과물입니다. 스티브 잡스는 음악을 소유하고자 하는 사람들의 욕망을 실현한 것이라 회고한 바 있습니다. 하지만 결과적으로 '소유'를 위함이었던 이 기기가 반대로 '소유의 종말'을 불러오는 계기가 됩니다. 음악이 아날로그에서 디지털로 바뀌면서 더 이상의 소유의 대상이 아니게 됩니다. 유행하는 음원은 다양한 형태로 인터넷에 넘쳐나고, 스트리밍 서비스도 있으니 음원에 대한 소유욕이 잘 일어나지 않습니다.

음악광인 저는 한때 LP를 8,000여 장까지 소장했습니다. 주의하지 않으면 쉽게 부서지는 LP의 특성상 이사라도 한번 하려면 여기저기서

욕 많이 먹었습니다. 아직도 소유 양식을 버리지 못해, 이제는 음반이 아닌 음원을 잔뜩 모아놓고 자랑스러워합니다. 그러나 주변에 비슷한 사람을 찾기가 힘들더군요. 소유권을 버리고 접근권을 확보해야 하는데 말입니다.

클라우드와 관련한 명언이 하나 있습니다. "목적지로 가기 위해 버스를 사지 말고 버스 티켓을 사라." 목적지에 가는 것이 목적이라면, 값비싼 버스를 왜 구입할까요? 그저 티켓만 있으면 버스를 이용할 수 있는데 말이죠.

접근권의 매력은 클라우드의 또 다른 기술에도 발현됩니다. 마르고 닳도록 얘기해도 과하지 않은, 보안에 대한 이슈입니다. '**클라우드 보안**cloud security'에도 사정은 같습니다. 지금과 같은 사회에서는 디지털이 자산이고, 정보가 가치입니다. 자산과 가치를 지키는 일은 애초부터 인간에게는 우선적인 일입니다만, 그 순위가 더욱 높아졌습니다. 집중의 시대, 마치 우리가 은행에 돈을 맡기듯 모든 자산과 가치를 클라우드에 올려둡니다. 현금 들고 다니면 불안하지만 은행에 맡기면 안심이 됩니다. 클라우드에 저장해 분실할 위험, 도둑맞을 위험이 없기를 기대합니다. 설령 위험이 현실이 되더라도 괜찮습니다. 은행이 도둑맞으면 은행의 책임이듯, 클라우드도 그렇겠죠. 굳이 물리적 소유권을 집착하지 않고 가상적 접근권을 확보하면 책임지지 않아도 됩니다. 권한은 갖되 책임지지 않는다. 이 얼마나 멋집니까. '책임없는 권력', 이 얼마나 멋진 말입니까?

큰 도둑은 길거리 행인의 지갑에 연연하지 않습니다. 한 방의 승부로 은행을 털죠. 만일 우리의 자산과 가치가 집중된 그 클라우드에 구멍이 뚫린다면? 보안이 취약하고 해커가 자유롭게 드나든다면? 끔찍합니다. 개인의 사생활이나 기업의 업무 기밀이 유출, 변곡, 날조될 것은 두말할 나위 없고, 개인의 생활과 기업의 활동 자체가 불가능해질 것입니다.

클라우드 보안은 가상화와 마찬가지로 정보시스템 전 영역이 대상이 되는 기술입니다. 그만큼 필수적 기술이라 보면 되겠죠. 데이터와 스토리지, 웹과 네트워크, 단말기와 서버, 운영체제와 어플리케이션이 모두입니다. 거기에다가 접근과 통제의 클라우드이니, 사용자 인증과 접근제어도 한몫을 하겠군요. 자세한 기술보다는 클라우드의 분류방식 하나를 소개하며 갈음하겠습니다. 그 기준은 사실상 클라우드 보안이 중심이거든요.

먼저, 전용 클라우드private cloud는 특정 기업이나 개인에게 특화됩니다. 특정에게만 국한한 배타적 시스템과 서비스이니 보안성이 우수합니다. 반면에 공공 클라우드public cloud는 불특정 다수에게 개방합니다. 구글의 G메일이나 캘린더도 그렇고 대부분의 업체들이 일반인을 대상으로 하는 서비스이니 상대적으로 보안에는 취약하겠지요. 혼합형hybrid cloud도 있는데, 보안이 강조된 전용방식과 그렇지 않은 공공방식을 용도에 맞게 뒤섞어 사용하는 것이랍니다.

공유
: 궁극적 소유

　　법정스님이 오래 머물었던 조계산 송광사 불일암 가는 길은 특별한 이름이 있습니다. '무소유길'이죠. 법정스님의 숨결을 느끼며 길을 걷다 보면 필히 접하게 되는 스님의 말씀이 있습니다. "무소유란 아무것도 갖지 않는다는 것이 아니라 불필요한 것을 갖지 않는다는 뜻 이다. 우리가 선택한 맑은 가난은 넘치는 부보다 훨씬 값지고 고귀한 것이다."

　　현실을 살아가는 범인에게 무소유는 현실적이지 않습니다. 법정스 님과 같은 삶을 살기는 어렵겠지요. 그나마 스님이 그 사실을 직시하 고 우리에게 여지를 주어 감사할 따름입니다. 소유를 할 것이냐 말 것 이냐의 고민은 결국 우리에게 필요한 것이 무언인지에 관한 것이고, 이는 연이어 필요한 것만 소유하라 하는 것이며, 이는 다시 필요할 때 만 소유하라는 것으로 귀결된다 하겠습니다.

　　법정스님은 평생 동안 간디를 흠모했습니다. "내게는 소유가 범죄처 럼 생각된다"던 간디를 떠올리며 이렇게도 얘기합니다. "사람이 무언 가를 갖는다면 같은 물건을 갖고자 하는 사람들이 똑같이 가질 수 있 을 때에 한한다." 필요할 때만 소유하는 것은 필요하지 않을 때는 소유 하지 않음입니다. 또 다른 누군가가 똑같이 가질 수 있고, 똑같이 필요 할 때 접근하여 사용할 수 있다면 더는 죄의식을 느낄 이유는 없겠죠. 조금은 아전인수 경향이 없진 않지만 스님의 강직하고 심오한 가르침을 되새겨보는 계기가 되었으니 그 핑계로 이해 바랍니다. 나라의 어른이 귀한 작금에 법정스님이 정녕 그립습니다.

'같은 물건을 갖고자 하는 사람들이 똑같이 가지는 것'이 공유입니다. 클라우드의 세 번째 영역은 '공유共有'입니다. 우리 모두가 하늘에 떠 있는 구름을 보듯, 구름에서 내리는 비와 눈을 모두가 함께 맞듯, 클라우드의 컴퓨팅 파워와 전산자원은 공유되고 있는 것입니다. 더욱이 그들은 물리적인 물품이 아닌 디지털 상품이니 배타적인 소유와는 거리가 멉니다. 사람들이 똑같이 같은 시간에 공유할 수 있는 것들입니다.

최근에 공유 비즈니스가 두각을 나타내고 있습니다. 집도 공유하고 자동차도 공유한다 합니다. 손에 잡히고 눈에 보이는 자산들입니다. 이들도 공유하는 판에, 보이지도 않고 사용해도 닳지 않는 디지털 자산을 공유하지 못할 이유가 어디 있겠습니까.

웹 2.0이라고 들어보았죠? 무슨무슨 것들에게 2.0, 3.0을 갖다 붙이는 원조 격입니다. 사용자가 인터넷과 데이터에 더 이상 수동적이지 않고 능동적으로 접근한다는 사상이구요. 그 사상을 대변하는 키워드가 '개방, 참여, 공유'입니다. 여기서도 공유가 나오네요. 공유는 이렇게 시대의 흐름을 관통하며 여러 흐름과 일맥상통하고 있습니다. 여기서 소개하는 클라우드의 세 영역도 이제 '**저장-접근-공유**'로 정리가 되었습니다.

디지털 자원의 공유는 매력이 많습니다. 또 다시 3대 법칙으로 돌아가서, 통신 네트워크의 가치는 그 사용자 수의 제곱에 비례한다는 '메트칼프의 법칙' 기억하죠? '네트워크 효과'로도 표현합니다. 디지털 자원이나 상품은 쓰면 쓸수록, 공유하면 공유할수록 그 가치가 높아져 간다는 의미이죠. 소유의 시대에서 명품의 또 다른 이름은 '한정판'입니다. 아무리 명품 핸드백이라 하더라도 너무 흔해지면 값어치가 떨어지고 기분도 잡칩니다. 하지만 공유의 세계에서는 정반대입니다. 더 많은 사람이 더 많이 공유하고 더 많이 사용하는 바로 그것이 명품입니다. 그래서 디지털 시대를 뺄셈과 덧셈이 아닌, 나눗셈과 곱셈이라고 하잖아요. 나눌수록 곱해진다는 뜻이겠지요.

이러한 매력을 외형으로 발현시키기 위해서는, 관련한 기술이 고군분투해야 합니다. 클라우드가 꿈꾸는 이상적인 공유를 현실로 가능하게 하는 기술이 **클라우드 서비스 브로커리지**cloud service brokerage, CSB'입니다.

디지털 전산자원의 특징으로 인해 기본적인 공유는 이미 가능하고, 또 실현되고 있습니다. 그렇지만 사용자가 원하는 접근과 공유는, 사용자가 만족하는 서비스로 표출됩니다. 그리고 그 서비스는 다양한 IT 제품과 기술환경을 넘나들어야 가능해집니다. 특정 솔루션과 환경에만 국한되면 안 되겠죠. 그 기능을 클라우드 서비스 브로커리지가 합니다.

'브로커리지'는 사전적 의미로 '중개'라는 뜻입니다. 이런 저런 것들을 상황과 요구에 맞게 연결하고 매개하는 것이죠. 클라우드가 많은 것들을 보유하고 있기에 그 만큼의 많은 다양한 요구가 있을 터입니다. 다중 클라우드 환경을 조율하고, 이종 클라우드 솔루션을 연계해야 합니다. 이들을 단순히 중개하는 것으로 끝나지 않고, 종종 통합하기도 하며 최적화하는 임무도 부여받고 있습니다.

클라우드를 분류하는 또 다른 방식으로 IaaS, PaaS, SaaS가 있습니다. IaaS infrastructure-as-a-service는 스토리지와 서버 또는 네트워크와 같은 기반 전산자원을, PaaS platform-as-a-service는 프로그램을 개발하는 개발도구와 개발환경을, SaaS software-as-a-service는 응용 소프트웨어와 어플리케이션을 제공합니다. 쉽게 말해, 기반장비, 플랫폼, 소프트웨어, 이렇게 3개의 계층이 개별적으로 서비스되는 형태라 보면 됩니다. 그러나 많은 경우 이들이 따로따로 서비스되지는 않겠지요. 그때에도 서비스 브로커리지가 작동하여 중개하고 연결해야 하겠네요.

물위의 백조가 우아하게 떠 있으려면 보이지 않는 물속의 백조의 발은 쉴 사이 없이 움직여야 한다는 말이 있죠. 사실 백조는 그리 경망스럽게 발을 움직이지 않는다 합니다. 어쨌거나 이런 '백조의 오해'가 널리 퍼진 것은, 누군가의 우아함은 누군가의 번잡함의 대가라는 상식이 공감되어서겠죠. 우아한 클라우드를 위한 번잡한 임무가 서비스 브로커리지의 몫입니다.

얼마 전 열린 구글의 개발자 컨퍼런스인 '구글 I/O 2017'에서는 '구글 차세대 클라우드 TPUtensor processing unit'를 공개했습니다. TPU란 우리가 흔히 알고 있는 CPU 혹은 GPU 같은 프로세서로 앞서 엄청난 양의 데이터 처리가 필요한 기계학습에 특화된 프로세서라 이해하면 됩니다. 구글은 클라우드에 차세대 TPU를 도입함으로써 기계학습에 소요되는 시간을 단축할 수 있게 됐다는 설명도 곁들였죠.

새로운 클라우드 TPU는 형태와 하드웨어 종류에 구애받지 않고 모든 가상머신에 연결할 수 있다고 하네요. 앞서 말한 것 처럼 사용자가 만족할 수 있도록 나아가고 있는 모양새입니다. 주목할 점은, 뛰어난 아이디어가 있더라도 자금 문제로 기계학습이 가능한 플랫폼을 도입하기 어려운 사람을 위해 일정 정도의 하드웨어 자원을 무료로 사용할 수 있도록 지원할 예정이라는 것입니다. 구글의 이런 모습, 어떻게 보이나요? '빅데이터'에서 말했듯, '빅'하게 주지만, 결국에는 '비이이익' 하게 얻게 될 것입니다.

지금까지의 클라우드의 발전 역사와 전개 방향을 보면, 용어의 사용 측면에서도 클라우드 '컴퓨팅'에서 클라우드 '서비스'로 무게 중심이 옮겨가고 있습니다. 컴퓨팅에서 서비스로 바뀐다는 것은, 기술 공급자 관점에서 시장 수요자 관점으로 변화된다는 말입니다. 어떻게 만드느냐 보다는 어떻게 쓰느냐가 관건이라 하겠지요.

앞으로는 IT기술과 전산자원을 쓰는 방식이 전기를 소비하는 형식과 유사해지리라는 전망입니다. 어차피 전산, 전자, 전기는 그 성질이

초록동색이잖아요. 전기를 쓰고, 전기미터를 재고, 전기료를 지불합니다. 쓴 만큼 지불하는 겁니다. 개인이 클라우드에 접속하고, 기업이 클라우드를 통제합니다. 접속해서 쓴 만큼, 통제해서 사용한 만큼 비용을 지출하게 될 것입니다. 컴퓨터를 사지 않고, 소유하지 않고, 유지보수도 하지 않습니다. 그저 접속하고 그냥 소비하고 쓴 만큼만 돈을 냅니다. 그러기 위해서는 확실히 준비되어야 할 것이 있습니다. 그것은 'SLAservice-level-agreement'입니다.

SLA를 기술로 보기는 어렵습니다. 그러나 어느 기술보다도 중요합니다. 소유에서 공유로 대세가 전환되고 클라우드 컴퓨팅에서 클라우드 서비스로 추세가 반전되면서, 방점을 찍어야 하는 단어는 '서비스'입니다. 서비스는 시장, 수요자, 고객의 입장이 강합니다. 서비스는 무형이고, 서비스의 만족도는 주관적입니다. 변덕스러운 고객, 그렇지만 왕으로 모셔야 할 고객과의 관계를 정의하는 것이 SLA입니다. 적정한 서비스 수준과 이에 적합한 요금 수준, 이것이 SLA의 근간입니다. 고객들과 합의하는 일종의 룰인 셈입니다.

눈에 보이는 물건이, 눈앞에 설치된 장비가 얼마다, 그것을 주고 대신 받는 가격이 얼마다, 이런 얘기는 알기 쉽습니다. 전기처럼 이만큼 썼으니 얼마를 내야 한다, 그런 얘기도 어렵지 않습니다. 그렇지만 클라우드가 제공하는 서비스는 복잡 다양한 전산자원의 집합체에서 나옵니다. 다중 환경, 이종 솔루션도 있다 합니다. 적절하게 자원 사용도와 서비스 만족도를 측정하여, 이에 부합하는 요금을 산정하는 일은 결코 만만하지 않습니다. 당연히 모든 이해관계자가 동의agree할 수 있는 룰rule이 필요하겠죠. 그것이 SLA입니다.

엘리너 오스트롬Elinor Ostrom에게 최초의 여성, 그리고 최초의 비주류 노벨 경제학 수상자의 영예를 안겨준 것은《공유의 비극을 넘어 governing the commons》입니다. 이 저서는 생물학자인 개럿 하딘 Garrett Hardin의 1968년 논문, 〈공유지의 비극the tragedy of the commons〉에게 답을 제시합니다. 개럿 하딘이 설정한 공유지는 한 목초지이며 모두에게 개방되어 있습니다. 사람들은 거기에 자신들의 소를 데리고 와서 풀을 뜯게 합니다. 가능한 한 많은 소를 방목합니다. 공짜니까요. 소가 늘자 풀은 급격히 줄어듭니다. 사람들은 그 사실을 알지만, 어차피 모두의 것은 누구의 것도 아니니 공유지가 황폐해져도 개의치 않습니다. 드디어 공유지는 비극의 현장이 됩니다. 풀은 하나도 없고, 심지어 방목된 소도 굶어 죽어 시체가 되어 널려집니다.

공유지의 비극은, 각자의 이익을 추구하는 다수가 모였을 때 다수에게 주어진 공공의 자원은 피폐해지고, 결과적으로 공동체 전부가 피해를 입게 된다는 주장입니다. 이를 극복한 엘리너 오스트롬의 노벨상감 처방은 다소 상식적입니다. 성공한 공유공동체가 되기 위해서는 다수의 구성원들이 합의한 법칙, 즉 룰이 있어야 한다는 것입니다. 목초지와 구름은 많이 다릅니다. 하지만 공유하고, 공동으로 활용하고, 공통적으로 납득하려면, 룰이 있어야 합니다. SLA가 클라우드에서 차지하는 역할이기도 하고요.

비단, 클라우드 뿐만 아니라 공유의 시대에서는 다양한 공유의 대상에 대한 룰과 SLA가 필요하게 될 것입니다. 이러한 SLA를 제정하고 룰을 집행하는 업무와 직업이 각광을 받을 것은 불 보듯 뻔하지 않을까요.

손바닥으로 하늘을 가릴 수 없듯이 구름도 가릴 수 없습니다. 소유의 종말을 고하는 구름입니다. 동서고금을 막론하고 최고의 기분을 나타낼 때 구름 위를 걷는다고 합니다. 단테의 신곡에서는 천국의 단계 중에서 9번째가 가장 신의 권좌에 가깝다고 하고, 또 실제 9번으로 분류된 구름인 적란운이 가장 높이 올라간다 하네요. 가장 높은 곳에 있는 구름, 일명 클라우드 나인Cloud 9. 궁극적 소유를 자랑하며 걷는 구름일 터이죠.

물리적으로 다른 곳에 있는 각종 전산자원을 조합해
한 곳에 있는 것처럼 활용하는 기술

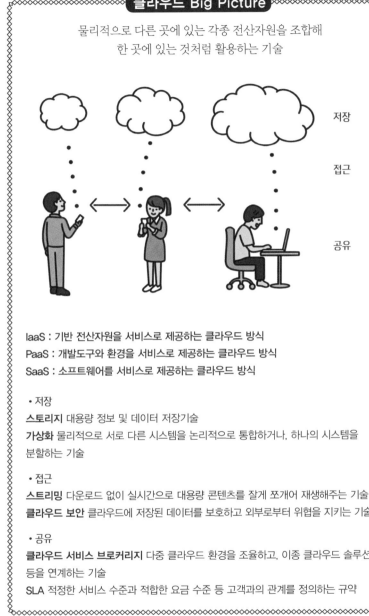

저장

접근

공유

IaaS : 기반 전산자원을 서비스로 제공하는 클라우드 방식
PaaS : 개발도구와 환경을 서비스로 제공하는 클라우드 방식
SaaS : 소프트웨어를 서비스로 제공하는 클라우드 방식

• 저장
스토리지 대용량 정보 및 데이터 저장기술
가상화 물리적으로 서로 다른 시스템을 논리적으로 통합하거나, 하나의 시스템을
분할하는 기술

• 접근
스트리밍 다운로드 없이 실시간으로 대용량 콘텐츠를 잘게 쪼개어 재생해주는 기술
클라우드 보안 클라우드에 저장된 데이터를 보호하고 외부로부터 위협을 지키는 기술

• 공유
클라우드 서비스 브로커리지 다중 클라우드 환경을 조율하고, 이종 클라우드 솔루션
등을 연계하는 기술
SLA 적정한 서비스 수준과 적합한 요금 수준 등 고객과의 관계를 정의하는 규약

양면성의
최고봉

돈 얘기 좀 해볼까요? '돈의 신세계' 순서니까 당연히 돈 얘기를 해야겠죠. 돈은 모두의 관심사지만, 돈 얘기는 왠지 껄끄럽습니다. 속으로 모두들 '돈, 돈, 돈' 하더라도 입 밖으로는 잘 꺼내지 않죠. 경제니 재테크니 하는 표현으로 에둘러 말하기도 하지만, 그래도 핵심을 꼭 집으려면 역시 "돈!"이라고 똑 부러지게 말해야 빨리 알아듣습니다. 모두의 관심사이니 만큼 돈에 대한 재미있는 말들이 정말 많습니다. 몇 가지만 적어보겠습니다.

• 돈은 인간을 지배하고, 인간은 돈을 숭배한다.

- 돈은 최선의 하인이자 최악의 주인이다.
- 천국 빼고 다 갈 수 있는 여행권, 행복 빼고 다 살 수 있는 상품권, 그것이 돈이다.
- 인생의 소중한 친구 셋은 오래 함께한 아내, 오래 키운 개 그리고 언제나 쓸 수 있는 돈이다.
- 돈은 바닷물과 같아서 마시면 마실수록 더 목마르게 된다.
- 나는 인간이 다른 동물들과 다른 것이 무엇인지 마침내 깨달았다, 그것은 돈 걱정이다.
- 돈을 너무 가까이 하면 돈에 눈이 멀고, 돈을 너무 멀리하면 처자식이 천대받는다(처자식에게도 천대받는다).

위에서부터 마르크스, 베이컨, 정우식, 프랭클린, 무명씨, 르나르, 탈무드(괄호 안은 임춘성)의 말입니다. 다 수긍할 만하죠? 그런데 가만히 살펴보면 이들이 공통적으로 말하는 것이 있습니다. 바로 돈의 '양면성'입니다. 좋기도 하고 나쁘기도 하다는 뜻이죠. 그렇지만 조금 더 생각해 보면 바로 알게 됩니다. 사실 양면적인 것은 돈 자체가 아니라 돈을 대하는 우리라는 것을요. 이를 극단적으로 뚜렷하게 알려주는 속담이 있습니다. '돈이 없으면 다른 것은 생각하지 않고, 돈이 있으면 다른 것을 생각한다.' '남자는 돈이 생기면 나쁘게 변하고, 여자는 나쁘게 변하면 돈이 생긴다.' 어떻습니까. 어차피 돈은 아무 생각이 없는 그저 돈일 뿐입니다. 돈의 양면성은 다름 아닌 우리의 양면성입니다.

돈에 대한 우리의 관념과 태도, 언행은 모두 양면을 지니고 있습니다. 대놓고 돈 얘기를 하는 것은 바람직하지 못한 것으로 여겨집니다. 다들 부자가 되기를 바라면서도 부자를 욕하는 데도 동참합니다. 마치, 사회적 책임이 부족한 대기업이 마음에 들지 않는데도, 어떻게 해서든 그곳에 취직하려는 것처럼요. 아마도 이것은 급격한 경제성장의 후유증이 아닌가 싶습니다. 대기업과 부자들이 옳지 않은 방법으로 부를 축적하는 실상을 고스란히 지켜보았으니까요.

그렇다고는 해도, 돈 그리고 부에 대한 올바른 가치관은 절실합니다. 돈에 대한 양면성이 우리의 사고에서 기인한다면, 가급적 긍정적이고 발전적인 측면을 택하는 게 좋지 않을까요? 국가적으로도 돈을 중요시하고, 부자를 존중하는 나라가 흥합니다. 고대 로마가 그러했고 근세에는 영국이, 현재는 미국이 그렇습니다. 그리고 미래에는 중국이 그러지 않을까 싶습니다.

학교에서 절대 가르쳐주지 않는, 돈을 대하는 자세에 대해 통렬하게 지적한 《부자 아빠, 가난한 아빠》의 저자인 로버트 기요사키Robert Kiyosaki의 말을 들어볼까요. 가난한 아버지는 모든 악의 근원이 돈을 좋아하는 것이라고 하지만, 부자 아버지는 돈이 부족한 것이 모든 악의 근원이라고 말한다네요. 지극히 현실적인 이 말은 앞에 나온 모든 명언들을 뛰어 넘습니다.

게오르그 짐멜Georg Simmel의 《돈의 철학》은 돈과 인간 역사의 영원한 상관성을 설명합니다. 고전 반열에 올랐지만 제법 두툼한 책이라

완독하기가 쉽지 않습니다. 그럼에도 불구하고 제목만으로도 주제를 뚜렷하게 알려줍니다. 철학은 인간의 생각에 대한 생각이자 사유에 의한 사유입니다. 돈에 철학이라는 단어를 붙인 것은 결국, 돈을 대하는 우리의 생각과 사유가 중요하다는 의미겠죠.

이제 준비가 된 것 같습니다. 돈을 생각하는 것은 우리의 사유에 관한 것이며, 돈의 신세계를 만들 핀테크를 논하는 것은, 사용자인 인간의 입장과 관점으로 귀결된다고 하겠죠. 이 점을 다시 한 번 되뇌면서 시작하겠습니다.

돈의 실존적인 모양새는 화폐입니다. 처음에는 조개껍질이었다죠. 그러다가 돌이나 카카오 콩, 금속덩어리 등으로 변모합니다. 이들은 모두 '실물화폐'입니다. 그러다 엄청난 변혁을 거칩니다. 중국에서 '종이화폐'가 등장한 것이죠. 정확히 말하자면 화폐라기보다 어음에 가까웠습니다. 은을 맡기고 그에 상응하는 증서로 지폐를 받았으니까요.

이처럼 실물의 대체재로의 종이화폐 역할은 꽤 오랫동안 지속됩니다. 지폐가 실물과 이별을 고한 것은 닉슨 대통령 시절입니다. 당시 금 1온스 당 35달러의 고정 공정가격이 있었습니다. 이는 달러를 찍으려면 그만큼의 금을 보유해야 한다는 것을 의미합니다. 그런데 1971년 8월, 베트남 전쟁이 길어지며 재정난에 허덕이던 미국은 전 세계를 충격에 빠뜨리는 선언을 합니다. 더 이상 달러를 금으로 바꿔줄 수 없다는, 소위 '금태환 중지' 선언입니다. 미국이 배 째라며 금을 움켜쥔 이 순간부터 종이화폐는 날개를 달고 금으로부터 탈피합니다.

가끔 이런 생각을 합니다. 돈이 물인지, 물이 돈인지 그리고 돈이 지폐이고 동전인지, 아니면 단지 숫자인지. 어느덧 지갑에 돈이 잘 보이지 않습니다. 플라스틱 카드 몇 장이 잘 보이는 곳에 떡 하니 자리 잡고 주인 행세를 합니다. 지폐는 그 뒤에 부끄러운 듯 얄팍하게 숨어 있고요. 하긴 요새는 지갑도 잘 안 보입니다. 스마트폰 케이스가 지갑 역할을 대신하거나 아예 스마트폰으로 직접 결제하고 대중교통을 이용합니다. 이처럼 지폐도 지갑도 사라져가는 지금을 '핀테크fintech의 시대'라 합니다. 무슨무슨 시대는 왜 그리도 많은지 모르겠지만, 핀테크만큼은 꼭 알아야 합니다. 우리가 돈에 얼마나 예민하고 민감한지, 지금까지 계속 이야기했잖아요? 핀테크는 돈에 대한 것이자, 우리의 기본적인 경제생활에 관한 것입니다.

'핀테크'는 '금융finance'과 '기술technology'의 합성어입니다. IT를 통한 새로운 금융이라고 단언해도 되고, 금융의 구조와 서비스 방식부터 사용자의 사고 그리고 생활까지 송두리째 바꾸는 혁신이라 과언해도 됩니다. 누구도 핀테크의 발전과 확산에서 자유롭지 않습니다. 얼마 후 혹은 먼 미래의 이야기가 아니라, 지금 당장 벌어지고 있는 일이니까요.

한 가지 확실한 것은, 돈은 철저히 숫자라는 것입니다. 본질이 숫자이니 정확한 계산이 중요합니다. 어마어마한 규모로 돈이 오가니 이를 처리하기 위해서라도 금융업은 컴퓨터에 의존할 수밖에 없습니다. 예전부터 IT기술을 가장 전방위적으로 사용하는 분야가 금융입니다. 그런데 왜 세삼스럽게 핀과 테크일까요? 무엇이 더 새로워졌기에?

이제는 돈의 내용만이 아니라 외형도 숫자가 되고 있습니다. 조개껍질도 아니고, 금이나 보석도 아니며, 오랫동안 돈의 형상으로 각인된 종이 다발의 모습도 퇴색하고 있습니다. 숫자를 나타내는 정보만 남을 뿐입니다. 값어치를 보여주는 실물을 사용했던 실물화폐에서 종이화폐로, 빠른 속도로 종이를 대체하는 정보화폐로 바뀌고 있습니다. 애플은 음악을, 넷플릭스는 영상을, 아마존은 책을 해체했습니다. 단순히 '정보'로 말입니다. 덩달아 음반과 영화, 출판 산업이 새로운 판을 짜게 되었습니다. 이제는 금융 산업의 차례입니다.

핀테크의 선두주자 또한 IT 기업들입니다. 흔히 'GAFA'로 칭하는 구글, 애플, 페이스북, 아마존과 중국의 3인방 바이두, 알리바바, 텐센트를 뜻하는 'BAT'이 그 중심에 있습니다. 미국과 중국이 약진하는 데는 중요한 이유가 있습니다. 바로 두 나라의 기존 금융 서비스의 한계 때문입니다. 중국이야 그렇다 치더라도 미국의 금융 서비스에 문제가 있다는 것이 쉽게 이해되지 않을 것 같습니다. 미국은 은행공동전산망이 제대로 갖춰져 있지 않습니다. 우리에게는 낯선 계좌 사용료가 존재하고, 송금 수수료도 적지 않은 데다 예금 금리도 무척 낮습니다. 전 세계 기업 금융과 투자 자금을 쥐락펴락하는 미국이지만, 정작 자국 국민에 대한 뱅킹 서비스는 신통치가 않았던 것이죠.

불편이 부른 혁신의 좋은 사례가 하나 있습니다. 한국의 핀테크 산업이 걸음마를 막 떼고 있을 때, 아프리카의 케냐에서는 핀테크가 사람들의 삶의 모습 자체를 바꾸고 있다면 믿어지나요? 전통적인 은행

계좌보다 휴대폰에 내장된 가상계좌를 이용하는 사람이 더 많고, 은행의 예치금보다 모바일머니의 거래액이 2배 이상이라고 합니다. 악조건이 혁신의 기회를 제공한 셈입니다. 마찬가지로 중국이 핀테크에서 두각을 나타내는 이유도 기존 금융권과 뱅킹 서비스가 열악해서라고 합니다. 글로벌 컨설팅업체인 KPMG가 2016년 발표한 '세계 핀테크 TOP 100'의 최상위 10곳 중에 중국 기업이 무려 5개나 자리하고 있군요. 전통적인 금융 강국인 영국도 과거의 명성을 되찾기 위해, 바클레이즈Barclays나 HSBC 등의 민간 기업을 중심으로 박차를 가하고 있습니다.

그렇다면 전통적인 금융 강국은 아니었지만, 금융 서비스가 크게 불편하지는 않았던 우리의 상황은 어떨까요. 핀테크는 '금융'과 '기술'의 결합이라 했죠. 단도직입적으로 말해, 'IT 강국'의 위상에 걸맞게 '기술'은 뛰어나지만, '금융' 쪽은 형편없습니다. 우리나라 사람들은 새로운 기술과 서비스를 수용하는 수준이 거의 최고입니다. 반면, 세계경제포럼의 발표에 따르면 한국의 금융업 경쟁력은 전체 144국 중 80위입니다. 은행 건전성은 122위이고요. 금융업을 관장하는 정부 부서의 법제와 효율성도 뒤쳐져 있습니다. 그동안 큰 불편 없이 서비스를 이용한 것은 금융보다 IT 부문의 선전 때문이었다고 봐야 할 것 같습니다.

돈은 가치를 교환하는 수단입니다. 오래 전 인류는 무거운 쌀을 싣고 먼 거리를 이동해서 황소 한 마리와 바꿨습니다. 이런 불편을 없애려고 화폐를 만들었습니다. 실물에서 종이로 간소화되면서 가치를 저장할 목적으로 쓰이게 되고, 은행이 등장합니다. 드디어 수단에서 목적으로 돈의 역할이 바뀌었습니다. 은행으로 시작한 금융업의 융성은 새로운 가치 창출이라는 사명을 돈에게 쥐어줍니다. 새로운 사명까지 얻은 돈은 드디어 자기 증식을 시작합니다. 우리가 쉽게 말하는 것처럼 '돈이 돈을 버는' 것이죠.

기억하고 있죠? 자기 증식의 최고봉은 디지털입니다. 쪼개고 나눠도 자신은 손상되지 않습니다. 앞서 언급했던 사물인터넷을 생각해보세요. 온갖 사물에 디지털 정보가 이식됩니다. 정보가 가치이자 곧 돈이니, 사물과 실물로 돈이 빨려 들어가는 셈이죠. 세상의 만물이 결국돈이 됩니다. 그러나 아무것도 우리가 알던 돈이 아닙니다. 어떤가요? 모든 것이 돈이고, 아무것도 돈이 아닌 신세계입니다. 진정 양면성의 최고봉은 돈이라 하겠습니다.

신뢰
: 제3자의 본분

우리에게 돈이 필요한 이유는 크게 3가지입니다. 일단 재정적인 독립. 내가 쓸 만큼의 돈을 내가 가지고 있어야 합니다. 그래야 '신뢰信賴'받는 사회 구성원이 됩니다. 그리고 여유가 생기면 남에게 베풀기도 하죠. 남에게 '편의便宜'를 제공할 수 있어야 사람답게 사는 것입니다. 또 있습니다. 누구나 목표를 세우고 달성하며 인생을 영위합니다. 돈은 그 자체로 목표가 되기도 하지만, 대다수의 현실적인 목표는 '자산資産', 즉 가진 게 있어야 도달할 수 있는 법이죠.

핀테크의 세부 기술로 **'신뢰-편의-자산'**, 이렇게 3영역을 선정했습니다. 양면적이라 했듯, 위에서 말한 돈이 필요한 이유들과 똑같은 의미로 쓰이지는 않습니다. 돈을 다루는 핀테크는 금융과 IT, 기술과 서비스 그리고 돈과 돈의 철학을 모두 양면적으로 고려해야 합니다. 지금부터 소개하는 세부 기술 중에는 기술이라기보다는 서비스에 해당하는 것들도 적지 않군요. 이를 감안해주기 바랍니다.

원래 금융이라는 건 이른바 '돈 놓고 돈 먹는' 일입니다. 물자나 상품을 생산하지 않고도 더 큰 수익을 거둘 수 있죠. 그러다 보니 노동을 인간의 최고 가치로 여긴 마르크스의 눈에는 금융업을 하는 자본가가 눈엣가시였을 것입니다. 노동자에게 자본을 빌려주고 이자까지 받아내는 자본가야말로 신성하게 노동을 수행하는 대다수 사람들을 착취한다고 본 것이죠.

은행은 한 술 더 뜹니다. 돈을 빌려주는 것에 더해 돈을 맡아 관리해주기도 합니다. 돈을 맡긴 사람에게 이자를 주지만, 당연히 돈을 빌려준 사람에게서 받아내는 이자가 훨씬 크죠. 그 차이를 '예대마진'이라 합니다. 이 차이가 은행의 기본적인 수익입니다.

이처럼 금융과 은행은 돈이 궁한 이들과 여유가 있는 이들을 연결하는 매개자입니다. 연결할 이들이 없으면 존재할 수 없는 제3자죠. 그러니 상식적으로 생각하면 납작 엎드리는 것이 당연합니다. 남의 돈을 맡아 관리하면서 돈을 벌어들이니까요. 하지만 그들은 강력합니다. 가치교환 수단인 화폐를 발행하고, 이를 맡아주며 가치 저장의 역할도 합니다. 돈을 빌려주고 각종 투자상품과 파생상품도 구비하니 가치 창출도 합니다. 제3자의 본분을 저버리고 많은 이들의 중앙에 우뚝 서서 군림하고 있습니다.

하지만 핀테크라는 망치로 두드리니 철옹성에도 균열이 생기기 시작했습니다. 그 망치가 앞세우는 대못이 바로 '**비트코인**bitcoin과 **블록체인**blockchain'입니다.

화폐의 신세계, 비트코인

서브프라임 모기지론 사태로 글로벌 금융위기가 확산되던 2009년, 나카모토 사토시라는 이름을 가진 정체불명의 컴퓨터 프로그래머가 온라인 가상화폐인 비트코인을 발표합니다. 그는 "화폐의 역사는 신뢰를 저버리는 사례로 충만하다"고 비판하며 개발 동기를 인터넷에 남깁니다. 나카모토 사토시의 정체에 대해 추측만이 난무하다 2016년에서야 호주의 사업가 겸 컴퓨터공학자인 크레이그 스티븐 라이트인 것으로 밝혀졌습니다.

일반적으로 두 사람이 서로 돈을 주고받으려면 계좌가 필요합니다. 계좌를 관리하는 은행은 송금 수수료를 받건 안 받건 중앙에서 유리한 고지를 점령하게 되죠. 그런데 비트코인의 개념에서는 통화를 발행하고 관리하는 중앙이, 바로 은행의 역할을 하는 제3자가 아예 없습니다. 오로지 개인끼리 직접 거래합니다.

비트코인으로 A가 B에게 돈을 보내는 과정은 대략 이렇습니다. 먼저, 돈 받을 사람인 B가 공개키public key와 개인키private key를 동시에 생성한 후, A에게 공개키만 보냅니다. 공개하는 자물쇠인 셈이죠. 그러면 A는 그 공개키를 수신자로 하는 수표를 발행해 네트워크에 전송합니다. 물론 그 수표를 사용할 수 있는 사람은 공개키와 짝을 이룬 개인키를 가진 B뿐이죠. 조금 어려운가요? 거래를 중개하는 제3자 없이 온라인으로 주고받을 수 있다는 원리만 알아두면 충분합니다.

비트코인은 디지털 형식의 화폐입니다. 화폐 거래에서 가장 중요한 것은 '신뢰'입니다. 좀 더 정확히 말하면, 그 화폐를 만들어내는 곳이 신뢰할 만해야 합니다. 한국은행이 찍어낸 돈을 의심하는 사람은 없습니다. 진짜 같은 위폐만이 유일한 걱정이죠. 그렇다면 비트코인은 누가 만들어낼까요? 그는 신뢰할 만할까요?

인터넷을 통해 누구나 계좌를 개설할 수 있는 비트코인은, 아주 어렵게 고안된 수학 문제를 풀거나 거래에 참여하면 무상으로 얻을 수 있습니다. 프로그램에 의해 10분마다 일정량이 자동으로 생성되며, 총 2,100만 비트코인까지 생성되도록 설정되어 있답니다. 일종의 통화량

조절입니다. 참고로 2017년 초반을 기준으로 1BTC(비트코인 단위)는 120만 원 안팎으로 거래된다고 합니다.

절대적인 신뢰감을 주는 제3자가 없는데 사람들은 뭘 믿고 비트코인을 이용할까요? 많은 참여자들의 거래와 그보다 더 많은 사람들의 관찰 자체가 신뢰를 창조합니다. 가령 으슥한 골목길이 아니라 사람이 많은 대로변에서는 경찰이 없어도 별로 불안하지 않잖아요. 많은 이들이 함께함으로써 신뢰가 형성되는 이치입니다.

비트코인의 세계는 창의적입니다. 우리가 전혀 생각하지 못한 신세계로 안내합니다. 몇몇 국가에서는 비트코인으로 영화도 보고 비행기도 탈 수 있다고 합니다. 그러나 불규칙적인 가치등락, 거래소의 사기, 비정상적인 운영 등의 이유로 기대만큼 활성화되지는 못했습니다. 당사자 간의 은밀한 거래 방식을 악용해 마약 거래에 사용된 것이 발각되기도 하고, 기존 금융권의 철저한 배척까지 겹치며 내리막길을 걷는 듯했습니다. 그러다가 화려하게 재조명을 받게 됩니다. 비트코인에 내재된 기술, 바로 블록체인 때문입니다.

블록체인은 거래장부입니다. 알다시피 돈이 오고가는 내역을 기록하는 장부는 금융의 핵심이라 할 수 있죠. 특히 현금이 오가는 비중이 낮을수록 거래는 장부상의 숫자에 불과합니다. 이 거래장부의 보유권이 은행의 공신력을 만들었다 해도 과언이 아닙니다. 블록체인은 비트코인 거래에 있어 이 거래장부 역할을 수행합니다.

네트워크에 접속한 모든 비트코인 사용자는 똑같은 거래장부 사본을 나눠 보관합니다. 10분에 한 번씩 새로 발생한 거래 내역이 업데이트됩니다. 이렇게 주기적인 '블록'을 만들어 지속적으로 추가하는 모습이 꼭 사슬chain과 같다고 해서 '체인'이라 부르는 것이죠. 블록체인은 디지털 환경에서 신뢰의 프로세스를 재정립했습니다. 신뢰와 검증을 제공하는 제3자에게 더 이상 의존하지 않고서도 모든 거래 내역을 기록한, 신뢰할 수 있는 장부를 만들어 공신력을 획득했습니다. 금융기관의 개입이 없으니 부가적인 비용 또한 없어지겠지요.

이는 단순히 돈과 화폐, 비트코인과 핀테크에 국한되지 않은 혁명적 사건입니다. 비트코인을 위해 블록체인이 만들어졌지만, 이제 비트코인은 블록체인의 한 응용사례일 뿐입니다. 조금 길었죠? 하지만 핀테크 관련 기술 중, 비트코인과 블록체인에 대해서 이 정도는 알아야 합니다.

이상적이고 수학적인 세계에서 현실적이고 물리적인 세상으로 돌아오겠습니다. 금융에서 신뢰가 중요한 이유는, 돈과 재산이 직접적으로 연관되기 때문입니다. 신뢰가 깨지면 돈을 주고받을 수도, 맡길 수도 없습니다. 그런데 찬찬히 살펴보면 신뢰에도 2가지 종류가 있다는 것을 알게 됩니다.

첫 번째는 가치 교환의 신뢰입니다. 화폐·거래·상대가 믿을 만한지에 대한 것으로, 우리가 공인된 제3자에 의지하는 이유입니다. 두 번째는 가치 저장에 관한 신뢰입니다. 내 돈을 믿고 맡길 만한 곳인지,

누군가가 침입하여 나의 소중한 재산을 가로채지는 않는지에 대한 걱정을 잠재우는 신뢰이죠.

가치 저장과 관련된 문제에도 기존 금융 시스템은 제3자의 본분을 넘어서서 전횡하고 있습니다. 인터넷 뱅킹이나 모바일 뱅킹을 써봤겠지요. 각종 비밀번호, 보안프로그램, 액티브 X, OTP, 2채널 인증, 공인인증서 등등. 모든 것이 사용자의 몫입니다. 만일 문제가 생겨 보안사고가 나면 책임도 사용자의 몫입니다. 신뢰를 깨뜨린 건 그들인데 피해를 보는 건 사용자입니다. 사용자 인증을 만들어놓은 이는 사용자가 아닌데, 사용자 인증에 이상이 생기면 사용자가 책임지라는 것입니다.

사용자 인증의 확실한 수단으로 '**생체인증**biometrics'이 각광받고 있습니다. 생체인증은 인간의 고유한 생물학적 정보를 인식하고 인증하는 것입니다. 그 사람에게 특별히 할당된, 잊고자 해도 절대 잊을 수 없는 비밀번호인 셈이죠. 그중에서 가장 활발하게 사용되는 것이 지문입니다. 초기에는 건물 출입용으로 등장하더니 최근에는 스마트폰 홈버튼에 장착되는 추세입니다. 다른 사람과 똑같은 지문을 가질 확률은 10억 분의 1정도라고 합니다. 이 정도라면 인증수단으로는 딱히 결격사유가 없습니다만, 접촉식이다 보니 접촉면의 파손이나 변형으로 오작동할 가능성이 있습니다.

그 외에도 홍채, 얼굴, 음성, 뇌파 등을 활용합니다. 홍채는 지문보다 더 유니크한 생체정보여서 주목받고 있습니다. 단지 눈을 직접 촬영해야 하니 손가락을 대는 것보다는 조금 더 불편하겠지요. 홍채의 대안으로 얼굴 인식이 있습니다. 얼굴 전면과 두상까지 인증의 범위 안에 둡니다. 아무튼, 신뢰할 수 있는 금융기관과 서비스를 이용하기 위해서는 스스로의 신뢰부터 보여주어야 하는 현실이니 핀테크에 거는 기대는 날로 높아져만 갑니다.

편의
: 당신은 보수? 진보?

미국 생활을 시작할 때 처음 접한 은행이 '뱅크 오프 아메리카Bank of America'였습니다. 이름부터 미국답고 뭔가 대표성이 느껴져 쉽게 신뢰감이 생기더군요. 물론 계좌도 개설했습니다. 그런데 주변에 또 다른 은행 하나가 자주 눈에 띄었습니다. '웰스 파고Wells Fargo.' 별로 와 닿지 않은 이름도 그렇거니와 촌스러운 역마차 사진은 뭔가 싶었죠. 나중에 안 사실이지만, 웰스 파고는 미국 4대 은행 중 하나로 당시 미국에서 영업점 숫자로 1위였고 인터넷 서비스도 최초로 제공했다고 합니다. 역마차 사업으로 시작한 웰스 파고는 그 역마차를 이용해 고객의 금괴를 빠르고 안전하게 운반하는 서비스를 하며 금융업으로 변신합니다. 금괴와 현금을 보관·수송하는 것이 은행이 하는 일의 전부였던 시절이 그리 오래된 것이 아닙니다.

그러던 은행이 본격적으로 변화한 계기는 역시 인터넷입니다. 요즘은 웬만하면 인터넷 뱅킹으로 은행에 가지 않고 은행 업무를 처리합니다. 거기에 스마트폰을 이용한 모바일 뱅킹이 또 한 번 혁신을 불러왔죠. 이제는 '은행 업무라는 것이 과연 무엇인가?'를 생각하게 됩니다. 돈이 숫자에 불과해졌다면, 현금은 정보에 지나지 않습니다. 빌 게이츠가 일찌감치 했던 말이 있습니다. "우리는 은행 서비스가 필요한 것이지, 은행이 필요한 것은 아니다." 이 말이 점점 현실화되어가는 모양새입니다.

  따져보면 은행 스스로 대대적인 변화와 혁신을 주도한 적은 없어 보입니다. 혹자는 은행이 고객을 위해 자발적으로 혁신한 유일한 사례로 ATM자동금융거래단말기, automated teller machine을 꼽기도 하지만, 실상 따지고 보면 그렇지도 않습니다. ATM은 물리적으로 은행이 우리에게 다가온 것처럼 보이지만, 사실은 우리가 다가간 것입니다. ATM의 T는 은행의 금전 출납계 직원을 뜻하는 'teller'입니다. 직원이 할 일을 고객인 우리가 직접 다 하고 있는 실정입니다. 그래도 사람들은 불평하지 않습니다. 오히려 가까운 곳에 주거래 은행의 ATM이 있어서 다행이라고 생각하죠. 은행 입장에서 보면, 직원 대신 고객들이 스스로 알아서 입출금, 이체, 통장정리까지 하니 ATM을 효자라 부를 만하겠죠.
  인터넷 뱅킹과 모바일 금융으로의 대전환도 결코 은행이 원해서 그렇게 된 것이 아니었습니다. 시대의 변화가, IT 기술의 눈부신 발전이 꼼짝 않고 버티던 은행을 그렇게 만든 것이죠. 정녕 언제쯤 은행은 창조적 파괴를, 파괴적 혁신을, 혁신적 창조를 주도할 수 있을까요? 핀테크의 시대를 맞이해 진정한 제3자의 본분을 지키며, 드넓은 황무지를 횡단하며 금괴를 나르던 역마차 정신을 되살리고, 고객의 편의를 우선으로 다가설 수 있을까요?

 고객은 신뢰를 확보하면 다음으로는 간단함과 편리함을 바라기 마련입니다. 이 2가지는 핀테크의 슬로건이기도 한데, 대표적으로 '**간편결제**'가 있습니다. 지갑에서 현금을 대체한 것이 신용카드였다면, 현금과 신용카드를 한꺼번에 무색하게 만들고 있는 것이 바로 이 간편결제입니다. 현금과 신용카드가 스마트폰으로 빨려 들어갔다고 보면 됩니다.

 간단하고 편리하다는 것은 어떤 것일까요? 먼저, 절차가 간단해야 합니다. PC나 스마트폰으로 결제나 송금을 한 번이라도 해봤다면 그 불편함과 번거로움을 알 겁니다. 공인인증서를 반복해 써야 하는 건 기본이고 보안 모듈도 한두 개가 아닙니다. 계좌번호나 카드 정보 등 입력하라는 것은 왜 그리 많은지. 고객의 편의를 위한다고 하지만 우리는 불편합니다. 복잡하고, 오래 걸리고, 걸핏하면 등장하는 오류 메시지에 해마다 공인인증서도 갱신해야 하고…. 솔직히 짜증납니다.

 애플페이나 알리페이가 아직 낯설다면 네이버페이나 카카오페이는 써보았거나 적어도 들어보았을 것입니다. SSG페이, 시럽페이, 케이페이, 페이나우, 페이코 등등 우후죽순으로 등장한 무슨무슨 페이라는 간편 결제 서비스를 써보면 압니다. 이런 절차와 과정을 싹 건너뜁니다. 은행 계좌나 신용카드를 연결해놓으면 바로 결제를 할 수 있습니다. 기껏해야 비밀번호 입력이나 로그인 혹은 지문인식 1회 정도만 수고하면 끝입니다. 은행의 뱅킹 서비스와는 비교가 안 되죠.

페이 춘추전국시대에 비교적 뒤늦게 뛰어든 삼성페이는 높은 단말기 점유율과 뛰어난 하드웨어 기술을 십분 활용해 부가적인 효용으로 무장했습니다. 가장 큰 차이점은 마그네틱 결제가 가능하다는 겁니다. 신용카드의 까만 선, 마그네틱이 가맹점의 리더기를 지나가면서 결제되듯이 스마트폰 뒷면을 리더기에 가까이 가져가면 됩니다. 이처럼 고객의 익숙한 경험을 바탕으로 새로운 편의를 제공하며 오프라인 간편결제의 강자로 등극하고 있습니다.

핀테크의 슬로건은 간단함과 편리함이라고 했습니다. 복잡한 절차를 간단하게 해준 것은 좀 전에 설명한 것이고, 하나가 남았습니다. 편리함. '편리'라는 말에는 '편하게 하는 것'과 '이득이 되는 것'이라는 뜻이 함께 있습니다. 그렇게 보면 핀테크는 사용자를 편하게, 그리고 이롭게 해주는 것이 기본이라 할 수 있겠네요.

간편 결제의 핵심은 고객의 수고를 덜어줌과 동시에 책임도 줄여주는 것입니다. '절차를 간단하게 해주었으니까 거기서 발생하는 위험부담은 사용자가 알아서 하라.'는 식이 아니라는 것이죠. 만약 그렇게 나왔다면 핀테크는 우리가 기대한 금융과 금융서비스의 혁신이라 불리지 않았을 것입니다.

핀테크에서 간편 결제와 더불어 급격히 다가온 분야는 '**P2P 금융**' 입니다. 그중에서도 'P2P 대출'이 먼저 다가왔습니다. P2P 대출은 'person-to-person', 즉 개인 간의 대출 거래입니다. 개인의 돈을 빌리는 일종의 사채라고 해도 틀린 말은 아니겠네요. 사채라고 하니 신용불량, 급전, 고금리, 심지어 조폭까지 연상된다고요?

핀테크는 P2P 대출로 이런 부정적 인식을 해결하고자 합니다. P2P 대출에도 철저하게 '다수의 참여와 다수로의 분산' 원칙이 적용됩니다. 아이러니한 것은 P2P의 P가 한 개인을 뜻하는 '퍼슨person'의 약자이지만, 내용적으로는 다수의 사람을 말하는 '피플people'을 뜻한다는 겁니다. 다수의 개인이라는 의미죠. 다수의 개인이 참여하여 책임을 분산시키며 신뢰를 구축한다는 발상. 앞서 설명한 비트코인과 블록체인의 사상이었던 것, 기억나죠?

사채와 달리 P2P 대출은 돈이 많은 한 사람에게 빌리는 것이 아닙니다. 100만 원을 빌린다고 칩시다. 빌려주는 쪽에서는 10명 혹은 100명이 10만 원씩 혹은 1만 원씩 빌려줍니다. 물론 이자는 빌려준 금액만큼 균등하게 나눠지고요. P2P 대출은 이들을 모으고 연결해주는 역할을 합니다.

그런데 여기서 잠깐, 제대로 연결하려면 먼저 잘 모아야겠지요. 잘 모은다는 것은 믿을 만한 사람들, 즉 이자를 제때 내고 성실하게 갚아나갈 사람들을 판별하는 일입니다. 이것을 얼마나 잘 하느냐를 가지고 P2P 대출 기업의 경쟁력을 판단할 수 있습니다.

P2P 대출도 편의성을 중요하게 여깁니다. 그래서 선도적인 P2P 기업들은 고객들에게 이런저런 신용정보와 증빙서류를 요구하지 않습니다. 자체적으로 확보한 대출 신청자의 거래 내역, 현금 흐름, 심지어 SNS의 평판까지 수집해 수분 내에 신용도 평가를 완료하고 대출 여부를 결정합니다. 실컷 개인정보를 알려주고 심사서류를 보낸 뒤 긴긴 기다림 끝에 부적격 통보를 받는 모멸감은 사라지겠지요.

P2P 금융에는 투자도 있습니다. 돈을 빌려주는 입장에서는 P2P 대출도 투자이지요. 좀 더 전문적으로 개인과 기업에게 투자하는 형식이 '크라우드 펀딩crowd funding'입니다. '대중crowd'에게 '자금을 모은다funding'는 뜻입니다. 자금력이 부족한 신생기업이나 벤처기업이 자사의 기술과 제품 또는 비즈니스모델을 공개하고 인터넷이나 SNS에서 자금을 모집하는 방식입니다. 예술가나 사회활동가에게 크라우드 펀딩을 통해 투자 아닌 투자를 하기도 합니다. 이래저래 P는 퍼슨person을 넘어 피플people이자 크라우드crowd가 되네요.

지난 국제대회의 야구 중계에서 해설자로 출연한 이승엽에게 아나운서가 막간을 이용해 곤혹스러운 질문 하나를 던졌습니다. "일본은 프로야구도 강하고 아마야구 선수층도 두텁습니다. 우리와 비교할 바가 아니죠. 그런데 왜 국제대회에서는 우리에게 약할까요? 한국과 일본 야구를 두루 경험한 이승엽 선수라면 답을 알고 있을 것 같습니다." 순간 귀를 쫑긋 세웠습니다. 뭐라고 했을까요? "맞습니다. 일본은 강하죠. 일본은 우리와 만나면 (자기들이 한국보다) 한 수 위라는 생각에 지지 않으려 애씁니다. 반면에 우리는 이기려고 애쓰고요. 그 차이 아닐까요."

지지 않으려는 자와 이기려는 자의 싸움이라. 어쩌면 승부는 이미 결정 난 것 아닐까요? 기존 금융권 사람들 중에는 핀테크를 단순히 전자금융이라고 생각하는 이들이 많습니다. 조금 더 쓰면 스마트금융이랍니다. 심지어 그 유명한 미국의 와튼스쿨에서도 핀테크를 '기술을 이용해 금융 시스템을 보다 효율적으로 만드는 것'이라 하네요. 금융은 그대로고 기술과 IT를 이용하여 스마트하게 덧칠하자는 심산이겠죠. 답답합니다. 언제까지 지지 않을 수 있을까요. 도대체 언제까지 기득권을 움켜잡을 수 있을까요.

이기려는 자들은 지지 않으려는 자들을 비웃고 있습니다. 이기려는 자들은 핀테크의 정신, 즉 '고객의 편의를 위하여'를 외치는 신생 기업 혹은 IT 기업들입니다. 이들의 면면을 잘 보세요. 네이버, 카카오, 삼성전자 그리고 통신사들. 이미 대다수 국민과의 접점을 확보한 기업들입니다. 그들의 고객 접점이 고객 편의로 치환되는 순간, 더 이상 은행은, 금융업은 없습니다. 맥킨지의 보고서에 따르면, 2025년에는 은행업 수익의 60%, 소비자 금융 분야에서 은행 매출의 40%를 핀테크 기업들이 잠식할 거라고 경고합니다.

단어 그대로 풀이하자면 '보수保守'는 현재 상태를 보전하여 지키는 것을, '진보進步'는 변화와 발전을 추구하는 것을 뜻합니다. 당신은 보수인가요, 진보인가요? 가진 것을 지키려고 하나요, 새로운 것을 갈망하나요? 지지 않으려 하나요, 이기려 하나요? 보수의 금융업과 진보의 핀테크 사이에서 한판 승부가 흥미롭게 펼쳐지고 있습니다.

자산
: 돈의 유언장

우리에게 중국과 일본은 가깝고도 먼 나라입니다. 역사적으로나 지리적으로나 이래저래 얽힌 일이 많아 더 그렇게 느껴지죠. 두 나라를 비교해보면 재미있는 사실이 많습니다.

먼저 일본은 '가업家業'을 중시합니다. 대대로 내려오는 가족의 직업에 대한 애착과 자부심이 대단하죠. 작은 일 하나도 장인정신으로 임하는 태도는 아시아에서 가장 먼저 산업화를 이룬 강국의 바탕이 되었을 겁니다. 반면, 중국은 '가산家産'을 최고로 여긴답니다. 그들은 노골적으로 부에 집착합니다. 모든 것의 가치를 돈과 부로 환산하는 것은 기본이죠. 중국인들이 제일 좋아하는 숫자 '8'도 '큰돈을 번다'는 의미랍니다. 8을 오죽 좋아했으면 2008년에 개최한 베이징 올림픽 개막식을 8월 8일 오후 8시 8분 8초에 시작했을까요.

그렇다면 한국은 어떤가요? '가문家門'을 중시합니다. 여전히 뿌리 깊은 유교 정신 때문일까요? 어떤 사람이 그러더군요. 중국은 자본을 최우선으로 생각하는데 사회주의이고, 한국은 사회적 명분이 중시하는데 자본주의라며, 서로 바뀐 것 아니냐고요. 이런 심오복잡한 생각은 차치하고, 국제사회에서 관련 분야의 경쟁력을 좀 더 현실적으로 점검하고 제고해야 할 필요가 있습니다. 어쨌거나 중국이 단기간에 핀테크의 최강자로 부상한 것도, 돈, 가산, 자본을 최우선으로 여기는 사회 분위기 때문이 아닌가 생각됩니다.

조지 베일런트George Vaillant는 행복의 7가지 조건을 나열했습니다. 그중에서 첫 번째이면서 가장 눈에 들어오는 각별한 조건은 '성숙한 자기방어'입니다. '자기방어'라는 단어만 들으면 약간은 개인적이고 이기적인 표현 같은데, 그 앞에 '성숙한'이라는 단어가 붙었네요. 기가 막힌 앙상블이 아닌가요? 행복한 생활을 영위하기 위해서 '건강한 재정상태'가 필요하다는 말, 많이 들어보았죠? 돈과 핀테크를 얘기하고 있으니 '성실한 자산관리'로 바꾸어보겠습니다. '성숙한 자기방어'와 어감도 비슷하고, 행동지향적이라는 맥락도 같아서입니다.

아직도 돈 관리, 자산관리라 하면 좀 그런가요? 인간의 원초적 욕망인 재물욕, 성욕, 수면욕, 식욕을 표출하는 사람이 탐욕스럽고, 밝히고, 게으르고, 둔해 보이나요? 그렇게 생각하지 않았으면 좋겠습니다. 너무 지나쳐서 다른 이들의 중요한 가치를 훼손하거나 옳지 않은 방법으로 추구하는 것이 문제지, 그 자체가 문제는 아닙니다. 인간으로서 느끼는 당연한 본능일 뿐이죠. 가문에 먹칠할 일도 아닙니다. 성숙하게, 건강하게, 성실하게 돈과 자산을 다루는 것이 행복의 조건임은 지당합니다.

금융업과 핀테크 기업이 고객에게 제공할 서비스의 기본은 간단함과 편리함이라 했습니다. 한 가지를 더 추가하자면 '저렴함'입니다. 고객 입장에서 본다면 서비스가 저렴해야 핀테크가 곧 재테크가 되겠지요. 요즘 추세인 간편송금은 소액을 송금해도 수수료가 없습니다. VIP 등급 회원이 아니라도 공짜입니다. 간편함 때문만이 아닙니다. 저렴하니까 사용하죠. 어쩌면 사용자가 생각하는 '간편함'에는 '저렴함'이 이미 포함되어 있을지도 모릅니다.

P2P를 지향하는 핀테크는 해외송금도 저렴합니다. 트랜스퍼와이즈 TransferWise라는 회사의 서비스는 이렇습니다. 한국의 A가 미국의 B에게 100달러를 보내고, 미국의 C가 한국의 D에게 100달러 보내야 한다고 합시다. 그러면 한국의 A가 D에게 100달러 건네주고, 마찬가지로 미국의 C가 B에게 100달러 주면 되지 않을까요. 그럴 수만 있다면 돈이 국경을 넘나들 필요가 없으니 송금수수료가 대폭 줄거나 아예 없어지겠지요. 개념은 다 알겠는데, 그런 사람들을 어떻게 찾느냐고요? 다시 떠올려보세요. P2P의 P는 내용상으로 피플people이라 했지요. 엄청난 사람들이 몰려 있으면 충분히 가능합니다. 물론 금액까지 딱 맞아떨어질 필요도 없습니다. 이미 설명한 것처럼, 십시일반 구조니까요.

우리가 성실한 자산관리와 저렴한 서비스를 추구한다면, **'인터넷전**

문은행'의 개점을 학수고대해야 합니다. 인터넷전문은행이 인터넷은행과 다른 것은 '전문'에 있습니다. 온라인으로만 영업하고 오프라인은 아예 없다는 것입니다. 기본적 기능은 시중 은행과 같습니다. 하지만 몇 가지 차별점에 주목해야 하는데, 일단 저렴합니다.

책 한 권을 사더라도 인터넷에서 구매하면 10% 저렴합니다. 서점을 열고 매장을 유지하는 비용이 절감되니 고객에게 가격을 깎아줍니다. 당연히 인터넷전문은행도 마찬가지겠죠. 이미 인터넷전문은행이 영업중인 미국과 일본의 사례만 보더라도 대출 금리나 이체 수수료가 2~3배 저렴하고, 예금 금리가 많게는 10배까지 높습니다. 고객들이 좋아할 수밖에 없죠. 그리고 365일 24시간 언제나 열려 있습니다.

인터넷전문은행에는 기존 은행들이 하지 않는 독특한 서비스가 하나 있습니다. '디지털 이자'라고도 하는데, 이자나 또 다른 이용자 혜택을 디지털 형태로 다양하게 제공한다는 겁니다.

현재 국내에는 카카오와 한국투자금융지주, KB국민은행, 넷마블, 우정사업본부, 이베이, 예스24 등의 컨소시엄으로 구성된 한국카카오은행과 KT, GS리테일, 우리은행, 현대증권, 한화생명, KG이니시스, 다날, 한국관광공사 등이 컨소시엄에 참여한 케이뱅크 두 곳이 2016년에 인터넷전문은행으로 인가를 받았습니다. 어떤가요? 두 은행에 참여한 회사들을 보니 감이 오지 않나요? 현금뿐 아니라 게임이나 쇼핑, 도서, 주식과 보험 심지어 편의점에서도 다양한 방식으로 디지털 이자가 빵빵하게 돌아오지 않을까요?

인터넷전문은행이기는 하지만 새로운 은행의 인가는 1992년 이후 24년 만이라 하네요. 우리나라에서 금융업은 여러 법으로 엄격하게 조정되고 있고, 주무부처인 금융위원회 역시 진흥보다는 규제에 초점을 맞춥니다. 다른 기관으로 금융감독원도 있잖아요. 진흥원이 아니라 감독원입니다. 이와 같은 금융에 대한 엄격한 규제는 근원적으로 '금산분리' 원칙을 채택한 것에 기인합니다. 그만큼 우리나라에서 금융업은 진입장벽이 높은 분야입니다.

금산분리는 금융자본과 산업자본이 상대 업종을 소유하고 지배하는 것을 금지하는 원칙입니다. 특히 기업이 은행의 지분을 최대 4%까지만 소유할 수 있도록 은행법에 못 박은 것이 대표적입니다. 알다시피 우리나라 대기업은 계열사로 은행을 두지 못합니다. 그들이 은행을 사금고화 할 수 있다는 우려에서 출발한 것이죠. 그렇지만 인터넷전문은행 컨소시엄 구성을 보면 뭔가 다르지 않나요? 비 금융사들이 대거 참여했습니다. 인터넷전문은행의 경우는 산업자본의 지분율 한도가 대폭 상승할 것이라는 전망입니다.

핀테크 산업의 활성화와 발전을 위해서는 기존의 금융업과 은행에 대한 다양한 규제를 완화해야 한다는 주장이 설득력을 얻고 있습니다. 소위 '천송이 코트' 사건을 들어보았을 겁니다. 드라마 '별에서 온 그대'에서 주인공 천송이가 입은 코트를 사기 위해 수많은 중국 대륙의 여인들이 우리나라 사이트에 접속했습니다. 하지만 구매하기가 쉽지 않았죠. 공인인증서니 액티브 X니 장애물이 너무 많았습니다. 당시 이 사실이 대통령 귀에 들어가 정책입안자들은 '규제개혁 끝장토론'을 하게 됩니다. 어찌 보면 '천송이 코트' 사건 덕분에 우리나라의 간편 결제, 핀테크가 본격적으로 시동을 걸었다고 해도 무리는 아닐 겁니다.

무엇을 풀어주고, 무엇을 지킬지는 단순한 문제가 아닙니다. 세상일에는 반드시 상응하는 대가가 있기 마련이죠. 그러나 핀테크가 여는 새로운 세상은 이미 현실이 되었고 더 이상 새롭지도 않습니다. 변화하고 혁신해야 합니다. 좌충우돌과 시행착오가 예상되더라도 시도해야죠. 어차피 자원도 부실하고 내수도 부족한 게 우리 형편 아니겠습니까.

규제완화의 변곡점에서 부상하고 있는 것이 **'로보어드바이저**robo-advisor'입니다. 로봇과 투자전문가의 합성어죠. 인간을 대신해 상담해주고 모바일 기기나 PC를 통해 온라인으로 자산관리를 해줍니다. 다양한 데이터와 통계를 분석해 인공지능으로 맞춤형 투자 포트폴리오를 구성해준다는 것이죠. 계속 반복되는 이야기지만, 당연히 수수료가 저렴합니다. 인터넷전문은행도 로보어드바이저를 전면에 배치합니다. 로봇이라 불리지만 실체가 없는 알고리즘이자 솔루션입니다. 어려울 것 없이, 주식 투자에 참여하는 이들에게 익숙한 '시스템 트레이딩'도 사실상 로보어드바이저입니다.

자본법령상 자문과 운용 인력으로 지정된 사람 외에는 자문 행위가 금지되어 있습니다. 그리고 자산운용 자문의 온라인 서비스에 대해서도 제한이 적지 않습니다, 하지만 하나씩 풀어가며 핀테크 시대를 맞이하고 있습니다. 단지 속도가 문제죠. 중국, 미국, 영국, 일본에 심지어 케냐까지 우리를 앞지르는 형편입니다.

세속적인 돈 이야기를 많이 했습니다. 마무리는 세속에서 벗어나고자 합니다. 1971년 4월 8일자로 작성된, 유한양행의 창업자 유일한 박사의 유언장을 소개합니다. 편지지 1장에 또박또박 큰 글씨로 이렇게 적혀 있습니다.

첫째, 손녀에게는 대학 졸업까지 학자금으로 1만 불을 준다.

둘째, 딸에게는 유한공고 안에 있는 묘소와 주변 땅 5,000평을 물려준다. 그 땅을 유한동산으로 꾸미고, 그 동산에는 결코 울타리를 치지 말고, 학생들이 마음대로 드나들게 하여 티 없이 맑은 정신에 깃든 젊은 의지를 지하에서나마 느끼게 해달라.

셋째, 내 명의의 주식 14만 941주는 전부 한국 사회 및 교육원조 신탁금에 기증한다.

넷째, 아내는 딸이 그 노후를 잘 돌보아주기 바란다.

다섯째, 아들은 대학까지 졸업시켰으니 앞으로는 자립해서 살아가거라.

여섯째, ○○○에게 돈 받을 것이 있으니 얼마는 감해주고, 나머지는 꼭 받아서 재단 기금에 보태라.

어떠세요? 마음이 뭉클해집니다. 이런 유언장이 또 어디 있을까요. 유일한 박사만의 유일한 유언장입니다. 모든 것이 돈인 세상에서 아무

것도 돈이 아니라 합니다. 모든 것을 내려놓으면서 궁극적으로는 아무 것도 잃지 않은 훌륭하고 멋진 선각자입니다. 돈이 말을 할 수 있다면, 그래서 유언을 할 수 있다면, 그래서 돈의 신세계에서 다시 태어난다면 이렇게 하지 않을까요? 모든 것이자 아무것도 아니게 해달라고요.

핀테크 Big Picture

IT를 통해 제공하는 새로운 금융 구조와 금융 서비스방식을 위한 기술

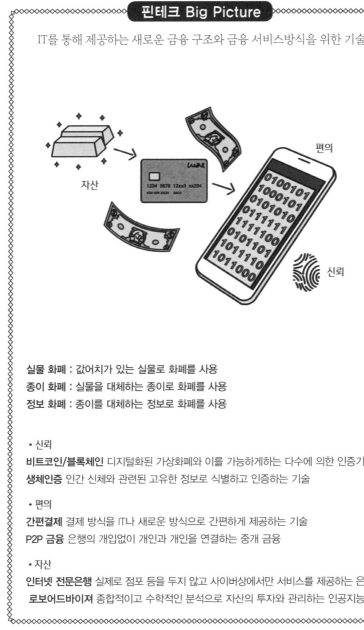

실물 화폐 : 값어치가 있는 실물로 화폐를 사용
종이 화폐 : 실물을 대체하는 종이로 화폐를 사용
정보 화폐 : 종이를 대체하는 정보로 화폐를 사용

• 신뢰
비트코인/블록체인 디지털화된 가상화폐와 이를 가능하게하는 다수에 의한 인증기술
생체인증 인간 신체와 관련된 고유한 정보로 식별하고 인증하는 기술

• 편의
간편결제 결제 방식을 IT나 새로운 방식으로 간편하게 제공하는 기술
P2P 금융 은행의 개입없이 개인과 개인을 연결하는 중개 금융

• 자산
인터넷 전문은행 실제로 점포 등을 두지 않고 사이버상에서만 서비스를 제공하는 은행
로보어드바이저 종합적이고 수학적인 분석으로 자산의 투자와 관리하는 인공지능

8
생각이 경험으로,
상상이 현실로
가상현실

내가 나비인지
나비가 나인지

꼬리를 무는 경우가 있습니다. 복잡한 사거리에서 자동차들이 꼬리를 물기도 하고, 미묘한 대화에서 말꼬리가 물리기도 합니다. 골똘히 생각하다 보면 생각이 꼬리에 꼬리를 물기도 하고요. 연구를 좀 해봤다거나 자료를 좀 찾아보았다면 알 겁니다. 논문이나 글, 기사를 읽다가 뒤에 붙어 있는 참고문헌과 자료 목록을 살펴봅니다. 그러다가 참고문헌을 찾아보고, 그 문헌의 참고문헌을 또 찾고…, 실컷 꼬리를 물다 보면 여기가 어디인지, 시작이 어디였는지 헷갈립니다.

책을 읽다가도 그런 경험을 합니다. 최인훈

의 〈광장〉은 몇 번을 봐도 보람을 느낍니다. 줄거리도 줄거리지만 군데군데 음미할 만한 구절들이 참 많아서입니다. 보통 이 작품은 작가의 또 다른 작품인 〈구운몽〉과 함께 수록되어 있습니다. '광장'을 3번이나 읽으면서도 그 감흥에 매몰되어 그다음 장을 넘기지 않았습니다. 그러다 어쩌다 다음 장을 넘겨 꼬리를 물게 되었죠. 최인훈의 〈구운몽〉은 현실과 환상을 넘나듭니다. '환몽구조'라 하지요. 현실-꿈-현실. 현실은 이런데 꿈에서는 저렇고, 다시 현실로 돌아와서는 그렇고…. 현실과 꿈이 서로 꼬리를 뭅니다. 최인훈이 조선 후기의 고전 《구운몽》과 동명의 작품을 발표한 이유는, 이 환몽구조를 따왔기 때문입니다.

또 다시 꼬리를 물어 김만중의 《구운몽》을 읽었습니다. 꿈과 현실, 전생과 이생이 한데 어우러지며 돌고 도는 기가 막힌 착상이 돋보입니다. 이 작품의 하이라이트는, 긴 꿈에서 깨어난 주인공에게 스님이 장자의 '호접지몽胡蝶之夢'을 얘기해주는 대목입니다.

어느 날 장자가 꿈을 꾸는데, 꿈속에서 자신은 나비가 되어 꽃밭을 날아다녔다. 그런데 꿈을 깨어보니 자신은 사람임을 알게 된다. 그 순간 장자는 생각했다 한다. '내가 나비의 꿈을 꾼 것인가, 나비가 나라는 인간이 되는 꿈을 꾸고 있는 것인가?' 꿈과 현실을 구분 짓는 것이 도대체 무슨 의미가 있느냐? 어떤 일이 꿈이고 어떤 일이 현실인 줄 누가 알겠느냐?

〈광장〉을 보다가 〈구운몽〉을 읽고, 또 다른 《구운몽》도 읽고, 거기에 장자의 '호접지몽' 도가사상까지. 땀을 뻘뻘 흘리며 책과 씨름하다가, 꼬리에 꼬리를 물다가, 꿈과 현실이 물리는 꼬리도 보았습니다. 그리고는 생각해봅니다. 꿈과 현실의 구분이 무슨 의미가 있는지, 무엇이 꿈이고, 무엇이 현실인지 말입니다.

2003년, 가상현실 사이트 '세컨드라이프'가 서비스를 시작했을 때, 정말 대단했습니다. 인터넷 속에 존재하는 가상의 도시에서는 누구나 분신인 '아바타'를 통해 현실에서 일어나는 대부분의 일들을 할 수 있었습니다. 집을 장만하고 직장에 출근하며 밥을 먹고 술도 마십니다. 그뿐인가요? 연애도 하고, 애완동물도 기릅니다. 〈파이낸셜타임스〉는 "현실세계와 가상세계의 경계가 없는 곳"이며 "자본주의의 신천지"라고 치켜세웠습니다. 수많은 실제 기업들이 세컨드라이프의 가상도시에 입점했고, 최고 정점이었던 2007년에는 870만 명 이상 거주하고 있었다고 합니다. 현실의 모든 것, 모든 곳을 꿈의 공간으로 옮겨놓은 것이죠.

세컨드라이프처럼 현실세계를 그대로 인터넷이나 각종 멀티미디어로 구현하려는 노력이 적지 않습니다. 현실감 넘치는 가상의 세계를 만들자는 것이죠. 오락실에 비치되어 있던 자동차게임, 아이맥스나 3D영화, 스크린골프, 비행기 모의조종, 가상체험학습 등. 모두 실제와 같이 만들어서 실제처럼 해보기 위함입니다.

'가상현실VR, virtual reality'은 '인간과 컴퓨터의 상호작용을 통해 각종 제약이 존재하는 현실을 간접적으로 체험하게 도와주는 기술'이라 할 수 있습니다. 짧게 말해 '컴퓨터로 만드는 가상의 현실'이죠. 그런데 방금 나온 가상현실의 정의를 좀 더 잘 살펴보면 정체가 불분명한 문구가 하나 있습니다. 찾았나요? '각종 제약'입니다. 이게 무슨 말일까요? 이와 관련해 조금 더 나가보겠습니다.

'각종 제약이 존재하는 현실'은 크게 두 가지로 나뉩니다. 첫 번째는 현실에서 가능하긴 하지만 물리적 제약이 있는 경우입니다. 우리는 현실에서 골프도 치고, 스키도 타고, 자동차 운전이나 비행기 조종도 하죠. 다만, 이런 것을 하려면 여러 조건을 갖추어야 합니다. 그런데 스크린골프나 스포츠 게임 등을 통해 조건을 갖추지 않고도 즐길 수 있습니다. 또한 가상현실 기기를 착용하면 프랑스의 루브르 박물관을 관람하거나 미국의 그랜드 캐년 골짜기를 걸어볼 수도 있습니다. 공간적 제약을 극복한 것이죠. 이런 경우의 가상현실을 '현실을 가상으로', 즉 '가상이 된 현실'이라 부르겠습니다.

두 번째의 경우는 '가상을 현실로' 또는 '현실이 된 가상'입니다. 시간적 제약을 초월해 공룡시대로 가봅니다. 또는 역사 속 인물들을 불러내어 전쟁 게임을 하며 나만의 역사도 써봅니다. 상상 속의 인물과 만나 사랑에 빠지기도 하고요. 모두 현실에서는 가능하지 않지만 상상을 통해 극복한 현실입니다. 이때는 인간의 상상력만이 유일한 제약일 뿐입니다.

세컨드라이프부터 스크린골프까지 우리에게 친숙해진 대부분의 가상현실은 '가상이 된 현실'입니다. 여기서 소개할 세부 기술들도 여기에 초점을 맞추고 있습니다. 어떤 방법으로든 현실에서 펼쳐지는 광경과 상황을 디지털 기기를 통해 재현하려는 것입니다. 마치 눈앞에 있는 것처럼, 지금 당장의 현실인 것처럼 만들고자 합니다. 그러자면 우리로 하여금 그렇게 느끼도록, 생각하도록 자극을 줄 수 있어야 합니다. 첫 번째 분야는 그럴듯한 '자극刺戟'을 주는 기술입니다. 그다음은 사용자가 오감과 행위를 발동해 몰입하게 하는 기술입니다. 자극을 주는 것은 기계지만 가상현실을 받아들이는 건 결국 사람이니까요. 이 부분을 '경험經驗'이라 하겠습니다. 그리고 마지막으로는 기기가 주는 자극과 사용자가 받는 경험이 어우러져 등장하는 가상의 '현실現實'입니다. 가상현실이 종합적으로 실현된 내용입니다. 역시 가상현실도 **자극-경험-현실**의 3대 영역으로 세부기술을 구분하여 정리하겠습니다.

잠깐 숨 좀 돌려볼까요. 쇼팽 아시죠? 평생 피아노곡만 작곡했다는 그입니다. 누구나 들으면 "아, 그 곡!" 할 '즉흥환상곡'은 쇼팽의 대표작입니다. 쇼팽은 이 곡을 너무나 아낀 나머지 숨을 거두는 순간까지 악보를 공개하지 않았다 합니다. 그의 사후에야 빛을 보게 되어 유작의 대열에 올랐다고 하죠. 원래 '즉흥곡 제4번'이었는데, 너무도 환상적이라 '즉흥환상곡'이라는 이름이 붙여졌다고 합니다.

환상적이다, 환상을 본다는 것이 뭘까요? 꿈에서 본 것? 뭐라 딱히 설명할 수 없는 상상이나 영감을 얻는 것 아닐까요? 형식에 구애받지 않고 작곡가의 상상에 의해 자유롭게 써진 곡이 즉흥곡이자 환상곡입니다. 예술가는 현실에 구애받지 않고 보이는 것, 들리는 것에 얽매이지 않는 새로운 것을 상상하고 창조하는 이들입니다. 달리 표현하면, '가상을 현실로' 만드는 사람들이죠. 그들이 없다면 가상현실은 반쪽짜리가 될 것입니다. 무한한 상상의 날개를 펴고, 창의적인 가상을 그려내서 지금까지 없었던 현실을 선사하는, 예술 그리고 예술가는 레알real 인류의 보고寶庫입니다.

리차드 샌더슨Richard Sanderson의 '리얼리티Reality'라는 곡이 있습니다. 꽤 오래전 노래이지만 아직까지도 종종 들려옵니다. 아마 들어보면 금방 "아, 이 곡!" 할 겁니다. 소피 마르소의 청초한 매력에 푹 빠지게 했던 '라붐La Boum'이라는 영화의 주제곡으로도 사랑받았습니다. 반복되는 가사가 '꿈이 현실이 된 것 같아요Dreams are my reality'입니다. 클래식도 팝송도 꿈과 환상을 현실로 가져오라 노래하네요. 어찌되었거나, '가상이 된 현실'과 '현실이 된 가상', 이 둘의 구분을 꼭 기억하세요. 가상현실의 지금을 이해하고, 미래를 예견하는 데 도움이 될 것입니다.

다시 현실로 돌아오겠습니다. 아니, 과거로 가겠습니다. 가상현실의 역사를 잠깐 얘기하고자 합니다. 가상현실이라는 용어는 누가 만들었을까요? 그 유래로 프랑스 극작가 앙토냉 아르토Antonin Artaud를 꼽습니다. 1938년, 그는 관객을 몰입시키는 극장을 '가상현실 공간'으로 묘사했습니다. 30년이 지난 1968년에 컴퓨터 그래픽 분야에 선도적인 역할을 한 이반 서덜랜드Ivan Sutherland가, 머리에 착용하는 기기인 HMDhead-mounted dispaly를 개발합니다. 그 당시 HMD는 헬멧 안쪽에 화면을 장착해 사용자 머리의 움직임을 따라 보이는 장면을 변화시켜주는 방식이었습니다. 이때가 기술로서의 가상현실이 태동한 시점이라고 보는 것이 맞습니다.

이후, 컴퓨터의 성능과 멀티미디어 그리고 소프트웨어의 발전으로 다양한 형태의 가상현실이 선보입니다. 얘기했듯이 '현실을 가상으로' 표현하고자 한 것들입니다. 영화, 스포츠, 오락, 게임, 교육, 의료, 산업, 국방, 교통 등 모든 분야로 조금씩 영역을 넓혀가더니, 이제는 최고의 영향력과 파급효과를 지닌 미래기술로 각광받고 있습니다. 가상현실은 세계 최대 규모의 전자제품 박람회인 CESthe international consumer electronics show의 2016, 2017년 행사에서 단연코 주인공이었습니다.

가상현실의 역사를 논할 때 절대 빼놓을 수 없는 기업이 있습니다. 2012년에 당시 19세의 팔머 러키Palmer Luckey가 창업한 오큘러스 VR입니다. 이 회사의 제품은 '오큘러스 리프트Oculus Rift'로 HMD의 하나입니다. 물론 이반 서덜랜드의 HMD와는 비교가 되지 않습니다. 40년 넘게 세월이 흘렀잖아요. 2016년 새해 벽두, 오큘러스 리프트가 예약판매를 시작합니다. 처음으로 그럴듯한 가상현실이 대중에게 다가오는 순간이었죠.

모습을 보면 묵직하고 큼직한 안경을 착용한 듯합니다. 눈앞의 디스플레이는 좌우 2개로 나눠 영상을 보여줍니다. 사람의 시각은 양쪽 눈을 활용해야 입체감을 느낄 수 있으니까요. HMD에는 다양한 센서가 장착되어 있어 고개를 돌리고 기울이거나, 앉고 일어서는 행동을 해도 움직임이 그대로 반영됩니다. 눈앞의 영상 속을 마음대로 둘러볼 수 있다고 생각하면 이해하기 쉽습니다.

페이스북은 오큘러스 VR을 2조 5,000억 원에 인수합니다. 2014년의 일입니다. 팔머 러키가 회사를 차린 후 불과 2년 만의 일입니다. 그에게는 꿈이 현실이 되었네요. SNS의 황제 페이스북은 '소셜 VR'을 꿈꾼다 합니다. 앞으로는 친구들과 페이스북에서 실제처럼 만날 날도 머지않은 것 같습니다.

이런 상황에 구글이 절대로 가만히 있을 리 없죠. '구글 글래스'도 있고, 안드로이드 스마트폰을 활용하는 '구글 카드보드'도 있습니다. 게임으로부터 시작해 가상현실 시장에 군침을 흘리고 있는 마이크로소프트가 '홀로렌즈'로, 소니는 '플레이스테이션 VR'로 열심을 내고 있습니다. 역시 가상현실에서도 돈 많은 IT기업들이 사투를 벌이고 있네요. 가상현실을 단지 하나의 기술로 보는 것이 아닌, 미래의 모든 기술과 그 기술을 이용한 생활과 업무의 근간이 되리라는 생각에서입니다.

삼성전자도 이 전쟁에 참여하고 있습니다. '기어 VR'은 2015년 오큘러스 VR과 공동으로 개발한 제품입니다. 이 역시 머리에, 정확히는 안경처럼 착용하는 기기입니다만, 중요한 차별점은 스마트폰을 끼워 넣는 HMD라는 것입니다. 우리의 일상에 없어서는 안 될 스마트폰을 활용한다는 말입니다. 이제 스마트폰은 가상현실 기기로도 활용되고 있습니다. 일상의 현실이 가상으로 시시각각 탈바꿈하고 있다는 의미기도 하죠.

이렇듯 가상현실은 우리에게 성큼 다가왔습니다. 시간과 공간을 초월하고 물리적 제약을 극복하며 우리의 꿈을 실현시켜주려 오고 있습니다. 꿈이 무엇인가요? 가상인가요, 아니면 환상인가요? 현실에서 가능한가요, 불가능한가요? 그 답이 무엇이건 간에 인간은 꿈을 꾸며 삽니다. 꿈을 꾸며 미소를 짓고, 꿈으로 희망을 갖고 힘을 냅니다. 그런데 그 꿈이 현실이 되다니요.

인간의 가장 근원적인 힘은 꿈과 희망에서 솟아나는 것이겠지요. 영화 '반지의 제왕'에서 가장 감명 깊었던 메시지는 이것이었습니다. "희망은 인간을 어리석게 만들고 눈을 멀게 만들지만, 희망을 포기하지 않은 존재, 그것이 인간의 위대함이다." 꿈이, 그 희망이 눈앞에 펼쳐집니다. 눈을 멀게 하지도 않습니다. 꿈인지 생시인지, 내가 나비인지 나비가 나인지 분간하기 어렵습니다. 꿈과 생시, 현실과 가상 그것들이 꼬리에 꼬리를 물며 우리는 어느덧 꿈의 신세계로 접어들었습니다.

자극
: seeing is believing

어릴 적에는 1주일에 한 번, 일요일 아침에 방송했던 월트 디즈니의 만화영화 프로그램을 간절히 기다렸습니다. 디즈니는 어린이에게 꿈과 희망을 주는 기업의 이름이면서 창립자의 이름이기도 합니다. 어린이들의 놀이공원이자 어른들의 테마파크 효시인 LA 디즈니랜드에 이어 1971년에는 올랜도에 디즈니월드가 개장합니다. 월트 디즈니가 세상을 떠난 지 5년 후의 일입니다. 디즈니월드 개장식에서 한 직원이 미망인 릴리 디즈니에게 말합니다. "월트 디즈니 씨가 이 장면을 보았다면 얼마나 좋아하셨을까요?" 부인이 대답합니다. "아닙니다. 그는 이 장면을 이미 보았습니다. 그러니 이곳에 이렇게 디즈니월드가 건립되었죠."

종종 꿈과 비슷한 의미로 '비전vision'이 쓰입니다. 그러나 이 대목에서 만큼은 그 차이를 강조하고 싶습니다. 비전은 '비주얼라이제이션 visualization', 즉 시각화입니다. 눈에 잘 보이는 것, 누구나 뚜렷하게 볼 수 있는 것이 비전입니다. 간혹 두루뭉술하거나 애매모호하게 꿈을 표현합니다. 그러나 꿈을 이루려면, 특히 다른 이들과 함께 꿈을 이루고자 한다면 또렷하고 구체적인 것이 좋겠죠. 'Seeing is believing.' 보여야 믿는 것 아니겠습니까? 그래서 리더들의 덕목 중에서도 최우선시 되는 게 비전인가 봅니다.

앞서 말했듯, 가상현실의 많은 노력은 '현실을 가상화'하는 것입니다. 현실의 모습을 컴퓨터로 구현하고, 구현한 가상을 현실처럼 받아들이길 원합니다. 그러기 위해서는 사람이 현실처럼 느끼도록 컴퓨터가 정보를 제공해야만 합니다. 사람이 느끼는 정보를 제공하는 것이 바로 가상현실의 '자극'입니다. 말이 돌고 돈다고요? 그러네요. 꼬리에 꼬리를 무는 버릇이 생겼나 봅니다. 아무튼, 가상현실 기술은 어떻게 하면 가상을 현실처럼 받아들이도록 하는 자극을 만드느냐가 관건입니다.

여러 자극 중에서도 가장 강력하고 강렬한 것은 단연 시각입니다. 인간의 오감 중에서도 시각이 최고라고 하죠. 보면 믿잖아요. 그래서 **'컴퓨터 그래픽스**CG, computer graphics'를 가상현실의 기반 기술이라고 일컫습니다. 컴퓨터를 이용해 도형이나 화상을 그리는 것이죠. 보여주기 위하여 그리는 도구가 컴퓨터이다 보니 컴퓨터 그래픽스는 예술, 디자인, 컴퓨터 전반에 두루 쓰입니다.

여기서 이반 서덜랜드가 다시 등장합니다. HMD의 선구자로 소개할 때 이미 컴퓨터 그래픽스의 선도자라고 했지요. 서덜랜드는 1962년 MIT 박사과정 재학 시절 〈스케치패드 : 인간과 기계의 그래픽 커뮤니케이션Sketchpad: a Man-machine Graphical Communications System〉이라는 논문을 발표합니다. 이 논문을 통해 모습을 드러낸 스케치패드는 최초의 그래픽 입력장치입니다. X축과 Y축의 좌표를 인식하는 화면에 펜을 작동시켜 도형을 컴퓨터에 입력하는 원리입니다. 그때까지

꿈의 신세계

는 모니터에 표시할 수 있는 내용이 기껏해야 문자 정도였지, 선이나 도형을 나타내는 작업은 쉽지 않았죠. 요즘이야 태블릿PC에 펜이나 손가락을 이용해 자유자재로 그림을 그리지만요.

또 하나의 주목할 업적도 MIT에서 이루어집니다. 서덜랜드가 아직 MIT를 다니기 이전인 1951년, '벡터vector 그래픽스' 기술이 개발됩니다. '픽셀pixel' 알죠? 컴퓨터 화면을 구성하는 수많은 작은 점들이라서 '화소畫素'라고도 합니다. 우리가 TV나 PC의 화면의 해상도를 따질 때 예를 들어 '1920×1080' 이런 식으로 픽셀 수를 표시합니다. 이 픽셀 하나하나에 색깔과 음영을 입히고 그들의 조합으로 이미지를 만들어 내는 방식을 '래스터raster 그래픽스'라 합니다. 그러니 이미지를 확대하다 보면 계단 모양의 작은 각들이 보이는 현상이 나타나죠.

반면, 벡터 그래픽스는 모든 도형이 수학의 기하 공식에 의해 그려집니다. 화면을 확대해도 벡터 좌표를 재계산한 뒤 그려주니 그림이 일그러지지 않습니다. 그림이 깔끔하게 그려지고 좋은 화질도 유지하는 데다 심지어 데이터 용량도 작습니다. 화상과 영상 제작에 안성맞춤이죠.

자, 이제 컴퓨터 그래픽스의 본론으로 들어가겠습니다. 도형과 그림이 잘 그려지고 깨끗하게 보입니다. 용량도 작고요. 벡터 그래픽스가 한 일입니다. 그리고 입력도 수월해졌습니다. 스케치패드가, 아니 이반 서덜랜드가 한 일이죠. 어떻습니까. 우리가 현재 접하고 있는 CG, 컴퓨터 그래픽스의 활약에 기초가 된 기술이자 업적들입니다.

영화를 보면 수많은 CG가 나옵니다. 간혹 "티가 너무 나네" 하며 영화 속 컴퓨터 그래픽스 기술을 나무라기도 합니다. 현실에서 그대로 제작하기에는 비용이 너무 많이 들어서 CG를 활용해 가상으로 구현합니다. 건물이 무너지고, 쓰나미가 밀려오고, 좀비들이 몰려오는 건 모두 관객이 현실로 받아들이기를 바라는 가상현실입니다.

컴퓨터 그래픽스는 'CADcomputer-aided design'라는 이름으로 건축 설계와 제품 설계에 엄청나게 활용되고 있으며, 디자인 아트, 미디어 아트라는 명목으로 예술 분야에서도 다양하게 가지를 치고 있습니다. 그래도 가상현실을 위한 CG는 역시 영화에서 자주 발견됩니다. 영화 얘기를 좀 더 해보겠습니다.

영화 용어 중에 '비주얼 이펙트'라는 것이 있습니다. 특수시각효과를 뜻하는데, 컴퓨터 그래픽스가 도입되기 전에는 광학적 트릭이나 기계적 효과 정도를 의미하는 것이었지만, 지금은 CG가 곧 비주얼 이펙트입니다. 앞서 '인공지능' 부분에서 소개한 '2001 스페이스 오디세이'가 이 부분에서도 기념비적 작품입니다. 비주얼 이펙트로서 CG 영상을 대폭 반영한 첫 번째 장편영화이기 때문이죠. 그리고 1971년 개봉한 '스타워즈'의 성공은, 곧 컴퓨터 그래픽스의 대성공이었습니다. '터미네이터 2', '쥬라기 공원', '타이타닉', '반지의 제왕', '캐리비안의 해적', '아바타'… 이 모두는 영화사의 주요 기록을 갈아치운 작품들입니다. 그만큼 우리의 뇌리에 깊이 각인된 작품들로, 그 바탕에는 엄청난 CG가 있었습니다.

영화를 위한 컴퓨터 그래픽스의 하드웨어와 소프트웨어는 계속 진일보하고 있습니다. 100% 가상인 애니메이션도 현실감과 생동감을 입습니다. 가상현실을 논하는 이 자리에서 소위 대박난 모든 할리우드 영화나 애니메이션들 중에서도 군계일학으로 군림하는 영화가 하나 있습니다. 그것은 바로 '매트릭스Matrix'입니다.

'매트릭스' 1편은 전 세계 영화팬들에게 큰 충격을 안겨줬습니다. 애니메이션 '슈렉Shrek'을 포함해 수많은 영상에서 패러디한, 트리니티의 공중부양 발차기로 시작해, 코앞에 날아오는 총알들을 피하는 새까만 잠자리 선글라스와 코트의 네오 그리고 그의 아우라, 엔딩 크레딧과 함께 강렬한 도입부로 귀를 때렸던 '레이지 어게인스트 더 머신Rage Against the Machine'의 노래 '웨이크업Wake Up'까지. 멋진 영상과 음향이 그득합니다. 그리고 빼놓을 수 없는 명대사가 있었죠. 극중 모피어스의 중저음 목소리로 심장에 비수처럼 꽂혔던 그 말, "무엇이 진실이지?What is real?"

인간의 육체는 평생 초지능 슈퍼컴퓨터의 동력원으로 쓰이며, 인간의 의식은 컴퓨터가 주입한 가상현실을 실제로 인식하며 살아갑니다. 모든 것이 가상이나 인간은 그 가상현실이 바로 현실이 되는 디스토피아를 그립니다. 최고의 가상현실이며 최고의 가상현실 영화입니다. 무엇이 가상의 현실인지를 극단적으로 보여주는 '매트릭스'에서 만큼은 'seeing is not believing'인 셈이죠.

시각적 자극을 고스란히 전달해주는 기기가 '**디스플레이**display'

입니다. 매트릭스에서는 뒤통수에 직접 선을 꽂아 뇌파로 바로 연결합니다만, 현실의 우리에게 필요한 것은 디스플레이입니다. TV가 워낙 우리 실생활에 깊이 자리 잡고 있어서 그런지, 요즘 사람들은 TV 디스플레이에 관한 전문용어에도 익숙한 듯합니다. PDP, LCD, LED, OLED 등은 디스플레이 화면을 만드는 소재에 관한 것이고, HD, Full-HD, UHD 그리고 삼성전자가 브랜드화한 SUHD 등은 해상도에 관한 용어입니다. 뒤로 갈수록 해상도가 높아집니다.

가상현실의 자극을 주는 디스플레이는 여기저기에 부착될 예정입니다. TV나 PC의 모니터, 스마트폰의 화면만이 아니겠지요. 디스플레이는 벽이나 천장이 될 수도, 책상이나 밥상이 될 수도 있습니다. 우리의 옷과 동물의 몸에도 부착됩니다. 현실이 가상이 되고 가상이 현실이 되어야 하니까요.

가상현실 전용 디스플레이인 HMD로 집중해보면 고려할 사항들이 더욱 많아집니다. 예를 들어, OLED는 휘어지고 구부러지는 플렉서블flexible 디스플레이, 상황에 따라 투명하게 또는 불투명하게 변하는 가변형 디스플레이가 가능하여, HMD에 일견 적합해 보입니다. 그렇지만 눈에 가깝게 위치하려면 지금보다 해상도가 4배 가까이 개선되어야 한다네요.

시야각도 중요합니다. 인간의 시야각은 최대 180도까지 가능합니다. 그러나 최근의 HMD조차도 아직 60~100도 정도로 한계가 있습니다. 지연시간도 관건입니다. 이 문제는 사용자의 반응을 감지해 그에 맞게 가상의 이미지를 업데이트하는 데 걸리는 시간을 말합니다. 지연 시간이 0.02초 미만이어야 어지럼증이 없다고 하고요. 그밖에 HMD의 무게, 발열 정도도 제작사가 무척 신경 쓰는 항목들입니다.

선구자격인 오큘러스 리프트, 후발주자로 맹추격하는 대만 HTC의 바이브, 스마트폰을 활용하여 새로운 지평을 연 삼성의 기어 VR, 그리고 절치부심 소니의 플레이스테이션 VR. 이들 모두가 HMD로 가상현실 시대를 접수하려 하고 있습니다. 참, 플레이스테이션 VR의 최초 제품명이 '모피어스'입니다. 이래저래 매트릭스는 가상현실 역사에 큰 획을 그었군요.

경험
: 생각이 경험으로

이런 이야기를 해도 될지 모르겠습니다. 좀 역겨울 수도 있어요. 고등학교 때 같은 반에 곱상하게 생긴 친구가 있었습니다. 그런데 그 친구 별명이 외모와 어울리지 않게 '바퀴벌레'였습니다. 한참 후에야 그 내막을 알게 되었습니다. 어느 날, 그 친구가 가족들과 음식점에 가서 설렁탕을 먹었답니다. 그런데 먹던 중에 뭔가 딱딱한 게 씹혀 뱉어보니… 별명이 된 그것이 나왔다고 합니다. 내용물은 다 빠진 채 껍데기만 남아 있는 상태로요. 그래서 바퀴벌레의 화신이 되었다는 사연입니다. 미안합니다. 썩 유쾌하지 않죠? 하지만 이해해주길 바랍니다. 지금부터 얘기할 내용을 확실히 기억해주길 바라는 마음에서 꺼낸 얘기니까요.

콘텐츠와 미디어를 쉽게 구분하려면, 미디어는 콘텐츠contents를 담는 컨테이너container라고 보면 됩니다. 콘텐츠가 음식이라면 컨테이너는 그릇입니다. 콘텐츠가 내용물이라면 컨테이너는 껍데기입니다. 그런데 구분이 모호해지기 시작합니다. 현대 미디어 이론을 정립했다고 하는 마샬 맥루한Marshall McLuhan은 1964년 출간한《미디어의 이해》에서 한마디 합니다. "미디어는 메시지다." 유명한 이 한마디는 미디어의 개념을 확대합니다. 미디어는 컨테이너라는 단순한 도구의 수준을 넘어섰으며, 미디어와 콘텐츠는 더 이상 떼려야 뗄 수 없는 불가분의 관계라는 겁니다. 고급 음식점에 가면 음식만 좋은 것이 아닙니다. 그릇도 훌륭하죠. 일류 요리사는 음식과 그릇을 따로 보지 않습니다. 이 둘의 앙상블을 중요시합니다. 당연히 바퀴벌레나 그 화신은 내용물과 껍데기 모두인 거죠. 알겠습니다. 이제 정말로 그만할게요.

콘텐츠와 미디어를 앞단에서 끄집어낸 것은 '경험'의 첫 번째 세부기술 '**실감기술**immersive technology' 때문입니다. 실감기술을 실감콘텐츠와 실감미디어로 구분하기도 하지만, 이미 우리는 구분이 모호하다는 것을 알고 있습니다. 그래서 그런지 '실감미디어콘텐츠'라고 부르기도 하는군요. 또한 여기서 실감의 의미를, 단순히 '실제로 감지할 수 있는' 보다는 '실제로 감지하여 체험할 수 있는'으로 하는 게 좋겠습니다. 가상현실이 추구하는 목적의 맥락에서, 실감기술은 실제와 같은 체험과 경험을 유도하는 기술이니까요.

4D 영화를 본 적 있나요? 고해상도 영상에 맞게 각종 음향이 울려 퍼지고, 때론 냄새도 나며 의자도 흔들거립니다. 고가의 관람 의자는 팔걸이에 초음파로 촉감도 재현합니다. 이렇게 되면 5D가 되는 거죠. 화면과 영상을 기본으로 음향기기와 음악, 냄새와 진동하는 의자, 초음파 팔걸이까지…. 도대체 어디까지가 콘텐츠이고 어디까지가 컨테이너인가요. 앞의 '자극'에서 소개한 세부 기술에서, 컴퓨터 그래픽스는 콘텐츠를, 디스플레이는 미디어를 만드는 기술이라 할 수 있습니다. 그러나 자극을 느끼고 경험을 하는 우리는, 가상현실에 몰입하는 우리의 입장에서는 콘텐츠와 미디어가 구분되지 않습니다. 구분할 필요도 없고요. 그냥 하나로써 우리에게 체험과 경험을 제공합니다.

한편, 실감콘텐츠 또는 실감미디어콘텐츠를 지나치게 인간의 오감 위주로 설명하는 것은 바람직하지 않습니다. 인간의 경험이라는 것은 본디 오감의 체험만으로 이루어지는 것이 아닙니다. 신체적 경험은 인식적 경험으로 흘러갑니다. 더 중요하고 효과적인 경험은 몸으로가 아니라 마음으로 하는 것이니까요. 그래서 실감콘텐츠를 제작할 때는 상황 설정과 스토리 전개에 각별히 공을 들여야 합니다.

값비싼 HMD를 착용합니다. 해상도도 높고 시야각, 지연 시간 모두 OK입니다. 콘텐츠의 입체감도 풍만합니다. 그런데 콘텐츠의 상황과 스토리가 꽝이라면 어떨까요? 도대체 상황 인식과 감정 이입이 되지 않습니다. 그러면 몰입되지 않습니다. 실감되지 않습니다.

컴퓨터 그래픽스는 공학과 디자인 또는 예술이 결합하는 기술입니다. 컴퓨터 그래픽스로 창출되는 콘텐츠는 여기에 다시 인문사회학적 요소가 덧붙여져야 합니다. 인문이 인간에 대한 것이고, 사회가 관계에 관한 것이니 인문사회의 전문성이 가미되어야 스토리텔링이 되고 실감콘텐츠가 되겠지요.

실감나는 실감기술

시뮬레이션simulation과 에뮬레이션emulation이라는 말 들어보았나요? 그 차이가 뭘까요? 알고 있으면 쓸모 있는 교양 기술용어이니 잠깐 설명하겠습니다. 시뮬레이션은 실제와 비슷한 상황을 설정하여 모의적으로 실험해보는 것입니다. 그래서 '모의실험'이라고도 하죠. 가상으로 실제 상황을 연출한다는 점에서는 에뮬레이션도 같습니다. 그러나 시뮬레이션이 '소프트웨어적'으로 연출하는 것에 비해, 에뮬레이션은 '하드웨어적'인 기능을 실제와 같게 하는 것에 좀 더 비중을 크게 둡니다.

좀 전에 나온 얘기 기억하죠? 콘텐츠와 컨테이너를 다르게 볼 필요가 없다는 말. 가상현실에서는 더욱 그렇습니다. 실감기술에서는 시뮬레이션 따로, 에뮬레이션 따로 연구하고 개발하지 않습니다. 같이 고민해서 같이 만들어야 할 '실감'입니다.

꿈의 신세계

경험을 제공하는 또 하나의 가상현실 기술로는 '**인터렉션 기술** interaction technology'이 있습니다. 인터렉션은 '상호작용'입니다. 가상현실기기 또는 콘텐츠와 사용자 간의 상호작용을 뜻합니다. 사용자와의 인터렉션, 이건 진짜 중요합니다. 마치 현실의 집처럼 '미니룸'의 인테리어를 취향대로 바꾸고 꾸밀 수 있는 싸이월드를 기억할 겁니다. 한참 잘나가던 싸이월드도 사용자와의, 사용자 간의 교감을 중요시하는 페이스북에게 자리를 물려주며 퇴장했죠. 앞서 소개한 세컨드라이프도 2010년을 기점으로 내리막을 걷게 되었습니다. 그뿐인가요? 인터넷에 수도 없이 많았던 상품 진열형 직거래 장터는 사용자 추천으로 무장한 매개형 포털에게 자리를 내주었습니다.

인터넷에, 가상의 공간에 현실세계를 그대로 모방만 하여 올려놓은 것은 가상현실로 간주하기 어렵습니다. 사용자 인터렉션 없이는 사용자와의 교감, 사용자의 경험이 무럭무럭 샘솟을 수가 없기 때문입니다.

사용자 인터렉션은 비단 가상현실에서만 논할 좁은 주제가 아닙니다. 현대 산업사회에서 기업들이 가장 애타게 갈구하고 강구해야 하는 덕목입니다. 싸고 좋은 물건을 열심히 만들어 시장에 내다 팔면 그만이던 시절에는, 기업들이 너도 나도 '품질'을 외쳤습니다. 그러다가 알게 되죠. 품질이라는 것도 결국은 고객만족의 문제라는 것을요. 시각이 생산자 입장에서 소비자 입장으로 바뀌면서 '고객만족'이라는 구호가 전면에 나오게 됩니다.

그렇지만 여기서 끝이 아닙니다. 고객이 만족하느냐 안 하느냐를 O, X로 판단할 문제가 아니라는 것을 알게 됩니다. 고객은 만족하다가도 불만스럽고, 불만족하다가도 만족스러워 하니까요. 이제는 '고객경험'이 중요해졌습니다. 고객경험이 고객만족과 다른 것은, 경험은 고정불변의 '결과'가 아니라 지속적인 '과정'이라는 사실입니다. 하물며 기업과 고객과의 관계가 이렇게 달라졌는데, 생동감 넘쳐야 할 가상현실과 사용자의 상호작용은 어떻겠습니까.

컴퓨터와 인간의 상호작용을 다루는 분야를 'HCI human-computer interation'라고 합니다. HCI는 전통적으로 사람이 컴퓨터의 화면 내용이나 기기의 기능과 주고받는 상호작용을 다룹니다. 주로 컴퓨터와 주거니 받거니 하는 입출력에 대한 것이죠. 그러나 가상현실을 접한 HCI는 더 이상 마우스를 어떻게 클릭하고, 어떻게 검색하고 등과 같은 기본적 단계에 머물지 않습니다.

생각해보세요. 미래의 가상현실 영화는 스토리에 관객을 개입시킵니다. 시청자의 반응과 선택에 따라 전개와 결말이 달라집니다. 마치 전략시뮬레이션 게임처럼 말이죠. 그리고 관객이 실제로 영화에 뛰어들어 주인공이 되고 조연, 엑스트라가 됩니다. 마치 롤플레잉 게임처럼 말이죠. 참여형 콘텐츠라 해도 되고 양방향 콘텐츠라 해도 됩니다. 어쨌거나 인터렉션이 근간이니까요.

한 술 더 떠 옆의 친구도 참여합니다. 생면부지의 사람도 들어옵니다. MUD multi user dungeon 게임 해보았겠죠. 다수의 게이머들이 동시에 인터넷에 접속해 가상의 3D 세계에서 실시간으로 진행합니다. 이제는 게임이 아니라 진짜 현실처럼 몰입할 수 있는 가상현실입니다. 어떤 기분, 어떤 경험일까요? 마크 주커버그가 23억 달러나 주고 오큘러스 VR을 인수하면서 '소셜 경험'을 웅변합니다. 세컨드라이프와 같은 비현실적 아바타나 만들자고 그 많은 돈을 투자한 건 아니겠지요.

인터렉션 기술로 무장된 가상현실 전용 장비는 HMD만은 아닙니다. 인간에게 주는 자극과 경험에 시각적 효과가 으뜸이긴 합니다만, 인간은 원체 다양한 방식으로 상호작용을 합니다. 이를 자연스럽게 그리고 효율적으로 담아내는 장비도 천차만별입니다. 몸에 마커를 부착하고 카메라나 센서를 통해 행동을 기록하고 전송합니다.

인간의 신체 부위 중 커뮤니케이션에 가장 유용한 것은 역시 손이죠. '데이터 글로브data glove' 역시 매우 유용한 장비입니다. 영화 '마이너리티 리포트Minority Report'를 보았다면 데이터 글로브를 끼고 복잡한 시스템을 조작하는 톰 크루즈를 기억할 겁니다. 게임기에서 자주 사용하는, 손으로 잡고 조종하는 '그립 콘트롤러'도 있고, 작게는 손가락에 끼워서 인터렉션하는 반지도 있네요.

여기서 꼭 짚고 넘어가야 할 얘기가 하나 있습니다. 경험이라는 것은 몸만이 아니라 마음으로 느끼는 것이라 했지요. 노파심으로 말하자면 그렇다고 마음만은 아니라는 것입니다. 정확히 말하자면 경험은 '몸과 마음의 일체현상'이라 하고 싶습니다. 마치 콘텐츠와 미디어를 나누기 어려운 것처럼, 경험은 몸과 마음으로 동시에 옵니다. 아니면 어느 한쪽이 다른 한쪽을 부르죠. 인식하면 행동하게 되고, 행동하면 인지하기도 합니다. 무섭다고 느끼면 몸을 움찔거리고, 몸이 떨리면 춥다고 느끼는 것처럼 말이죠.

인식경험과 행동경험이 상호작용하는 구체적 예를 가상현실에서도 찾을 수 있습니다. 고소공포증이 있는 사람들을 가상현실에서 높은 곳에 반복적으로 오르게 했습니다. 그랬더니 4주 후 참가자들 중 80%가 고소공포증이 치료되었다고 합니다. 가상으로 인식경험을 하니 마치 행동경험인양 받아들여졌고, 다시 두려움을 느끼지 않는 인식경험으로 치환된 것입니다. 어떤가요? 가상현실이라면 대인공포증, 면접공포증, 발표공포증, 놀이공원공포증, 귀신공포증… 모두 극복할 수 있지 않을까요? 해볼까 생각만 하지 마세요. 생각이 바로 경험이 됩니다.

현실
: 상상이 현실로

'착각하지 마세요'가 아니라 '착각하세요'가 가상현실입니다. 사람에게 착각을 일으키게 하는 직업을 가진 사람은 '사기꾼'입니다. 직업이라고 하기는 좀 그렇지만, 거짓말을 업業으로 삼아 상대방을 현혹시키고 가짜를 진짜로 믿게 만드는 재주가 있는 사람들이죠. 가상을 현실로 만드는 사기꾼의 능력은 외형과 내면에 고루 분포되어 있습니다. 전문 사기꾼은 목적에 걸맞은 외모와 복장, 말투와 표정까지도 준비되어 있습니다. 외형부터 하나하나 확실히 하는 것이죠.

그리고 무엇보다도 내용이 그럴듯합니다. 믿을 만한 스토리가 있고, 그 속에 짜임새 있는 인과관계도 있습니다. 누구나 인정할 수밖에 없는 현실의 팩트를 가상의 허구와 교묘하게 섞습니다. 마치 현실이 흘러서 가상이 되고, 가상이 다시 현실을 만나는 식입니다. 현실 사이에 파묻힌 가상이 현실로 둔갑하는 식이죠. 그 흐름이 얼마나 매끄러운가가 사기꾼의 비장의 기술이고, 목적 달성의 비밀입니다.

우리는 꿈을 꿉니다. 무서운 꿈을 꾸다가 깨면 다행이라 여기기도 하고, 반대로 재미있는 꿈을 꾸다가 깨면 아쉬운 마음에 다시 잠들려 노력하기도 합니다. 꿈과 현실은 연속성이 없습니다. 꿈에서는 귀신과 함께였는데 깨어나니 가족과 함께입니다. 꿈에서는 왕좌에 있었는데 깨어보니 그냥 침대이고 말이죠. 꿈과 현실이 섞이지 않는 이유는 그 경계가 명확하기 때문입니다. 사기꾼이 말도 안 되는 이야기를 하면서 동공이 확대되고 손까지 덜덜 떤다면, 누가 그에게 사기를 당할까요.

가상현실이 성공하려면 현실과 가상의 경계가 명확하지 않아야 합니다. 끊어지지 않아야 착각하고, 부드럽게 이어져야 그럴듯해집니다. 이 현실과 가상의 연속성에 관련한 개념이 있습니다. '혼합현실mixed reality'은 현실과 가상이 일정 수준씩 혼합되어 있는 가상현실을 지칭합니다.

폴 밀그램Paul Milgram과 후지모 키시노Fumio Kishino가 제시한 개념인 '현실-가상 연속체reality-virtuality continuum'로 상세한 설명이 가능할 것 같습니다. 단어는 어려워 보이지만 내용은 별로 어렵지 않습니다. 실제의 '완전한 현실'이 있고 여기에 가상적 요소가 가미된 '증강현실', 거기에 가상 요소가 더욱 많아져 오히려 가상에 현실이 더해졌다고 보는 '증강가상', 그다음은 '완벽한 가상'입니다. 이렇게 '현실 → 증강현실 → 증강가상 → 가상'의 연속적인 흐름을 일컫는 용어가 '현실-가상 연속체'입니다. 현실에서 가상까지 끊임없이 연결되어 있어서 '연속체'라는 표현을 쓴 것이죠. 그러면서 증강현실이나 증강가상처럼, 현실과 가상이 섞여 있는 중간상태를 '혼합현실'이라 지칭하게 된 것입니다.

증강현실augmented reality'과 '증강가상augmented virtuality'은 이미 우리 주변에 지천입니다. 미식축구 경기를 본 적 있나요? 생각보다 재미있습니다. 경기 룰도 간단해 처음 보는 사람도 쉽게 몰입할 수 있죠. 일종의 땅따먹기인데, 힘으로 밀어붙이면서 뛰고, 공을 던지고 받으며 앞으로 전진하는 스포츠입니다. 그러니 더 전진하지 못한 1야드가 아쉬워지고, 실시간 상황이 경기장에 세세하게 표시됩니다. 물론 방송 화면에 덧입힌 것이죠. 이런 것이 증강현실입니다. 현실에 가상을 살짝 입혔으니까요. 시청자의 편의를 위해 스포츠 중계에 주로 쓰입니다.

반면에 날씨 뉴스, 역사 이야기를 소개할 때는 가상의 스튜디오를

꿈의 신세계

만듭니다. 가상의 배경화면에 아나운서가 홀로 서 있습니다. 전체에서 가상이 차지하는 비중이 훨씬 크니, 이 경우는 증강가상입니다. 참, 증강가상은 선거방송에도 많이 활용되더군요.

　증강현실은 현실에 가상의 정보나 이미지를 겹쳐 보여주는 기술입니다. 현실을 기반으로 하고 배경으로 하니, 알기도 쉽고 비교적 제작도 용이해 급성장하는 분위기입니다. 현실 친화적 가상현실이라고나 할까요. 현실의 물건과 장소를 배경화면으로 하고, 가상현실 기기를 들이대면 그 물건과 장소에 대한 정보가 겹쳐서 나열됩니다. 자연스레 연상되는 증강현실의 용도는 우리가 좋아하는 쇼핑과 관광 분야입니다.

　물론 게임도 있지요. 증강현실을 우리에게 확실히 각인시킨 것은 세계적으로 선풍적인 인기를 모았던 '포켓몬 GO'입니다. 스마트폰 카메라로 주변을 살피면 포켓몬 캐릭터들이 튀어나옵니다. 현실의 공간에서 가상의 포켓몬을 잡거나 배틀하는 게임이죠. 출시 2개월 만에 전 세계적으로 5,000억 원이 넘는 수익을 올립니다. 우리나라에서는 '구글 지도' 반출의 문제로 출시 초기에는 강원도 속초 인근에서나 해볼 수 있었지만요. 덕분에 당시 속초는 반짝 특수를 누렸다는 이야기도 있습니다. 아무튼, 포켓몬 GO는 우리에게 증강현실이라는 단어를, 그리고 가상현실의 세상이 도래함을 확실하게 각인시켜 주었습니다.

　넓은 의미의 가상현실은 100%의 완전한 현실을 제외한 나머지 증강현실과 증강가상의 혼합현실, 그리고 완벽한 가상을 모두 포함합니다.

현실세계에서 가상의 세계로 발을 들여놓은 순간부터 가상현실의 세상으로 들어선 것이라 보면 되겠지요. 또 다른 방식의 증강현실을 한 가지 더 소개하고 다음으로 넘어가겠습니다.

예전부터 흔히 접했던 '홀로그램hologram'도 증강현실을 위한 강력한 기술입니다. 홀로그램은 3차원 영상이자 실물처럼 보이는 입체적 사진입니다. 레이저 빛의 반사작용을 활용한다는 정도만 알고 넘어가죠. 영화에서 많이 보았던, 360도 전체 방향에서 입체적으로 보이는 완벽한 홀로그램은 2030년경에 가능할 것으로 예측됩니다. 이렇게 되면 누구나, 그리운 사람이나 무서운 귀신을 꿈에서만 보지는 않겠죠.

'완전한 현실'부터 시작하는 '현실-가상 연속체'의 끝은 '완벽한 가상'입니다. 그런데 무엇을 완벽한 가상이라 할 수 있을까요? 가상이지만 우리가 가상인지를 전혀 인식하지 못하는 상황이 완벽한 가상이겠지요. 이 완벽한 가상을 '**대체현실**substitutional reality'이라 부릅니다. 사람의 인지과정을 왜곡시켜 가상세계에서의 경험이 실제인 것처럼 인식하게 하는 기술과 서비스의 총칭으로 정의됩니다. '매트릭스'에서 인간은 대체현실로 인해 가상의 세계를 완벽하게 현실로 믿고 삽니다. 하긴 컴퓨터가 인간의 뇌파를 직접 조종하는데, 인간에게 현실은 무슨 현실입니까. 이 경우는 HCI가 아니라 BCI라고 하는 것이 옳겠지요. '휴먼human'이 그저 '브레인brain'으로 전락했으니까요.

그럼에도 불구하고 대체현실을 이용한 장밋빛 전망이 많습니다. 현실에서 부족한 것, 현실에 없는 것을 모두 가상현실로 대체할 수 있다네요. 심리적인 결핍을 치유하고 질병을 치료하고요. 정말 그럴 수 있다면 생각만 해도 기쁩니다. 그리운 사람과 못 다한 애정을 채우고, 우울한 정신과 스트레스 장애를 버릴 수 있으니까요. 할 수만 있다면 그러고 싶은 일들입니다. 사람으로 하여금 가상을 현실로 받아들이게 한다는데, 충분히 가능하겠지요. 그런데 말입니다. 그런 우리가, 그러한 세상이, 꼭 좋고 기쁘기만 할까요?

가상현실이 치유와 치료에 머문다면 큰 문제가 되지는 않을 겁니다. 하지만 인간의 욕망은 사용한도나 유통한도가 없다는 데 문제가 있죠. 채워지지 않는 현실의 욕망을 가상에서 찾습니다. 나약하고 우유부단한 현실이 가상현실에서는 강인하고 대담무쌍해집니다. 가상현실이 인도하는 꿈의 신세계에서 우리 모두는 슈퍼히어로이고 미남미녀인데, 운수는 만사형통 사통팔달입니다. 인간관계와 비즈니스도 모두 대박이고요. 만약 그렇게 된다면 현실을 버리고 그곳에만 빠지지 않을까요? 가상현실의 세상은, 욕망의 문명과 중독의 문화로 점철되지는 않을까요?

사실, 지금도 곳곳에서 조짐이 발견됩니다. 통화 대신 메신저나 문자가 편해지지 않았나요? 얼굴을 맞대고 만나는 것보다 VR 공간이 더 편해지겠지요. 온라인이 더 편해질수록 오프라인과 멀어집니다. 가상현실이 익숙해질수록 실제 세상과 멀어져가지요. 우리의 정체성은 현실과 가상으로 갈라지고 양분되어 어느 것이 진짜인지 혼란스럽지 않을까요? 정말 차분히 곱씹어야 할 문제 아닌가요?

MIT가 또 나옵니다. MIT의 셰리 터클Sherry Turkle 교수는 "윈도우의 멀티태스킹 기능이 추가되면서 다중인격체 형성이 가속화되었다."고 합니다. 그녀는 또 말합니다. "기다리는 새로움은 오지 않았는데, 항상 있었던 진부함은 어디론가 사라졌다." 문득, 제가 대학교 1학년 때 노트에 끼적였던 자작시 한 구절이 떠오릅니다. "겨울은 갔는데 봄은 오지 않았다. 기다림의 추위로 희망이 시든다." 괜찮지 않나요? 당시 이어진 군부독재에 번민하던 청춘의 모습이라고 어여삐 봐주기 바랍니다.

모더니즘은 포스트post-모더니즘에게 바통을 넘겼지만 일부는 겹쳐져 있습니다. 진부함이 채 사라지기 전에 새로움이 깃드는 자연스러운 변화가 우리를 지탱하게 합니다. 만일 그 사이에 넓은 간극과 깊은 골짜기가 있다면 무척 힘들지 않을까요? 기다림이라는 희망의 꽃도 시들어버릴 겁니다. 가상현실이 현실의 연장선에 닿아 있다면, 현실의 리얼리즘은 가상현실의 포스트-리얼리즘으로 연결되고 있을 것입니다. 연결되고 연속되어야 합니다. 현실과 가상이 연속체라 하지만, 이를 받아들이는 우리의 가치관과 정체성도 연속되어야 합니다. 정체불명의 괴물이 되지 않으려면 말이죠.

상상이 현실이 되는 현실을 살고 있습니다. 현실이 가상이 되고 가상이 현실이 됩니다. 신세계를 꿈꾸지만, 그 신세계는 꿈의 신세계입니다. 끝까지 꼬리를 물어 미안합니다. 그리고 바퀴벌레 얘기도 다시 한 번 미안합니다.

가상현실 Big Picture

인간과 컴퓨터의 상호작용을 통해 각종 제약이 있는
현실의 간접 체험을 돕는 기술

시뮬레이션 : 실제와 비슷한 상황을 설정하여 소프트웨어적으로 모의실험하는 것
에뮬레이션 : 실제와 비슷한 상황을 설정하여 하드웨어적으로 모의실험하는 것

• 자극
컴퓨터 그래픽스 컴퓨터를 이용하여 도형이나 화상을 그리는 기술
디스플레이 시각적 자극을 고스란히 전달해주는 전자기기

• 경험
실감기술 실제로 감지하는 체험을 가능하게 하는 장비 일체의 기술
인터렉션 기술 실제의 상황, 자극 및 콘텐츠와 사용자가 상호작용하는 기술

• 현실
증강현실 현실에 가상의 정보나 이미지를 겹쳐보이게 하는 기술과 서비스
대체현실 가상세계에서의 경험이 실제인 것처럼 인식하게 하는 기술과 서비스

팔로우업

초연결, 뉴노멀, 불확실성의
4차 산업혁명 시대를 살아가는 법

한 번은 정리가 필요할 듯합니다. 관련한 저술 활동이 있어서인지, 강연을 하는 공대 교수라서 그런지 많은 의뢰와 질문을 받습니다. 사실 외부에서 강연을 많이 하는 교수 중에 공학자가 드문 편이거든요. 질문은 이렇습니다. "초연결 시대, 뉴노멀 시대, 불확실성 시대 등 무슨 '시대'가 그리 많은지, 그것들은 다 무엇이냐"고 묻습니다. 게다가 "혁명이 있다는데, 벌써 4차나 된 산업혁명은 또 무엇인지. 이들은 다 다른 것인지, 어떻게 이해하고 받아들여야 하냐"고 묻습니다.

하지만 걱정 마세요. 각각 따로인 것 같지만 본질은 크게 다르지 않습니다. 거창해 보여도 몇 껍질 벗기면 소박한 알맹이가 나옵니다. 그 알맹이의 맛은 대동소이하고요. 자, 이제 껍질을 하나씩 까보도록 하겠습니다.

초연결 시대라 합니다. '초연결'이라는 단어를 우리에게 확실히 각인시켜준 것은 사물인터넷입니다. 인터넷이 새로운 방식으로, 거기에 모바일은 더욱 새로운 방식으로 사람과 사람을 연결해주었습니다. 다음은 유비쿼터스가 등장해서 사람과 사물을 연결하자고 소리칩니다. 그리고 사촌격인 사물인터넷은 사물끼리도 연결하겠다 선언한 것이죠. 세상은 사람 아니면 사물 아니겠습니까. 이렇게 된다면 존재하는 모든 것이 연결된 모양새입니다. 그래서 사물인터넷을 만물인터넷으로 부른다고 했지요.

그래서 그런지 초연결의 현상을 흔히들 사물인터넷스럽게만 봅니다. 주로 저와 같은 엔지니어들의 시야가 그러합니다. 하지만 초연결 시대를 단순히 통신, 즉 기기와 데이터끼리의 연결로만 보는 시각은 경계해야 합니다. 수박 겉핥기식 시각이니까요. 연결의 대상에는 개인과 기업의 역량, 그 역량으로 생산하는 가치까지 전부 포함된다는 속사정을 알아야 합니다.

냉정히 얘기해봅시다. 내가 하는 일을 나보다 더 잘하는 이가 분명히 존재합니다. 훨씬 효율적으로 업무를 수행하는 사람과 조직 혹은 기업을 충분히 찾을 수 있습니다. 그리고 진짜 중요한 건, 이제는 그들을 쉽게 찾을 수 있고 손쉽게 연결할 수 있다는 것입니다.

'핵심역량core competence'이라는 말 들어보았죠? 경영전략의 대가라 하는 게리 하멜Gary Hamel이 우리에게 선사한 용어로, 자신의 일에 필요한 필수능력이면서 동시에 자신의 고유능력을 일컫는 말입니다.

우리는 핵심역량을 외치지만, 우리만의 핵심역량의 가치는 퇴색되고 있는 것 같습니다. 오히려 진정한 핵심역량은 다른 이들의 핵심역량을 연결하는, 그래서 잘 엮고 잘 섞는 능력이라 할 수 있겠습니다. 생각해보세요. 주변에 두각을 나타내는 사람, 근자에 부상한 기업들은 모두 이런 능력을 갖고 있지 않나요?

이런 변화를 바탕으로 '뉴노멀'이 탄생했습니다. 원래 우리는 열심히 일하고 대가를 받아 차곡차곡 축적합니다. 모든 것은 자신의 능력과 노력에 기인한다는 생각이 상식인 세상을 살아왔죠. 아담 스미스Adam Smith의 '국부론國富論'은 개인의 이기적인 경제행위에 면죄부를 주었고, 새뮤얼 스마일스Samuel Smiles의 '자조론自助論'은 성공을 위한 개인의 이기적인 노력에 정당성을 부여했습니다. 남 신경 쓰지 말고, 스스로를 담금질하고 잘하면 된다는 설교를 우리 뇌리에 새겼습니다.

평범한 대다수 사람의 능력과 노력은 거기서 거기입니다. 그로써 얻는 대가와 축적도 거기서 거기죠. 그런데 가만 보면 능력과 노력, 대가와 축적은 모두 산술적 성향의 것들입니다. 1, 2, 3…, 이런 식으로 증가하고 감소합니다. 계산법은 대개 덧셈과 뺄셈이 되겠지요. 평균적인 능력과 노력, 대가와 축적이 주를 이루는 세상은 '노멀'합니다. 우리가 그동안 살아온 평범함이 대세인 세상을 그래프로 그리면 가운데가 볼록한 종 모양이 됩니다. 흔히 정규분포normal distribution라 부르는 그래프죠.

그런데 '연결'의 속성은 다릅니다. 1, 10, 100, 10000 … 이렇습니다. 연결이 연결로 이어지면서 어느 날 갑자기 엄청난 연결을 맞이합니다. 바로, '기하급수적'이라는 겁니다. 대가와 축적은 평균으로 몰리지 않고 특정 일부에게 쏠립니다. 초연결 시대의 논리는 곱셈과 제곱이며, 현상은 부익부 빈익빈으로 나타납니다. 그래서 뉴노멀new normal은 낫노멀not normal이라 할 수도 있습니다.

뉴노멀 시대라 함은, 이제 예전의 평균이 더 이상 평균답지 않다는 뜻이며, 평균의 시대가 끝났다는 의미입니다. 과연 무엇이 평균인지 종잡을 수 없는 뉴노멀 시대에서는 확실한 것이 드물겠지요. 평균이 있으면 표준도 뚜렷해지고, 예측도 가능할 텐데 말입니다. 평균의 키, 평균의 몸무게, 평균의 몸매라면 딱히 거슬릴 것이 없습니다. 나이에 걸맞은 평균의 직급, 그 직급에 걸맞은 평균의 연봉이라면 특별히 속상할 것도 없겠죠. 대다수가 존재하고 그 대다수에 포함될 때 우리는 편안함을 느낍니다. 그런데 지금의 시대는 안정감과 안도감이 결여되어가고 있습니다. 불확실성의 시대가 되어서 그런 것입니다.

뉴노멀은 다른 표현으로 저성장 시대라고도 합니다. 저성장에다가 저금리, 저소비 그리고 저고용까지. 하나같이 낮은 지표를 말합니다. 여기서 기억할 것은, 아직 버리지 못한 예전의 평균 시각으로 볼 때나 그렇다는 점입니다. 초연결, 뉴노멀 시대는 연결을 핵심역량으로 갖고 있는 누군가에게는 저성장이 아닌, 바로 초고성장 시대입니다.

어떤가요? 다 비슷하지 않나요? 초연결의 시대, 뉴노멀의 시대, 불확실성의 시대. 모두 한통속입니다. 과거의 상식과 오래된 관습이 더 이상 통용되지 않을 꺼라 엄포를 놓습니다. 과연 밀어닥치는 이 새로움에 어떻게 대처해야 할까요?

그리고 급기야 4차 산업혁명이라고 하네요. 초연결, 뉴노멀, 불확실성의 시대가 4차 산업혁명으로 이어진다 하죠. 1, 2차 산업혁명을 명명했던 역사학자 토인비Arnold Toynbee가 이렇게 손쉽게 3, 4차라고 이름붙이는 것을 알면 지하에서 통곡할 일이긴 합니다. '소통의 신세계', '사물인터넷'에서 언급한 것처럼, 독일의 자국 산업부흥전략에 우리가 휩쓸린 감도 없진 않지만, 토인비조차도 인정할 것이 분명히 있습니다. 교묘한 홍보를 섣불리 수용한 것에 대한 거부감만 제외하면, 4차 산업혁명으로 제시되는 개념은 적정하고 청사진은 적절합니다.

인공지능, 빅데이터, 로봇, 무인자동차, 드론, 5세대 이동통신기술(5G), 사물인터넷, 클라우드, 핀테크, 가상현실 등 기술의 발전과 적용이 가져다주는 신세계를 4차 산업혁명이라 부릅니다. 이 호들갑의 진정한 핵심은 개별 기술의 비약적 발전이 아닙니다. 이들의 주요 기술이 개발된 것도 적지 않은 시간이 흘렀기 때문입니다. 현재의 수준은 이미 과거의 업적이라는 것이죠. 눈 크게 뜨고 주목해야 할 사실은, 그들의 수준이 각자 점차적으로 오르더니 갑작스레 서로 연결이 되었다는 것입니다. 서로 연결되어 서로서로 도와주고 있다는 것이죠.

무인자동차하자니 사물간의 통신이 문제인데 이를 사물인터넷이 해결해주고, 사물인터넷의 엄청난 데이터를 분석하는 문제는 빅데이터가, 빅데이터의 컴퓨팅파워는 클라우드로, 클라우드의 대용량 모바일 콘텐츠는 5G를 통해서… 이렇다는 얘기입니다. 이전에는 이것이 되어도 저것이 해결되지 않아서 못하던 일들이, 연결되고 연결되니 결국 가능해집니다. 가상현실에서도 핀테크로 재테크를 하고, 핀테크에도 인공지능을 활용하며, 인공지능은 로봇의 모습을 입어 더욱 강력해지고, 로봇은 드론을 통해 날개를 답니다. 그리고 드론은 가상현실 학습으로 더욱 정교해지겠지요.

그렇습니다. 이 책에서 소개한 기술들의 시너지가 폭발하는 굉음이 질풍노도와 같은 혁명의 외침입니다. 바로 이것이 4차 산업혁명의 본질이고요. 그렇다면 불 보듯 뻔하지 않겠습니까. 초연결이 만들어준 4차 산업혁명이 뉴노멀과 불확실성이 더욱 증폭된 신세계를 가져오리라는 것을요.

4차 산업혁명 시대를 멋지게 맞이하는 4번째 요건

기억하죠? '찰찰찰'. 혹시 기억나지 않는다면 '워밍업'을, 적어도 '클로즈업'이라도 다시 보길 바랍니다. 워밍업에서 몸을 풀고 8가지 신세계에서 몸을 만들었으니, 팔로우업부터는 몸을 써야겠죠. 그러기 위해 다시 한 번 복습합시다.

첫 번째는 '관찰'이었습니다. 무시하고 싶더라도 계속 귓전을 맴도는 기술 용어들이 있습니다. 받아들이세요. 남들보다 조금 더 받아들이면 됩니다. 누누이 얘기했잖아요. 많이 알 필요 없습니다. 모두 기술을 알아야 한다지만, 기술을 모두 알 필요는 없습니다. 정의와 최소한의 핵심 세부기술 몇 가지, 그리고 용도 정도만 살펴보고 관찰하면 되지요. 딱, 이 책이 다루는 정도만 알면 됩니다. 관련 분야의 공학박사나 기술개발자가 아니라면 이 시대를 살아가는 누구에게나 기술 교양으로 충분합니다.

두 번째는 '통찰'이었죠. 각각의 기술이 우리의 생활과 비즈니스에 어떤 변화를 줄지 꾸준히 생각하고 또 생각해보라고 했습니다. 당신의 인문적 상상력과 사회적 유추력을 동원하라고 부추기기도 했죠. 기술과 인문사회적 지식을 연관시키라는 뜻이었습니다. 다른 것들을, 달라 보이는 것들을 연관 짓는 것이 통찰이잖아요. 기술을 그냥 기술로만 보지 말고, 탄생한 이유, 각광받게 된 배경부터 펼쳐질 신세계까지. 그렇게 해보길 바랍니다. 그래서 이 책의 많은 부분은 이런 예들로 채워져 있습니다. 특별히 공들인 부분이기도 하고요. 이 책을 보는 여러분들이 하고 있는 업무에, 준비하는 창업에 도움이 되리라 믿습니다.

마지막으로 '성찰'입니다. 자신만의 판단과 의견이 필요하다고, 생각을 들여다보고 알아야 한다고 했죠. 이 재미없고 차가운 기술 내용에 생명을 불어넣는 게 자기만의 생각과 해석입니다. 꼭 그래야 합니다. 그래야 당신에게도 멋진 신세계가 멋질 수 있습니다. 이 성찰로 안내하기 위하여 나름 애썼습니다. 직장을 바라보는 취준생에게, 대학을 바라보는 입시생을 위해서도 애썼습니다. 직장 면접 또는 대학 논술에서 중요한 것은, 남의 지식을 암기하고 남의 생각을 답습하는 것이 아닙니다. 본인의 판단, 의견, 생각을 얘기하세요. 그것의 옳고 그름은 그리 중요치 않습니다.

네, 기술에 대한 관찰, 통찰, 성찰이 '찰찰찰'입니다. 초연결 뉴노멀 불확실성의 4차 산업혁명 시대를 멋지게 맞이하는 3가지 요건이기도 합니다. 여기에 살짝 아쉬움이 있습니다. 뭔가가 묻어 나오고 베어 나옵니다. 이왕 책도 끝나가는 마당에 하나만 더 추가하겠습니다. 네 번째로요. 산업혁명도 4, 4차라고 하잖아요.

그것은 제가 수년간 열심히 설파하고 다녔던 '매개'입니다. 관찰이나 통찰이나 성찰이나 모두 연결하는 사고행위입니다. 기술의 내용을 간략히 관찰하는 것은 기본 지식들을 연결하여 구조화하는 것입니다. 통찰은 기술지식과 인문사회지식을 연결해보는 것입니다. 성찰은 심지어 자신의 사고방식, 그리고 가치관과도 연결하는 것이죠.

모두가 연결이라면, 그 연결을 더 따져보아야 하지 않을까요? 그 연결이 무엇인지를 구체화시키는 방법이 매개의 발상입니다. 그냥 '이것과 저것이 연결된다.'고만 하지 말고, '어떻게 이것과 저것이 연결될까?'를 따져보고, 다시 '무엇이 이것과 저것 사이에 있어 그들을 연결시킬까?'까지 생각해보자는 겁니다. 그 무엇이 매개이고 매개자입니다. 매개자는 양편의 사이에서 관계를 맺어주는 사이존재이니까요.

바로 앞에서 살펴본 내용이니 아직 생생하리라 생각합니다. 4차 산업혁명의 본질은 개별 기술의 급속한 발전이 아니라는 것을. 기술들의 급격한 연결이라는 것을. 그렇다면, 연결이 중요하다면, 연결로 폭발하는 시너지의 창출이 정녕 궁금하다면, 그래서 무언가를 도모하자면, 연결을 맺어주는 매개와 매개자에 집중해야 하지 않을까요?

매개에 대해 더 많이 말하고 싶어 침까지 고이지만, 이만 줄이겠습니다. 그럴듯하다 싶으면 저의 전작 《매개하라》를 참고하기 바랍니다. 그러나 진정으로 원하고 바라는 것은, 여러분이 매개의 발상으로 초연결 뉴노멀 불확실성의 4차 산업혁명 시대를 멋지게 맞이하는 '매의 눈'을 가졌으면 하는 것입니다.

팔로우업

'책 읽는 삶, 글 쓰는 삶'을 목표로 살아온 지 수년이 되었습니다. 사적인 외로움과 사사로운 것에 대한 아쉬움이 치밀어 올라올 때가 적지 않았지만, 아직까지는 만족하며 살고 있습니다. 아니, 만족을 넘어 보람과 행복 그리고 감사의 마음 그득한 시간을 갖고 있다고 고백해야 옳을 것 같습니다.

독자들에게 감사드립니다. 읽어주시고 함께 공감해주시고 또 응원해주심이 무엇과도 비교할 수 없는 보람입니다.

어쩌면 이 책의 대부분 내용은 제 것이 아닐런지 모르겠습니다. 책을 엮으며 참고했던 수많은 정보와 지식들이 있었습니다. 그 정보와 지식들을 생성하며 시대의 소임을 다하고 있을 그들, 그분들 모두가 지식인으로서 행복하기를 기원합니다.

연세대학교 대학원생인 유창욱, 이현선에게 커다란 도움을 받았습니다. 또한 책을 펴낸 쌤앤파커스에도 감사드립니다.

그리고… 이유가 필요 없는, 존재 자체로 감사한 대상이 있습니다. 앞으로 멋진 신세계를 멋지게 살아가야 할 두 아들입니다. 성우야, 성현아. 보람차고 행복하게, 멋진 세상 멋지게 살기를 바란다. 사랑한다.

참고문헌

[워밍업] 멋지게 살자

- 라즈웰 호소키ラズウェル細木, 《재즈란 무엇인가》, 서정표 옮김, 한스미디어, 2016.
- 변진섭, '너에게로 또다시', 2집 너에게로 또다시, 1989.
- 해커스잡 취업교육연구소, 《해커스 HMAT 현대자동차그룹 직무적성검사 1주 합격》, 챔프스터디, 2017.
- 해커스잡 취업교육연구소, 《해커스 GSAT 삼성직무적성검사 최신기출유형》, 챔프스터디, 2017.
- Aldous Huxley, 《Brave New World》, Chatto & Windus, 1932.

[지식의 신세계] 진정한 신인류 – 인공지능

- Brian Jack Copeland, 《Turing: Pioneer of the Information Age》, Oxford University Press, 2014.
- Google, www.deepmind.com.
- IBM, www.ibm.com/watson.
- Ridley Scott, 'Blade Runner', Warner Bros., 1982.
- Spike Jonze, 'Her', Warner Bros. Pictures, 2013.
- Stanley Kubrick, '2001: A Space Odyssey', Metro–Goldwyn–Mayer, 1968.
- Steven Spielberg, 'A.I. Artificial Intelligence', Warner Bros. Pictures, 2001.
- William Calvert Kneale?Martha Kneale, 《The Development of Logic》, Clarendon Press, 1962.

[지혜의 신세계] 나와 세상을 아는 선견지명 – 빅데이터

- 나관중羅貫中, 《三國志演義》, 1522.

- 오오타 카스기太田一樹 · 이와사키 마사타케岩崎正剛 · 사루타 코우스케猿田浩輔 · 시모가키 토오루下垣徹 · 후지이 타츠로우藤井達朗, 《빅데이터 시대의 하둡 완벽 입문》, 김완섭 옮김, 제이펍, 2014.

- Auguste Comte, 《Cours de Philosophie Positive》, Bachlier, 1864.

- Eric Schmidt, Jonathan Rosenberg, 《How Google Works》, Grand Central Publishing, 2014.

- George Orwell, 《1984》, Secker & Warburg, 1949.

- Google, maps.google.com.

- Morgan Chilson, 'Glassdoor's Best 25 Jobs List Ranks Data Scientist No. 1', 〈Newsmax〉, Jan 22 2016.

- Penny Marshall, 'Big', 20th Century Fox, 1988.

- Philip Russom, 〈Big Data Analytics〉, TDWI Report, 2011.

[업의 신세계] 귀천 있는 일꾼 – 로봇

- 에른스트 슈마허Ernst F. Schumacher, 《굿 워크》, 박혜영 옮김, 느린걸음, 2011.

- Dick Moder, 'Sixty Million Dollar Man', ABC, 1974.

- Isaac Asimov, 《I, Robot》, Gnome Press, 1950.

- James Cameron, 'Terminator 2: Judgment Day', TriStar Pictures, 1991.

- Jared Diamond, 《Guns, Germs, and Steel》, W. W. Norton, 1997.

- John Maynard Keynes, 《The General Theory of Employment, Interest and Money》, Palgrave Macmillan, 1936.

- Kal Marx, 《The Poverty of Philosophy》, Paris and Brussels, 1847.

- Karel Capek, 〈Rossum's Universal Robots〉, 1921.

- Kenneth Johnson, 'The Bionic Woman', ABC, 1976.

[휴식의 신세계] 3,000만 원짜리 내비게이션 - 무인자동차

- 류시화, 《그대가 곁에 있어도 나는 그대가 그립다》, 푸른숲, 2001.
- Alain De Botton, 《The Art of Travel》, Vintage, 2004.
- Charles Pierre Baudelaire, 《Les Fleurs du Mal》, Penguin Books Ltd, 1857.
- Google, www.google.com/earth.
- Grady Means · David Schneider · James Schiro, 《Metacapitalism》, John Wiley & Sons, 2000.
- Jon Favreau, 'Iron Man', Paramount Pictures Corporation, 2008.
- Michael Sandel, 'Justice', Farrar Straus & Giroux, 2010.
- Peter Jackson, 'The Lord of the Rings: The Fellowship of the Ring', New Line Cinema, 2001.

[소통의 신세계] 사물과 이야기하다 - 사물인터넷

- 김춘수, 《꽃》, 지식을만드는지식, 2012.
- 라제기, '인간은 상징을 만들고, 상징은 인간을 지배한다', 〈한국일보〉, 2014년 9월 12일.
- 베르나르 베르베르Bernard Werber, 《상상력 사전》, 이세욱 · 임호경 옮김, 열린책들, 2011.
- Alvin Toffler, 《The Third Wave》, Bantam, 1984.
- Anabel Quan-Haase · Barry Wellman, 《HyperConnected Net Work》, Oxford University Press, 2005.
- Jeremy Rifkin, 《The Third Industrial Revolution》, Palgrave MacMillan, 2011.
- Klaus Schwab, 《The Fourth Industrial Revolution》, Portfolio Penguin, 2016.

[소유의 신세계] 소유의 종말 – 클라우드

- 고행석, 《요절복통 불청객》, 행운사, 1984.
- 법정스님, 《산에는 꽃이 피네》, 문학의 숲, 2009.
- Elinor Ostrom, 《Governing the Commons》, Cambridge University Press, 1990.
- Garrett Hardin, 'Tragedy of the Commons', 〈Science〉 Vol.162 Issue.3859, pp.1243-8, 1968.
- George A. Miller, 'The Magical Number Seven, Plus or Minus Two: Some Limits on Our Capacity for Processing Information', 〈Psychological Review〉 Vol.63 No.2, pp.81-97, 1956.

[돈의 신세계] 모든 것이 돈이고, 아무것도 돈이 아닌 – 핀테크

- 게오르그 짐멜Georg Simmel, 《돈의 철학》, 안준섭 외 옮김, 한길사, 1990.
- 정우식, 《돈을 이기는 기술》, 리베르, 2008.
- '별에서 온 그대', SBS, 2013.
- Andreas M. Antonopoulos, 《Mastering Bitcoin》, O'Reilly Media, 2015.
- George Vaillant, 《Aging Well: Surprising Guideposts to a Happier Life from the Landmark Harvard Study of Adult Development》, Little, Brown and Company, 2002.
- Robert Kiyosaki, 《Rich Dad, Poor Dad》, Warner Books Ed, 2001.
- Transferwise, www.transferwise.com.
- Wellsfargo, www.wellsfargo.com.

[꿈의 신세계] 생각이 경험으로, 상상이 현실로 − 가상현실

- 김만중, 《구운몽》, 송성욱 옮김, 민음사, 2003.
- 장주, 《장자》, 오강남 주해, 현암사, 1999.
- 최인훈, 《광장/구운몽》, 문학과지성사, 1996.
- Secondlife, www.secondlife.com.
- Chopin, 'Fantasie−Impromptu', 1834.
- Richard Sanderson, 'Reality', She's A Lady, 1980.
- Rift, www.oculus.com/rift.
- Peter Jackson, 'The Lord of the Rings: The Fellowship of the Ring', New Line Cinema, 2001.
- Ivan Edward Sutherland, 〈Sketchpad: A Man−machine Graphical Communications System〉, MIT, 1963.
- Larry Wachowski, Andy Wachowsk, 'The Matrix', Warner Bros., 1999.
- Rage Against The Machine, 'Wake Up', Rage Against The Machine, 1992.
- Herbert Marshall McLuhan, 《Understanding Media》, McGraw−Hill, 1964.
- Steven Spielberg, 'Minority Report', 20th Century Fox, 2002.
- Paul Milgram, Fumino Kishino, 'Augmented Reality: A Class of Displays on the Reality−Virtuality Continuum', 〈Telemanipulator and Telepresence Technologies〉 SPIE Vol.2351, pp.282−92, 1994.
- Pokemon−Go, www.pokemongo.com.
- Sherry Turkle, 《Life on the Screen: Identity in the Age of the Internet》, Simon & Schuster Paperbacks, 1997.

[팔로우업] 초연결, 뉴노멀, 불확실성의 4차 산업혁명 시대를 살아가는 법

- 임춘성, 《매개하라》, 쌤앤파커스, 2015.

- Coimbatore Krishnarao Prahalad, Gary Hamel, 'The Core Competence of the Corporation', 〈Harvard Business Review〉 Vol.68 No.3, pp.79-91, 1990.

- Adam Smith, 《The Wealth of Nations》, W. Strahan and T. Cadell, 1776.

- Samuel Smiles, 《Self-Help》, John Murray, 1959.

- Arnold Joseph Toynbee, 《A Study of History》, Oxford University Press, 1934.

지은이

임춘성

연세대학교 산업공학과 교수

서울대학교 산업공학과를 졸업하고 미국 캘리포니아 버클리대학교에서 산업공학 박사학위를 취득했다. 미국 뉴저지 럿거스대학교 교수를 거쳐 지금은 연세대학교 산업공학과 교수로 재직 중이다.

정보통신기술과 디지털 경제가 개인의 삶과 기업의 비즈니스에 미치는 영향과 변화에 대응하는 전략에 관한 연구를 20여 년간 수행해왔으며, 이에 대한 다수의 전문서와 논문을 써왔다. 산업정책, 기술경영 전문가로 1,000여 곳이 넘는 기업과 조직을 진단, 평가하고 미래전략을 제안해왔다. 인문적 소양을 갖춘 공학 리더를 키우고자 개설한 연세대학교 공과대학의 '테크노 리더십' 과목은 융복합 교육의 우수 사례로 꼽히며 매 학기 학생들의 뜨거운 반응을 얻고 있다.

전작 《매개하라》는 인문과 사회, 경영과 기술을 아우르는 독특한 스펙트럼으로 많은 독자들의 사랑을 받았으며, 《매개하라》의 인간관계 버전인 후속작 《거리 두기》 역시 에세이 독자들의 마음을 사로잡아 스테디셀러로 꾸준히 읽히고 있다. 역사, 철학, 문학, 예술을 넘나드는 지적 통찰에 기술 발전과 사회 변화에 대한 날카로운 방향 제시는 많은 강연과 칼럼에서 호평받고 있다.

멋진 신세계

2017년 6월 19일 초판 1쇄 | 2021년 4월19일 10쇄 발행

지은이 임춘성
펴낸이 김상현, 최세현 **경영고문** 박시형

책임편집 최세현, 김선도
마케팅 양근모, 권금숙, 양봉호, 임지윤, 이주형, 유미정
디지털콘텐츠 김명래 **경영지원** 김현우, 문경국
해외기획 우정민, 배혜림 **국내기획** 박현조
펴낸곳 (주)쌤앤파커스 **출판신고** 2006년 9월 25일 제406-2006-000210호
주소 서울시 마포구 월드컵북로 396 누리꿈스퀘어 비즈니스타워 18층
전화 02-6712-9800 **팩스** 02-6712-9810 **이메일** info@smpk.kr

쌤앤파커스(Sam&Parkers)는 독자 여러분의 책에 관한 아이디어와 원고 투고를 설레는 마음으로 기다리고 있습니다. 책으로 엮기를 원하는 아이디어가 있으신 분은 이메일 book@smpk.kr로 간단한 개요와 취지, 연락처 등을 보내주세요. 머뭇거리지 말고 문을 두드리세요. 길이 열립니다.